기독교문서선교회(Christian Literature Center: 약칭 CLC)는 1941년 영국 콜체스터에서 켄 아담스에 의해 시작되었으며 국제 본부는 미국 필라델피아에 있습니다.
국제 CLC는 59개 나라에서 180개의 본부를 두고, 약 650여 명의 선교사들이 이동 도서차량 40대를 이용하여 문서 보급에 힘쓰고 있으며 이메일 주문을 통해 130여 국으로 책을 공급하고 있습니다. 한국 CLC는 청교도적 복음주의 신학과 신앙 서적을 출판하는 문서선교기관으로서, 한 영혼이라도 구원되길 소망하면서 주님이 오시는 그날까지 최선을 다할 것입니다.

새 요한 신학

A New Theology of John's Gospels and Epistles
Written by Shim, Seoung kyoo
All rights reserved.
Korean Edition Copyright ⓒ 2023 by Christian Literature Center, Seoul, Korea.

새 요한 신학

2023년 07월 20일 초판 발행

지 은 이 | 심승규

편　　집 | 정희연
디 자 인 | 박성준, 서민정
펴 낸 곳 | (사)기독교문서선교회
등　　록 | 제16-25호(1980. 1. 18.)
주　　소 | 서울특별시 동대문구 천호대로71길 39
전　　화 | 02-586-8761~3(본사) 031-942-8761(영업부)
팩　　스 | 02-523-0131(본사) 031-942-8763(영업부)
이 메 일 | clckor@gmail.com
홈페이지 | www.clcbook.com
송금계좌 | 기업은행 073-000308-04-020 (사)기독교문서선교회
일련번호 | 2023-74

ISBN 978-89-341-2572-3 (93230)

이 책의 출판권은 (사)기독교문서선교회가 소유합니다.
신저작권법에 의하여 한국 내에서 보호 받는 저작물이므로 무단 전재와 무단 복제를 금합니다.

생명신학을 살리는 목사의 눈

A New Theology of *John's Gospels and Epistles*

새 요한 신학

심승규 지음

CLC

목차 >

머리말   9

제1장 요한 신학을 연구하는 목적   21

제2장 요한복음을 어떻게 보아야 하는가?   25
1. 태초라는 상징적 언어를 사용한 노림수(요 2:21)   26
2. 말씀이신 하나님과 로고스로 소개된 그리스도(요 1:1)   31
3. 창조주 하나님과 그리스도의 동일성(요 1:3; 골 1:16; 사 9:6; 미 5:2)   33
4. 요한복음 1장에서 나타난 유대인들에게 익숙한 표현들(요 1:17, 23, 25, 29, 41, 49)   38
5. 요한의 양극화 원리(요 1:5; 3:31; 5:29; 20:27)   45

제3장 요한서신을 어떻게 보아야 하는가?   58
1. 요한서신의 기록 동기(요일 2:21, 26)   60
2. 요한의 목회 활동 때 등장한 이단들(요일 3:19; 4:5; 계 2:14-15)   61
3. 요한 시대의 이단 게린투스(요일 2:22)   62
4. 발렌티누스와 영지주의(고후 4:4; 10:5)   64

제4장 요한계시록을 어떻게 보아야 하는가?   68
1. 요한계시록의 기록 동기(계 1:1, 11)   71
2. 요한계시록에 사용된 상징적 언어와 숫자(계 5:6; 13:18)   73
3. 심판의 재앙과 회개와의 관계(계 2:21; 9:20)   76
4. 천년왕국과 새 하늘과 새 땅(사 65:17-23; 계 22:1-5)   77

A New Theology of John's Gospels and Epistles

제5장 요한이 본 하나님과 그리스도와 성령님과의 관계   81
  1. 말씀(로고스)과 하나님과의 관계(요 1:1)   82
  2. 말씀(로고스)과 성령과의 관계(요 1:33)   86

제6장 요한의 기독론   90
  1. 요한복음의 기독론   90
    1) 말씀이신 그리스도(요 1:1)   92
    2) 창조주이신 그리스도(요 1:3)   93
    3) 빛이신 그리스도(요 1:4, 9)   96
    4) 말씀이 육신 된 그리스도(요 1:14)   97
    5) 하나님의 어린양이신 그리스도(요 1:29)   99
    6) 성령세례를 베푸시는 그리스도(요 1:33)   104
    7) 메시아 되시는 그리스도(요 1:41)   109
    8) 하나님의 아들 그리스도(요 1:49)   112
    9) 표적을 통한 그리스도의 증거(요 2:11; 3:2)   117

      (1) 첫 번째 표적: 물로 포도주를 만든 사건(요 2:1-12)   118
      (2) 두 번째 표적: 왕의 신하의 아들을 고치신 사건(요 4:46-54)   124
      (3) 세 번째 표적: 베데스다 연못에서의 치유사건(요 5:1-16)   126
      (4) 네 번째 표적: 오천 명의 무리를 먹이신 사건(요 6:1-15)   129
      (5) 다섯 번째 표적: 물 위를 걸으신 사건(요 6:16-21)   133
      (6) 여섯 번째 표적: 날 때부터 맹인 된 사람을 고치신 사건(요 9:1-14)   137
      (7) 일곱 번째 표적: 나사로를 살리신 사건(요 11:1-14)   142

목차 >>

  2. 요한서신의 기독론   **146**
    1) 생명의 말씀으로 나타나신 그리스도(요일 1:1)   148
    2) 대언자 되신 그리스도(요일 2:1)   149
    3) 화목 제물이신 그리스도(요일 2:2)   153
    4) 인성을 가지신 그리스도(요일 4:2)   155
    5) 물과 피로 임하신 그리스도(요일 5:6)   158

  3. 요한계시록의 기독론   **161**
    1) 인자(계 1:13)   161
    2) 일곱 별과 일곱 금 촛대를 운행하시는 그리스도(계 2:1)   164
    3) 알파와 오메가 되신 그리스도(계 2:8)   167
    4) 검을 가지신 그리스도(계 2:12)   168
    5) 일곱 영과 일곱 별을 가지신 그리스도(계 3:1)   171
    6) 열쇠를 가지신 그리스도(계 3:7)   173
    7) 아멘과 충성된 증인이신 그리스도(계 3:14)   174
    8) 보좌에 앉으신 이(계 5:1)   176
    9) 죽임당한 어린양(계 5:6)   178

제7장 요한의 성령론   180

  1. 성령의 역할(요 14:26; 15:26; 16:8,13)   **183**
  2. 구약의 성령(겔 36:25-27)   **187**
  3. 신약의 성령(행 1:4; 2:2-3)   **190**
  4. 요한복음의 성령론(요 14:16; 16:8)   **191**

A New Theology of John's Gospels and Epistles

    1) 거듭나게 하시는 성령(요 3:5-6; 6:63)   193

    2) 가르치고 생각나게 하시는 성령(요 14:26)   194

    3) 회개케 하시는 성령(요 16:8)   195

    4) 그리스도께로 인도하는 성령(요 16:13)   197

5. 요한서신의 성령론(요일 2:1; 5:6)   **198**

    1) 기름 부으시는 성령(요일 2:20, 27)   201

    2) 하나님의 영(요일 4:2)   203

    3) 진리의 영(요일 4:6; 5:6)   203

    4) 그의 성령(요일 4:13)   205

6. 요한계시록의 성령론(계 1:10; 2:7, 11)   **206**

    1) 하나님의 일곱 영(계 3:1; 4:5; 5:5)   207

    2) 예언의 영(계 19:10)   208

제8장 요한의 구원론   210

1. 요한복음의 구원론(요 1:12; 3:16)   **210**

    1) 구원의 개념(요 1:12; 벧전 1:9; 롬 8:2; 골 1:20)   213

    2) 거듭남(요 3:3,5; 벧전 1:3)   217

    3) 믿음(요 2:11; 4:53; 고전 2:5)   220

    4) 생명(요 1:4; 17:3)   223

2. 요한서신의 구원론(요일 1:3)   **227**

    1) 죄의 자백(요일 1:7, 9)   229

    2) 사귐(요일 1:6; 사 62:5)   230

    3) 대언자의 대언(요일 2:1)   232

목차 >>>

   3. 요한계시록의 구원론(계 1:3; 눅 10:13)   **234**

      1) 말씀을 지키는 자(계 1:3)   236

      2) 성령의 말씀을 듣는 자(계 2:11,9)   238

      3) 재앙에서 회개하는 자(계 3:3; 9:20-21)   240

      4) 흰옷을 입은 자(계 3:4-5; 갈 3:27)   243

제9장 요한의 종말론   **245**

   1. 성경적 종말론(눅 21:35)   **246**

   2. 요한복음의 종말론(요 3:18; 12:48)   **249**

   3. 요한서신의 종말론(요일 4:17)   **256**

   4. 요한계시록의 종말론(계 1:8; 2:28; 히 4:13)   **258**

제10장 요한의 하나님 나라   **266**

   1. 하나님 나라의 개념(요 3:5-6)   **267**

   2. 구약에 나타난 하나님 나라(사 65:17-25)   **269**

   3. 신약에 나타난 하나님 나라(마 12:28)   **271**

   4. 요한이 보았던 새 하늘과 새 땅(계 22:1-5)   **273**

   5. 낙원과 새 하늘과 새 땅(계 2:7; 눅 23:43; 고후 12:4)   **274**

   6. 옛것과 새것의 차이(사 65:17-23; 계 22:1-5)   **276**

참고 문헌   **279**

 머리말

　필자는 신학자가 아니며 그저 교회 안에 머물며 성도들을 위해 기도하기를 좋아한다. 남는 시간에는 주로 말씀을 보고 묵상하는 정도의 목사라고 자신을 소개하고 싶다. 사실 그것도 부족해서 부끄럽기 짝이 없다. 그래도 하나님 앞에 앉아 있기를 좋아한다. 이런 종을 하나님께서 기뻐하셔서 그런지 가뭄에 콩 나듯이 꿈도 주시고 환상도 보여 주시고 주의 음성도 들려주신다.
　얼마 전 새벽에 기도하는 가운데 몇 번이나 요한 신학이라는 음성을 들려주셨다. 몇 년 전 평신도 신학이라는 음성을 듣고 『평신도 신학』이라는 책을 저술한 적이 있다. 물론 성령님께서 주도적으로 주시는 지혜와 레마로 개요(out line)를 받지 못했다면 글을 쓸 생각조차 하지 못했을 것이다.
　이런 은혜를 경험한 터라 요한 신학이라는 음성을 들었을 때 무조건 순종하는 심정으로 펜을 들게 되었다. 필자는 사실 요한 신학을 배우지 못했다. 신학을 공부할 당시에는 커리큘럼이 없었기 때문이다. 이렇게 요한 신학에 문외한이요, 평범하지도 못한 종에게 요한 신학이라니. 그러나 하나님께서 분명 어떤 계획을 갖고 계시리라 믿으면서 요한 신학 자료를 수집하게 되었다. 인터넷에서 요한 신학에 대한 자료를 찾아보았다. 요한 계열 각 권의 책들은 많은데 요한 신학이라는 타이틀이 붙은 책은 적었다. 그것도 대부분 서구 신학자들의 책을 번역한 것이었다.
　국내 저자로는 감신대 총장이었던 김득중 박사의 책 한 권밖에 없음을 보고 적지 않게 놀랐다. 물론 자료가 더 있는지는 모르겠다. 이렇게 수집

된 자료를 읽는 가운데 하나님께서 왜 부족한 종에게 요한 신학을 강권하셨는지 그 뜻을 조금 깨닫게 되었다.

깨닫게 된 것이 혹 하나님의 마음은 아닐까?

이런 생각이 드는 것은 다음과 같은 이유 때문이다.

필자는 C국의 H신학교에서 평신도 신학(라이프라인)을 강의하고 있다. 그런데 어느 날 바울 신학을 더 가르쳐보라는 학장의 권유가 있었다. 강의안을 만드는 과정에서 바울 신학의 여러 자료를 검토하면서 마음속에서부터 분노가 치밀어 오른 적이 있다. 왜냐하면, 신학 자료에 등장하는 신학자들이 하나같이 바울의 저작을 의심하면서 이런저런 가설을 세우며 부정적인 비평을 가하였기 때문이다.

물론 필자는 그들처럼 성경을 깊이 연구해본 적도 없고 전문적인 신학자도 아니며 그저 평범한 목회자라서 그런지 성경보다 더 확실하지도 않을 것 같은 여러 자료들을 근거로 가설을 세워놓고 비평하는 것이 못마땅했다.

왜 군이 자기가 세운 가설에 맞추려고 애쓰는 것처럼 하는 것일까?

성경은 분명 과학이 아닐진대 과학처럼 가설을 세워놓고 실험하는 것같이 왜 그러는 걸까?

그리고 그것이 마치 새롭고 최고의 연구인 것처럼 주장할까?

새롭고 별난 가설을 앞세워 연구하는 학자들일수록 마치 세계적인 명성이 있는 것처럼 인정하는 분위기 때문에 그런 것인가?

이런 생각이 드는 것은 어쩔 수가 없었다.

바울 신학 자료들로 인해 마음이 상하고 분노가 남아 있는 터에 요한 신학 자료를 살펴보았다. 그런데 요한 신학의 자료에도 똑같은 현상이 나타나 있었다. 안드레아스 J. 쾨스텐버그(Andreas J. Kostenberger)는 자료비평, 양식비평, 편집비평, 문학비평 등 여러 고등비평을 통하여 낱낱이 해부하듯 온갖 비평을 가하면서 성경에 돌이킬 수 없는 손상을 입혔다고 말했다.[1]

이렇게 요한의 문서가 너덜너덜하게 망가진 것은 일부 신학자들이 학문을 연구한다는 이유로 자기들이 쓰기 좋아하는 여러 비평 도구들을 가지고 성경을 이리저리 난도질했기 때문이 아니겠는가?

이런 말에 필자도 동의했다.

이런 그들의 연구물이 신학생들에게 과연 도움이 될까?

이롭지 않은 것은 물론 의심만 불러일으키게 하여 성경의 신뢰성을 떨어뜨리는 역할을 저 신학자들이 하고 있는 것은 아닐까?

많은 생각이 들었다.

그래서 필자는 엉뚱한 주장을 하는 신학자들의 예를 잠깐 들어보겠다. 이 자료를 읽는 독자들의 분별력을 좀 더 넓혀 보고자 함이다. 그리고 왜 필자의 연구에 그들의 자료를 배제하려고 하는지 이유를 밝히기 위해서다. 요한복음이 2세기 저작되었다는 설을 주장하는 이들 가운데 18-19세기 초 영국의 단일신론(unitarian)자인 에드워즈 에반슨(Edward Evanson)은 요한복음에 등장하는 나사로의 이야기를 하면서 성경에 전설이 가득하다라고 했다. 그 이유는 한마디로 부활은 전설이지 사실이 아니며 말이 되지 않는다는 것이 그의 주장이었다.

또 에반슨과 약간 비슷한 맥락에서 요한복음의 저자가 플라톤 철학에 익숙한 인물이라고 했던 1820년 독일의 칼 고틀리브 브렛슈나이더(C. G. Bretschneidr)는 요한복음이 알렉산드리아 플라톤 철학의 로고스가 배경이 되었다고 했다.

그리고 이집트를 출처로 보았다. 또 요한복음을 신화로 보는 학자 가운데 유명한 학자로는 다비드 프리드리히 스트라우스(David Friedrich Strauss)

---

[1] 안드레아스 J. 쾨스텐버그, 『요한 신학』, 전광규 역(서울: 부흥과개혁사, 2016), 47.

다. 이것을 더 발전시킨 학자는 루돌프 불트만(Rudolf Bultmann)이다.[2]

이러한 주장을 보면 기가 막힌다. 우리가 복음서를 모르거나 읽어 보지 않은 사람들이 아니다. 그 시대가 아무리 헬레니즘 시대였다 하더라도 요한은 사도가 되기 전 이스라엘 변방인 갈릴리에서 평범한 어부의 삶을 살았던 사람이라는 사실을 보통 성도라해도 잘 알고 있다. 정황상 어부가 고기를 낚지 않고 한가하게 플라톤 철학에 몰두하여 공부하였을 것 같지 않다. 그러므로 플라톤 철학에 익숙하였다는 것에 동의할 수 없다. 오히려 익숙하지도 않을 뿐더러 플라톤을 모를 수도 있다고 본다. 다만 요한복음 1:1[3] 말씀을 헬라어 로고스라는 표현을 쓴 것은 헬라권 선교를 위해 의도적으로 빌려서 사용한 것으로 보인다. 그들의 말대로 요한을 헬라의 플라톤 철학자로 몰아붙이는 것은 무리가 있다.

에반슨의 주장대로 성경 본문에서 그 시대 역사, 문화, 성경 언어의 문학적 특성 등을 참고하는 것은 목회자로서 당연하다. 하지만 적절하게 참고한 것 같지 않다. 성경 저자의 뜻과도 엇나가고 있는 것이 아닌가 하는 생각이 든다.

그뿐만이 아니라 계몽주의 시대에는 많은 신학자가 모세나 예수가 행한 기적 같은 성경의 초자연적인 사건들에 대해 환멸을 느낀다고 했다. 그들이 성경을 왜 그렇게 생각하는지는 이해가 안 된다. 점점 기적의 가능성을 의문시하면서 성경에 나타나는 초자연적인 사건들을 믿지 못하고 받아들이지 못하는 학자들의 주장이 우세했다고 한다.

또 산업과 과학의 발전이 성경의 창조 이야기와 기적을 신화로 해석하도록 이끌었다고도 한다. 바울과 다른 신약성경의 저자들은 하나같이 부활은 기독교 신앙의 본질이다라고 했다. 그런데도 저들은 예수의 부활을

---

2 안드레아스 J. 쾨스텐버그, 『요한 신학』, 61.
3 요 1:1 "태초에 말씀이 계시니라 이 말씀이 하나님과 함께 계셨으니 이 말씀은 곧 하나님이시니라."를 참고.

불신하여 신화로 해석했다고 한다.[4]

성경이 어떻게 신화란 말인가?

그리스 로마 시대가 신화의 시대였다고 해서 성경도 같은 신화로 보는가?

이런 계몽주의 시대 합리주의적 사고가 성경을 부정적으로 보고 회의주의가 일어나면서 비평적 방법론이 발전하였다. 이것을 성경 연구에 적용한 것은 안타까운 일이다. 그리고 발전되는 만큼 성경은 더 너덜너덜해져 가야만 했다. 이제 시대가 바뀌었다. 계몽주의 사상이 흐르고 합리주의가 발전하고 산업과 과학이 점점 더 발달하면서 사람들의 생각도 얼마든지 바뀔 수는 있다고 본다.

그러나 변함없는 진리의 말씀을 연구하는 신학자들까지 덩달아 신학을 과학과 합리주의에 꿰어맞추기라도 하듯이 엉뚱한 주장을 하는 저들의 이론을 필자는 무시하고 싶다. 그냥 넘겨버리면 되지만 믿음이 약하고 또 합리적인 생각을 하는 신학생들이 혹 있어서 저들의 주장을 액면 그대로 받아들이고 시험에 빠지는 학생들이 생기지는 않을까 걱정되어 저런 비평학자들을 잠깐 소개하는 것이다.

요한 신학자들과 바울 신학자들의 주장이 비슷한 측면이 있어 예를 하나 더 들어보자. 19세기 이후 종교 사학파들의 예를 들어보면 더 기가 막힌다. 카비쉬(Kabisch), 헤르만 궁켈(Gunkel), 그리고 부셋(wilhelm Bousset, 1865-1920) 등 이들은 기독교가 오순절 성령강림 사건을 통해 예루살렘 교회가 세워졌고 (행 2:1)[5] 또 사도들의 가르침으로 크게 부흥도 했고 (행 4:4)[6] 사울의 핍박으로 흩어진 사람들이 유대와 사마리아의 곳곳에 교회를 세웠

---

4 안드레아스 J. 쾨스텐버그, 『요한 신학』, 61.
5 행 2:1 "오순 날이 이미 이르매 그들이 다같이 한 곳에 모였더니."를 참고.
6 행 4:4 "말씀을 들은 사람 중에 믿는 자가 많으니 남자의 수가 약 오천이나 되었더라."를 참고.

는다는 성경의 기록이(행 9:31)[7] 엄연히 존재하는데도 불구하고 이 사실을 극구 부인하면서 기독교가 혼합주의(Syncretism)의 산물로 태동되었다고 주장했다. 즉, 기독교는 유대주의, 동양적, 헬라적, 신비적 개념들이 혼합되어 생겨난 것이라고 한다.[8] 이들의 이런 주장을 받아들이고 동의하는 것은 자유지만 사람들의 생각이 다 같을 수는 없기에 동의하지 않는 것도 자유라고 본다.

생각의 폭을 넓히기 위해 주장 하나만 더 들어보자. 에베소의 철학자 헤라클리투스(Heraclitus of Ephesus, B.C. 540-480)는 "가장 좋은 화합은 불일치에서 기인하고 모든 것은 분쟁 때문에 발전한다"라고 했다. 이 명제를 이어받은 독일 철학자 헤겔은 정, 반, 합의 변증법적 방법론을 개발하였다. 이 변증법은 독일의 튀빙겐 학파의 창시자 바우어(F.C. Baur, 1972-1860)와 그를 추종하는 신학자 젤러(Eduard Zeller), 슈베글러(Albert Schwe gler), 리츨(Albrecht Ritschl), 힐겐펠트(Adolf Hilgenfeld), 폴크마(Gustav Volkmar)와 함께 헤겔 철학인 정, 반, 합을 성경의 영과 육에 적용하여 해석하였다.[9]

이런 원리로 하나님과 사람이 하나 되어 신인이 될 수도 있으며 기독교를 참 종교로 생각하는 근거가 된다고 하였다. 바우어는 바울의 복음을 정으로 보고 율법에 매여 있는 유대교를 반으로 보고 이 둘의 타협점을 합으로 해서 로마 가톨릭교회가 탄생 되었다고 했다.[10]

이렇게 철학자 헤겔 법칙인 정, 반, 합을 바울서신에 나오는 영과 육 또는 빛과 어둠 등의 여러 개념을 적용하여 해석함으로 성경 보는 시각을 오도시키고 신학과 철학을 혼합시키는데 기여한 신학자들이다.

---

7 행 9:31 "그리하여 온 유대와 갈릴리와 사마리아 교회가 평안하여 든든히 서 가고 주를 경외함과 성령의 위로로 진행하여 수가 더 많아지니라."를 참고.
8 박형용,『바울 신학』(수원: 합신대학 출판부, 2013), 44.
9 박형용,『바울 신학』, 34.
10 박형용,『바울 신학』, 37.

이런 주장들을 살펴볼 때 하나님의 말씀을 연구하는 신학이 이래도 되는 것인가?
　그들의 연구 자료를 읽다 보면 신약성경의 중요한 부분을 차지하는 바울서신이나 요한의 문서가 과연 바울과 요한의 저작이 맞나 하는 의심이 들게 한다. 그래서 그분들의 저작이 아닌 것처럼 혼란을 일으키게 하고 성경 보는 시각을 부정적으로 흐르게 한다. 그렇지만 신학의 여러 측면을 연구하다 보면 생각의 폭이 다양해지고 넓어지는 효과는 있다고 본다.
　물론 이들의 연구 목록이 다 부정적이라는 것은 아니다. 일부분 그런 측면이 있다는 것이다. 그래서 저들의 연구를 전면적으로 부정할 필요는 없다고 본다. 하지만, 일부분 부정적, 비평적 연구가 저들의 전반적인 연구 업적을 부정하게 만드는 측면이 있는 것은 안타까운 일이다.
　우리가 깊이 생각해야 할 것은 성경은 일반 학문이 아니라는 사실이다. 이를 간과한 채 함부로 다루었다는 느낌이 드는 것은 어쩔 수가 없다. 신학이 목회에 걸림돌보다는 도움이 되어야 한다. 아무리 신학자들의 연구라 할지라도 받아들여야 할 것과 받아드리지 말아야 할 것을 구분해야 한다고 본다(잠 19:27).[11] 받지 말아야 할 신학은 마치 성경이 인간들의 필요에 따라 꾸며댄 조작물인 것처럼 혼란을 가중시키고 의심이 들게 하는 신학이다. 물론 저들 신학의 독자들이 다 필자와 같은 생각을 하는 것은 아닐 것이다.

　그러나 이런 신학이 과연 바른 것이라고 생각하는 것이 어디 필자뿐이겠는가?
　인간들이 알면 얼마나 알고 지혜가 있으면 얼마나 있어서 학문이라는 비평 도구를 가지고 감히 하나님의 말씀을 마구 이리저리 난도질을 할 수 있다는 말인가?

11　잠 19:27 "내 아들아 지식의 말씀에서 떠나게 하는 교훈을 듣지 말지니라."를 참고.

이에 대한 반발심리가 필자에게만 일어나는 것일까?

> 예언은 언제든지 사람의 뜻으로 낸 것이 아니요 오직 성령의 감동하심을 받은 사람들이 하나님께 받아 말한 것 임이라(벧후 1:21).

이 말씀을 모르는 성도나 목회자는 아마도 없을 것이다. 그리고 성경이 누가 누구의 자료를 인용해서 쓴 것이건 아니건 또 누가 편집을 했건 아니건 또 바울처럼 대필자 더디오에게 대필하게 했다 하더라도(롬 16:22),[12] 성경 저자들은 하나같이 하나님의 택함을 받은 선지자나 사도들이었다.

그리고 정말 중요한 것은 원저자는 하나님이라는 사실이다. 신약의 경우도 성경 저자들이 모두 예수님의 택함 받은 열두 제자들이거나 최소한 예수님의 주변에서 말씀을 들었던 자들이었다는 사실은 성경을 읽어 본 사람들이라면 누구나 잘 안다.

그런데 성경에 무슨 문제가 많다고 이리저리 성경을 난도질한단 말인가?

사실 바울은 예수님의 직접적인 제자가 아니었기 때문에 문제로 삼을 수도 있다. 하지만 **"이는 내가 사람에게서 받은 것도 아니요 배운 것도 아니요 오직 예수 그리스도의 계시로 말미암은 것이라고 했다"**(갈 1:12).

즉, 예수께서 계시해 주셔서 그의 복음이 쓰였다면 그 말씀을 불신할 이유가 없다. 그대로 믿어도 전혀 문제 될 것도 없다. 또 이 말씀이 옳은 것은 예수의 제자였던 요한의 문헌과 예수의 제자가 아니었던 바울서신의 내용이 기독론, 구원론, 종말론, 교회론, 성령론 등에 있어 모두 비슷한 측면이 많다는 사실이다. 요한계시록은 묵시록이니만큼 제외한다 하더라도 사용된 언어까지 같은 것이 많다. 이것을 누가 어떤 신학자가 부인하랴. 그리고 더 정확한 것은 성경의 모든 말씀은 하나님과 예수 그리스와 성령의 감동으로 되었

---

12   롬 16:22 "이 편지를 기록하는 나 더디오도 주 안에서 너희에게 문안하노라."를 참고.

다는 사실을 믿는 자들이라면 부인할 자가 없다(벧후 1:21).[13]

또 교회 전통적으로 신구약 성경 66권은 정확 무오한 하나님의 말씀으로 믿고 그 성경을 신앙생활의 기반으로 삼고 있지 않은 목회자나 성도는 없다. 성경 66권이 하나님의 말씀으로 정해질 때의 정황도 그렇다. 구약 39권은 90년경 유대인들 회의인 얌니아에서 정경으로 정해진 것을 그대로 받아드렸다. 그리고 신약 27권 역시 397년 카르타고 공의회에서 정경으로 정해지기 전에 공관복음이라든지 바울서신 등은 각각 모든 지역의 교회에서 이미 성경으로 사용하고 있었다.

> 너희는 여호와의 책에서 찾아 읽어 보라. 이것들 가운데서 빠진 것이 하나도 없고 제 짝이 없는 것이 없으리니 이는 여호와의 입이 이를 명하셨고 그의 영이 이것들을 모으셨음이라(사 34:16).

무슨 말인가?

비록 세계 교회 지도자들이 현재의 성경 66권을 정경으로 인정하여 사용한다 하더라도 이에 앞서 성령께서 정경에 간섭하셨다는 뜻이 된다. 즉, 하나님께서 하셨다는 것이다. 그렇다면 역시 교리를 만들어 내는 신학은 하나님의 말씀이 하나님의 말씀 되게 해야 한다. 비판이나 의심보다 도움이 되어야 하는 것이 신학의 도리라고 본다.

성경은 어떤 성경이든지 독자들이 그 성경을 읽고 예수 그리스도를 알게 되면 그분을 구주로 믿지 않을 수 없다. 하나님을 제대로 모르고 믿었던 사람이라 할지라도 하나님의 형상이 되살아나게 된다. 왜냐하면, 예수께서 살려주는 영으로 오셨기 때문이다(고전15:45).[14] 바울은 그의 서신에

---

13 벧후 1:21 "예언은 언제든지 사람의 뜻으로 낸 것이 아니요 오직 성령의 감동하심을 받은 사람들이 하나님께 받아 말한 것임이라."를 참고.
14 고전 15:45 "기록된 바 첫 사람 아담은 생령이 되었다 함과 같이 마지막 아담은 살려주는 영이 되었나니."를 참고.

서 "새 사람을 입었으니 이는 자기를 창조하신 이의 형상을 따라 지식에까지 새롭게 하심을 입은 자니라"(골 3:10)라고 했다. 이 말씀은 예수님을 믿으면 죽었던 영이 모두 살아난다는 것이다. 사실 모든 성경의 결론이 다 그렇다.

왜 그런가?

성경은 모두 예수 그리스도에 대한 말씀이기 때문이다(요 5:39).[15]

그러므로 필자가 연구하고자 하는 바는 어떤 신학 자료든지 목회 경험상 목회에 도움이 되는 자료는 취하고 도움이 되지 않고 혼란스럽게 하는 자료는 배제하려 한다. 그 기준으로 다음과 같은 구절을 근거로 삼았다.

> 내 아들아 지식의 말씀에서 떠나게 하는 교훈은 듣지 말지니라 (잠 19:27).

이 말씀을 볼 때 목회자라면 누구나 다 잘 아는 바라고 본다.

오늘날 이 세상에 인문학, 철학, 과학, 종교론, 전문서적, 이성론, 경험론 등 하나님 아는 것을 대적하여 높아진 이론들이 얼마나 많은가?

이 높아진 이론들을 다 무너트려 그리스도께 복종하게 하는 것은 목회자들의 공통적인 사명이라고 본다(고후 10:4-5).[16]

누가 요한 신학을 연구하여 가르친다 해도 신학생들에게 그러한 비평을 통해 성경을 비판적인 시각으로 바라보게 하기를 원하지 않을 것이다. 성경은 인간이 함부로 할 수 없는 유일한 하나님의 말씀으로 보아야 한다. 그래서 성경 공부를 잘 할 수 있도록 도와야 한다는 생각으로 이 책을 만들고 싶다.

15　요 5:39 "너희가 성경에서 영생을 얻는 줄 생각하고 성경을 연구하거니와 이 성경이 곧 내게 대하여 증언하는 것이니라."를 참고.

16　고후 10:5-5 "우리의 싸우는 무기는 육신에 속한 것이 아니요 오직 어떤 견고한 진도 무너뜨리는 하나님의 능력이라 모든 이론을 무너뜨리며, 하나님 아는 것을 대적하여 높아진 것을 다 무너뜨리고 모든 생각을 사로잡아 그리스도에게 복종하게 하니."를 참고.

필자가 가르치고 있는 C국 H신학교 신학생들은 대부분 직업을 가지고 목회를 하면서 공부하는 사람들이다. 가제나 일상이 바쁜 그들의 목회에 필요한 것은 성경 보는 관점의 혼란이 아니라 성경을 전체로 보는 통전성과 통섭성으로 성경 각 권의 주제가 그리스도로 통일되어야 한다는 사실을 가르쳐야 한다. 특히, 요한 문서들은 예수 그리스도가 더욱 중심이 되어 있다. 요한 문서와 각각의 성경과 쉽게 연결된다는 사실을 바르게 익히고 훈련할 수 있도록 하는 것이 필요하다.

특히, 이단들처럼 내 생각 내 마음대로 가르치지 않고 우리도 우리대로 가르치지 않고 성경 저자의 의도를 확실히 파악하는 능력을 키워주는 것이 필요하다. 성경을 공부하면 할수록 정확무오한 하나님의 말씀이라는 사실이 깨달아진다. 은혜받은 그 믿음을 기초로 사역에만 전심전력하는 목회자로 만들고 싶다는 생각이 크다.

첫째, 이런 이유로 해서 연구 자료를 하나님의 말씀인 성경에 둔다.
둘째, 신학자들이 연구해 놓은 신학 자료들을 인용한다.
셋째, 필자가 목회하면서 성경을 묵상하고 기도하며 얻은 하나님의 은혜나 경험을 이용한다.

이것을 토대로 신학생들에게 필요하게 될 요한 신학 강의안을 만들어 보고자 한다. 공부하기 전의 요한복음과 서신들을 볼 때 혹 성경과 거리가 먼 생각이나 너무 주관적인 시각 또는 성경 저자의 기록 의도와 방향에서 벗어난 부분이 있었다면 공부한 후에는 성경 보는 시각이 바르게 되는 것이 이 책을 저술하는 이유라고 본다.

어떤 신학자든지 자기 주장을 자기 방식의 이론으로 만들어 가는 것은 당연하다. 필자는 필자의 주장만을 강조하는 방향으로 흐르지 않도록 하기 위해 여러 신학자가 주장하는 공통분모를 찾아 동의할 것은 동의하고 다른 것은 제외하면서 필자의 주장을 개진해 보고자 한다. 말씀 본문 가운데 왜 이런 말씀이 나오게 되었는지 좀 어려운 부분들은 앞선 신학자들처럼 가설을 세우고 꿰매듯 하는 이론은 전개하지 않을 것이다. 그리고 신학자들이 주장하는 것처럼 저자가 누구인지 수신자가 누구인지 기록 장소가 어딘지 등 독자들의 구원 문제와 거리가 먼 주제들은 될 수 있는 대로 생략하고자 한다. 그러나 성경과 관련하여 당시 역사적, 정치적, 문화적 상황, 기타 등 이런 자료들은 참고해서 저술해 나가고자 한다.

제1장

요한 신학을 연구하는 목적

필자가 요한 신학을 연구하고자 하는 목적은 앞서 밝혔듯이 성령님의 권고에 순종하는 것이 일차목적이다. 그다음은 신학에 익숙하지 않은 신학도들이나 또 요한 신학에 관심이 있는 성도들과 독자들에게 쉽게 접근하는 길을 여는 것이다. 마지막으로 사도 요한처럼 예수 그리스도를 말씀과 관련하여 효과적으로 진술해 보자는데 있다. 사도 요한은 다음과 같은 말씀으로 기록목적을 명백하게 밝히고 있다.

> 오직 이것을 기록함은 너희로 예수께서 하나님의 아들 그리스도이심을 믿게 하려 함이요 또 너희로 믿고 그 이름을 힘입어 생명을 얻게 하려 함이니라(요 20:31).

즉, 예수 그리스도의 이름을 힘입어 새 생명을 얻게 하는 것이 요한복음의 기록 목적이라고 사도 요한은 분명히 진술하고 있다. 그리고 한 생명이라도 더 하나님께로 돌아오도록 하려는 것은 하나님의 심정을 대변한 것이다.

이 목적대로 어떻게 하면 예수 그리스도를 효과적으로 진술해서 독자들에게 구원이 되게 할까?
그들의 믿음에 도움이 되게 할까?
이것이 사도 요한의 기록 목적이다.

따라서 필자도 어떻게 하면 성경 중심으로 바르게 예수 그리스도를 진술할까?

성도들의 삶에 그리스도가 중심이 되게 할까?

이것이 연구 목적이다. 이런 목적으로 요한이 그의 문헌에서 제시한 예수 그리스도를 중심으로 기독론에서부터 성령론, 구원론, 종말론을 신구약 성경과 연결하여 설명하고자 한다. 구원받지 못한 많은 사람, 그리고 이미 예수 믿고 구원받은 성도들을 하나님 앞에 바로 세울 수 있을 것이다. 이것이 요한 신학을 가르치고 배우는 목적이다. 이것은 요한 신학뿐만이 아니라 다른 신학도 모두 동일하다고 본다.

요한이 밝힌 바대로 요한의 문헌에서 오직 예수 그리스도가 하나님의 아들이요 오시기로 되어있는 메시아다. 즉, 구원자라고 하는 사실이 집중적으로 강조되고 있다. 물론 어느 성경이든 다 그렇겠지만 특히 요한 문헌들은 다른 성경보다 예수 그리스도가 더욱 강조되어 있다.

바레트(C. K. Barrett)는 "구약성경이 요한복음의 배경의 본질적인 요소를 구성하고 있다"고 했다. 비록 요한 문헌이 구약의 직접적인 구절을 다른 복음에서보다는 적게 인용했다 했을지라도 기독론적인 명칭들, 이스라엘의 왕, 메시아, 예언자, 어린양, 인자, 말씀 등 이런 요소들은 모두 구약성경에 단골로 나오는 구약적인 요소라는 것이다.

그리고 "모세, 아브라함, 야곱 등 구약 인물들이 다른 복음에서보다 많이 언급되고 있다"라고 했다.[1] 필자도 예수 그리스도가 어떤 분인지 요한 신학의 여러 자료를 살펴보았을 때 학자마다 견해가 조금씩 다르더라도 공통점이 많았다. 따라서 사도 요한이 자기의 문헌에서 그리스도를 증언하는 데서 구약성경을 인용한 것처럼 필자도 구약성경 곳곳을 인용하여 그리스도를 주장해 보고 싶다. 구약성경의 인용문과 예수 그리스도와 관

---

1 김득중, 『요한의 신학』(서울: 컨콜디아사, 1994), 27.

련을 지어 설명할 때 그리스도를 믿도록 하는데 신뢰성을 높이게 되리라고 본다.

또 글라손(Glasson)도 구약 시대 모세의 유형론을 주장하면서 예를 들었다. 율법은 모세로부터 오고 은혜와 진리는 예수 그리스도로 말미암아 온 것이다(요 1:17).[2] 모세가 광야에서 뱀을 든 것 같이 인자도 들려야 한다(요 3:14).[3] 오천의 무리를 먹인 이야기는 모세가 광야에서 이스라엘 백성을 먹인 이야기의 반영이다(요 6:5-15). 예수가 제자들을 위해 기도했던 것은 모세의 고별설교 모형이다(요 17장). "**또 모세를 믿었더라면 나를 믿었으리라**"(요 5:46)[4]라는 인용문을 볼 때 꼭 요한 문헌들은 모세를 따르는 모형 같다고 했다.[5]

기타 요한 문헌에 나타나는 출애굽 유형론, 신명기 유형론, 유월절 유형론, 엘리야 유형론 등 구약성경이 배경이 된 말씀이 많이 나타나기 때문에 이런 여러 유형론을 주장하는 것이라고 본다.

성경은 사실 바레트나 글라손의 주장을 굳이 인용하지 않을지라도 모든 정경들 사이에서 예수 그리스도는 서로 관통하게 되어있다. 왜냐하면, 성경은 모두 내 이야기라고 예수께서 직접 말씀하셨기 때문이다.

> 너희가 성경에서 영생을 얻는 줄 생각하고 성경을 연구하거니와 이 성경이 곧 내게 대하여 증언하는 것이니라(요 5:39).

그러므로 요한의 문헌에 나타나는 구약의 주요 인물들이나 사건들은 그리스도를 예표 하는 중요한 모형들로 보고 사도 요한은 독자들이 바라는

---

2 요 1:17 "율법은 모세로 말미암아 주어진 것이요 은혜와 진리는 예수 그리스도로 말미암아 온 것이라."를 참고.
3 요 3:14 "모세가 광야에서 뱀을 든 것 같이 인자도 들려야 하리니."를 참고.
4 요 5:46 "모세를 믿었더라면 또 나를 믿었으리니 이는 그가 내게 대하여 기록하였음이라."를 참고.
5 김득중, 『요한의 신학』, 30-31.

메시아가 바로 그리스도시다라는 것을 증거하였다.

가령, 아브라함이나 모세나 또 구약의 여러 사건을 그리스도와 직접 연결한 것이 좋은 예이다. 창세기 3:15에[6] 첫 사람 아담이 죄를 짓고 타락하자마자 하나님께서 죄인 된 인간을 구원하시려고 예언하셨다. 그 예언된 구원자가 바로 예수 그리스도셨다. 그리고 그 예표가 어린양이었다. 하나님은 아브라함에게 이삭을 번제로 드리라고 하셨지만, 이삭 대신 번제로 드릴 어린양을 미리 준비해 놓으셨다(창 28:22).[7]

단지 아브라함이 그 어린양을 보지 못했을 뿐이다. 그래서 사도 요한은 창세기로부터 구약성경에 오시기로 되어있는 메시아에 대한 예언들을 인용하면서 결국 그리스도는 하나님의 아들이요, 그리스도 되신 예수님께로 모든 초점을 맞추고 있다.

그리고 그의 독자들에게 그리스도를 중점적으로 요한복음과 서신서, 요한계시록에 나타내고 있는데 그 순서대로 그리스도를 진술해 보고자 한다. 요한복음 20:31 말씀이 요한복음의 기록 목적이듯이 사도 요한의 문헌에 나타나 있는 핵심은 언제, 어디서, 무엇을, 어떻게 하든지 예수 그리스도를 믿게 하여 생명을 얻도록 하는 것이 사도 요한의 목적이었다. 그 이름을 힘입어 구원받을 자들이 구원받고 또 그 구원이 마지막 때까지 잘 유지되도록 예수 그리스도가 중심이 되게 해야 한다.

---

6 창 3:15 "내가 너로 여자와 원수가 되게 하고 네 후손도 여자의 후손과 원수가 되게 하리니 여자의 후손은 네 머리를 상하게 할 것이요 너는 그의 발꿈치를 상하게 할 것이니라 하시고."를 참고.

7 창 22:13 "아브라함이 눈을 들어 살펴본즉, 한 숫양이 뒤에 있는데 뿔이 수풀에 걸려 있는지라 아브라함이 가서 그 숫양을 가져다가 아들을 대신하여 번제로 드렸더라."를 참고.

제2장

요한복음을 어떻게 보아야 하는가?

요한복음을 어떻게 보고 어떻게 접근하며 어떻게 읽어야 하는가? 이런 측면에서 요한복음의 전체적인 주제나 성격 또는 스타일을 알고 읽는다면 내용 파악에 있어 유익하리라 믿는다. 우선 알렉산드리아의 클레멘트(Clement of Alexandria, 150-215, 217)는 요한복음을 영적인 복음서라고 말했다.[1] 그가 영적인 복음서라고 언급한 이유는 공관복음처럼 역사적인 사실의 기초 위에서 역사적으로 예수를 증명하려고 한 것이 아니라 예수의 초월적인 측면, 즉 능력이나, 표적, 이적 등 인간이 할 수 없는 기적의 역사를 일으키는 분으로 진술하고 있어서이다.

니고데모는 예수님을 보고 랍비여 당신이 하나님에게서 오신 분이 아니면 이런 표적을 행할 수 없나이다라고 고백한다. 클레멘트도 니고데모와 같은 입장이고 표적은 영적인 능력이 아니고는 결코 행할 수 있는 것이 아니라고 생각했다. 그래서 요한복음을 영적인 복음서라고 말했을 것이다.

사도 요한은 이렇게 표적과 기사와 능력을 행하시는 그리스도를 그의 독자들에게 어떻게 강조하고 있을까?

요한복음 20:31의 말씀처럼 독자들이 예수께서 하나님의 아들 되심을 믿게 하고 그 이름을 통해 구원받기를 바라는 마음뿐이었다. 그래서 오직 예수 그리스도만을 강조했다.

---

1 J. 루이스 마틴, 『요한복음의 역사와 신학』, 류호성 역(서울: CLC, 2020), 30.

성경은 요한의 문헌뿐만 아니라 신구약 성경 전체가 모두 예수 그리스도에 관한 이야기이다. 그뿐만 아니라 예수 그리스도 자신이 성경은 모두 내 이야기이다라고 말씀하셨다(요 5:39).[2] 그럴만한 이유가 있는 것은 하나님 말씀대로 그 아들을 구속사의 핵심으로 삼으셨다. 그 아들을 중심으로 구원이 이루어지도록 처음부터 계획하셨기 때문이다(창 3:15).[3]

사실 어떤 성경을 보아도 그리스도와 연결되지 않는 성경이 없고 또 연결되지 않을 수도 없다. 이것은 요한이 창세기의 창조 부분에서부터 마지막 요한계시록의 종말 부분까지 그리스도와 연관시키기 때문이다. 그러므로 요한의 복음에서 하나님의 아들 예수 그리스도를 어떻게 그 시대 독자들과 또 앞으로의 독자들에게 나타내고 있는지를 구체적으로 살펴보기로 하겠다. 요한복음 1장은 서론적 측면이 있다. 1장에 나타나 있는 그리스도를 어떻게 진술하고 있는지 우선 살펴보기로 하자.

1. 태초라는 상징적 언어를 사용한 노림수(요 2:21)

어느 성경이나 마찬가지지만 1장은 서론 부분에 해당한다. 첫 장에서 전반적인 성격을 나타내주기 때문에 잘 읽고 이해해야 한다. 1장에서 저자가 의도하는 바를 잘 파악해야 그 성경의 전체를 보는 데 유익하다.

먼저 요한복음 1:1은 창세기 1:1과 요한일서 1:1과 관련된다. 왜냐하면, 태초라는 말을 같이 쓰고 있기 때문이다. 창세기 1:1의 태초, 레쉬트(*reshith*)[4] 는 창조의 시초, 기원 등 역사적 사건의 개시나 과정의 첫 단계를

---

[2] 요 5:39 "너희가 성경에서 영생을 얻는 줄 생각하고 성경을 연구하거니와 이 성경이 곧 내게 대하여 증언하는 것이니라."를 참고.
[3] 창 3:15 "내가 너로 여자와 원수가 되게 하고 네 후손도 여자의 후손과 원수가 되게 하리니 여자의 후손은 네 머리를 상하게 할 것이요 너는 그의 발꿈치를 상하게 할 것이니라 하시고."를 참고.
[4] 강병도, 『호크마 주석: 창세기』 (서울: 기독지혜사, 1989), 129.

가르친다고 설명되어 있다. 요한복음 1:1의 태초, 아르케(arche)[5]는 시간과 공간의 시작점이라고 해석되어있다.

또 요한일서 1:1의 태초, 아르케(arche)[6]도 처음, 시작 등의 뜻으로 요한복음 1:1과 같이 설명되어 있다. 그런데 느낌상 각각 달리 주석한 것 같지만 사실 70인역에서는 창조된 세계의 시작 즉 처음을 말하는 것이 아니다. 아직 시간이 존재하지 않고 있었던 창조 전의 세계, 즉 영원을 말하는 뜻, 엔 아르케(en arche)로 번역했다. 그러니까 영원에 계셨던 삼위 하나님은 영원에서 창조를 시작하신 것이다. 그렇다면 영원에서 시간의 역사로 바뀌는 시점이 엔 아르케다.

그렇다고 볼 때 유대인들은 70인역의 해석을 통해 이 태초를 이미 알고 있었을 것이다. 사도 요한도 마찬가지로 유대인이었기 때문에 70인역의 태초를 이해하고 있었으리라고 보고 있다. 그래서 창세기의 태초라는 말을 요한복음의 서두에 의도적으로 인용했으리라고 생각된다. 의도적으로 태초라는 말을 인용한 이유는 A.D. 64-70년경 로마와의 전쟁에서 패전하여 예루살렘 성전이 무참히 파괴되었다. 그때 유대인들은 성전이 파괴되는 것을 보면서 망연자실하지 않을 수 없었다. 제사드릴 성전이 없어졌으니 어찌할 바를 모르고 헤매이던 저 불쌍한 유대인들에게 정말로 참 성전되신 예수 그리스도를 깨닫도록 하고 싶었다.

그래서 요한복음 2:19-21을 소개하고 있다. 그러면서 유대인들에게 익숙한 창세기의 태초를 인용하여 창세기의 하나님과 요한복음의 하나님이 같음을 연결시켰다. 그래야 하나님과 그리스도를 연결시킬 수 있기 때문이다. 태초부터 함께 계셨던 하나님과 그리스도가 하나님의 아들임을 연결시키면서 무너진 예루살렘 성전이 참 성전이 아니요. 예수가 그리스도시며 참 성전이 되신다는 사실을 (요 2:20-21)[7] 진술하고 싶었다.

---

5   강병도,『호크마 주석: 요한복음』, 36.
6   강병도,『호크마 주석: 요한복음』, 17.
7   요 2:20-21, "유대인들이 이르되 이 성전은 사십육 년 동안에 지었거늘 네가 삼일 동안

유대인들이 계속해서 신성 모독으로 몰아붙이고 불경스럽게 생각했던 예수가 하나님의 아들이요 하나님과 동일하다는 사실을 보여 주기 원했다. 예수께서 행한 표적과 기사는 아무나 할 수 없고 하나님의 아들만 할 수 있다는 사실을 의도적으로 드러내고 있다. "신학적으로 신론과 기독론에서 주장하는 바가 같다"라고 하는 것은 저들의 패러다임을 바꾸고자 하는 전략이고 저들의 구원을 위한 것이었다고 필자는 보고 있다.

이후에 살펴보겠지만 나는-이다. 즉, 에고 에이미(*ego-eimi*)가 요한복음에서만 일곱 번씩 두드러지게 나타난다. 에고 에이미는 유대인들에 대한 그리스도의 비밀이다. 이 비밀은 사실 유대인들이라면 다 알 수 있는 비밀이다. 하나님께서 이사야 선지자를 통하여 대속의 완성 때까지 깨닫지 못하도록 잠시 어둡게 하셨을 뿐이다(사 6:9). 이런 유대인들에게 요한은 그리스도의 비밀을 이해하도록 더 풀어서 설명하였다. 그것이 에고 에이미이다. 이 사실을 인정하게 될 때 그리스도를 믿게 되고 구원을 받게 된다.

하나님께서 이스라엘을 한동안 어둡게 해서 메시아를 깨닫지 못하도록 하라고 이사야 선지자에게 말씀하신 구절은 다음과 같다.

> 여호와께서 이르시되 가서 이 백성에게 이르기를 너희가 듣기는 들어도 깨닫지 못할 것이요 보기는 보아도 알지 못하리라 하여, 이 백성의 마음을 둔하게 하며 그들의 귀가 막히고 그들의 눈이 감기게 하라 염려하건대 그들이 눈으로 보고 귀로 듣고 마음으로 깨닫고 다시 돌아와 고침을 받을까 하노라 하시기로, 내가 이르되 주여 어느 때까지니이까 하였더니 주께서 대답하시되 성읍들은 황폐하여 주민이 없으며 가옥들에는 사람이 없고 이 토지는 황폐하게 되며(사 6:9-11).

에 일으키겠느냐 하더라. 그러나 예수는 성전 된 자기 육체를 가리켜 말씀하신 것이라."를 참고.

이 말씀을 볼 때 이스라엘이 바빌론 포로 때까지라고 이해기가 쉽다. 하지만 사실은 미래적 종말의 때를 시사하고 있다.

왜냐하면, 이 말씀에 대해 바울이 깨달은 바는 이방인의 충만한 수가 차기까지라고 보았기 때문이다.

> 형제들아 너희가 스스로 지혜 있다 하면서 이 신비를 너희가 모르기를 내가 원하지 아니하노니 이 신비는 이방인의 충만한 수가 들어오기까지 이스라엘의 더러는 우둔하게 된 것이라(롬 11:26).

하나님께서 그리되도록 계획하신 이유는 유대인들을 사탄의 도구로 사용하셔서(계 2:9),[8] 그리스도를 십자가에 못 박도록 해야 인류의 대속 사역이 이루어지기 때문이다. 이방인들이 그리스도를 믿고 하나님께로 돌아와야 하는데 도움이 되도록 이스라엘을 둔하게 하셨다. 그 기간은 앞의 말씀처럼 이방인들의 충만한 수가 차기까지이다.

요한이 그의 복음을 기록할 때는 창세기 3:15 말씀대로 대속의 예언이 이미 이루어진 후였다. 그래서 이제는 이스라엘이 둔하도록 한정시켰던 비밀이 풀어져야 할 때였다.

> 내가 너로 여자와 원수가 되게 하고 네 후손도 여자의 후손과 원수가 되게 하리니 여자의 후손은 네 머리를 상하게 할 것이요 너는 그의 발꿈치를 상하게 할 것이니라 하시고(창3:15).

이 말씀은 그리스도의 대속 사역을 말씀하고 있고 이미 이루어졌다. 그런데 안타까운 것은 바리새인들이 자기들의 기득권을 지키기 위해 예수의

---

8 계 2:9 "내가 네 환난과 궁핍을 알거니와 실상은 네가 부요한 자니라 자칭 유대인이라 하는 자들의 비방도 알거니와 실상은 유대인이 아니요 사탄의 회당이라."를 참고.

부활을 믿지 못하도록 도적설을 퍼트려 위장전략을 써먹었다. 그 결과 예수를 메시아가 아닌 것처럼 불신하도록 만들었다.

> 그들이 장로들과 함께 모여 의논하고 군인들에게 돈을 많이 주며, 이르되 너희는 말하기를 그의 제자들이 밤에 와서 우리가 잘 때에 그를 도둑질하여 갔다 하라 (마 28:12-13).

이런 거짓을 퍼트린 것이다. 예수의 부활은 메시아 됨의 증거이고 예언이 성취되는 사건이다(시 16:10).[9] 이 사실을 잘 알고 있던 서기관과 바리새인들이 속임수를 쓴 것이다. 사도 요한은 이스라엘과 유대인들이 바리새인들의 속임수에서 벗어나 부활하신 예수 그리스도를 만나고 예수로 말미암아 이제는 구원받아야 한다라는 사실을 깨달았기 때문에 예수의 부활하심을 강조하게 된 것이다.

그러니까 마치 사전에 조율하듯이 태초라는 언어를 인용해서 요한복음이 저들에게 결코 낯설지 않도록 고도의 전략을 세운 것이다. 다시 말하면 요한이 창세기 1:1의 태초를 인용한 것은 그리스도를 하나님의 아들로 보지 않고, 또 그들이 기다리던 메시아로도 보지도 않고, 하나님과 그리스도가 동등하다는 사실을 인정하지도 않는 유대인들의 선교를 위해 의도적으로 태초라는 언어를 인용했을 것으로 보는 이유다.

그뿐만 아니라 요한복음 1장에서 사용한 상징적인 언어들을 보면 의미가 큰 언어들 가령 태초, 창조, 하나님의 어린양, 이스라엘의 임금, 인자, 이런 언어들이야말로 구약성경을 잘 아는 유대인들에게 매우 익숙한 언어들이고 받아들이기가 쉬운 언어들이다. 이 언어들은 요한복음에 더 친숙해질 수 있는 장점이 있는 언어들이다.

---

9   시 16:10 "이는 주께서 내 영혼을 스올에 버리지 아니하시며 주의 거룩한 자를 멸망시키지 않으실 것임이니이다."를 참고.

2. 말씀이신 하나님과 로고스로 소개된 그리스도(요 1:1)

　사도 요한은 유대인들을 선교전략의 대상으로 삼기 위해 태초라는 언어를 인용했다. 또한, 동일하게 그 시대 사람들은 헬라 문화에 익숙한 디아스포라 유대인들과 이방사람들을 선교전략의 대상으로 삼아야 했다. 그래서 로고스(*Logos*)라는 개념을 차용해서 선교의 확장성을 꾀하고 있다. 그 시대는 점진적으로 선교가 확장되던 시대였다.
　요한은 저들에게 익숙한 로고스라는 개념에 어떻게 그리스도를 대입시키고 있는가?
　갑자기 뜬금없는 것 같고 엉뚱한 상상력을 발휘한 것 같지만 사실은 성령님께서 주신 고도의 선교전략이었다. 그렇지 않으면 철학적 개념인 로고스가 신학과 혼합되어 오류가 유발될 수 있는 위험성도 있었기 때문이다. 또 로고스라는 철학적 개념이 기독론에 제대로 접목되지 않으면 혼란스러울 것은 불 보듯 뻔한 것이었다. 그러나 선교의 효과를 높이려고 할 때는 때때로 역발상이 불가피한 경우도 있다.
　어떻든 이런 위험성을 감수하면서 로고스를 차용한 것은 그리스 로마 시대에 워낙 신들이 많고 신들이 판치는 신화의 나라들이었기 때문이다. 그래서 그들의 그 신적 사상을 이용했다고 볼 수 있다. 로고스는 원래 헬라어에서 신적 개념보다는 말, 논리, 이성이라는 뜻이 있었다고 한다. B.C. 6세기경 철학자 헤라클레이토스로부터 처음 사용되었다고 하는데 그리스, 인도, 이집트, 페르시아 등지에서 이성이라는 철학적 용어로 쓰였다. 그러다가 우주와 인간을 연결하는 신적 정신으로 인간의 이성과 같다고 했다.
　이 개념을 스토아 학파에서도 신의 개념으로 우주요, 영혼이요, 자연을 섭리하는 존재로 보았고 인간의 이성적 정신적 원리와 같은 것으로 보았다. 그러다가 B.C. 4세기 플라톤 철학 시대를 지나면서 로고스를 만물을 지배하는 초월적인 신적 정신, 우주의 지배원리라는 생각으로 발전되었다고 보여진다. 이런 사상이 시간이 흐를수록 굳어지고 일반화되었다고 본다.

그래서 사도 요한은 참 로고스는 예수 그리스도라고 하는 충격을 주어 저들이 생각하는 신적 패러다임의 전환(paradigm shift)을 가져오게 했다. 이렇게 로고스로 인해 그리스도의 복음에 쉽게 접근할 수 있는 길을 열어놓은 것은 획기적인 선교전략이었다. 로고스 때문에라도 한 발짝씩 복음에 가까이 다가올 수 있었을 것이라고 여겨진다. 어떻든 헬라철학 시대를 살아가는 독자들을 위해 예수 그리스도를 말씀 즉 로고스에 대입시켜 선교의 효과를 꾀한 것은 대단히 놀라운 사건이다.

로고스는 바로 하나님이시고 하나님은 바로 예수 그리스도다라고 진술한 것은 기발한 발상의 전환이었다. 요한복음 1:1의 말씀으로 해석되는 로고스는 하나님이시고 그리스도는 하나님과 함께 계셨고 동등하다는 사실을 나타내고 있다.

선교는 예수 그리스도의 지상명령이 아니었던가?

아마 사도 요한은 그의 복음서를 기록하면서 예수께서 승천하시기 전 제자들에게 당부하셨던 명령을 기억했을 것이다.

> 그러므로 너희는 가서 모든 민족을 제자로 삼아 아버지와 아들과 성령의 이름으로 세례를 베풀고, 내가 너희에게 분부한 모든 것을 가르쳐 지키게 하라 볼지어다 내가 세상 끝날까지 너희와 항상 함께 있으리라 하시니라 (마 28:19-20).

이 말씀은 생각해보면 선교 대상은 모든 민족이다. 그리고 지중해를 중심으로 서 있는 주변의 모든 나라는 로마제국이었다.

그 시대가 헬라철학 사상이 지배하던 나라들이 아니었던가?

정치, 경제, 사회, 문화, 종교, 문학 등 모든 부분에서 로고스 사상이 개입되어있음을 사도 요한은 잘 알고 있었다. 그리고 자신도 그 문화 속에서 살아가던 때였다. 이 로고스 개념을 기독론에 접목해 정말 참 신이 누구인가를 나타내고 있는 것은 참으로 놀라운 일이다.

이렇게 적극적인 선교를 위해 사도 요한은 그 시대의 시민들에게 로고스가 신이 아니라 참신은 하나님이시다. 그 아들 예수 그리스도도 하나님과 동일한 분이시다. 이런 생각이 나도록 저들에게 새로운 신적 개념을 만들어준 것이다. 그 당시 사람들에게는 놀람도 있으면서 다소 거부감이 있었을 것이다. 그러나 시간이 흐르면서 그 후대의 사람들에게는 자연적으로 로고스 대신 그리스도가 참신으로 익숙해질 것을 알았으므로 로고스에 그리스도를 접목시켰던 것이다.

그렇지 않았을지라도 사실 온 우주 만물의 원리요 절대자는 하나님이시고 그 아들 예수 그리스도밖에 없지 않은가?

3. 창조주 하나님과 그리스도의 동일성(요 1:3; 골 1:16; 사 9:6; 미 5:2)

사도 요한은 요한복음 1:1에서 태초부터 있으셨던 말씀을 하나님이라고 하였다. 그리고 그리스도는 하나님과 함께(*pros*) 계셨다고 하였다. 함께라는 헬라어 프로스는 –에서부터 –향하라는 방향의 전치사다. 어느 한 장소에서 다른 장소로 향할 때 프로스를 말한다. 물론 태초라는 영원의 추상적인 상태에서 현상적인 장소라는 개념은 없었을 것이다.

그러나 하나님과 그리스도는 흑암이라는 추상적인 상태로 함께 계셨던 것은 틀림없다(창 1:2). 그러므로 하나님과 그리스도의 동일성을 언급하고 있다. 그래서 창세기 1:1의 창조주 하나님과 요한복음 1:3의 그리스도로 대변되는 창조주 즉 그로 말미암아 창조되었다고 하는 언급은 같은 창조주 하나님으로서 동일하다고 보고 사도 요한은 동일성을 진술한 것이다.

사실 사도 요한은 요한계시록 1:10에서 보면 성령에 이끌리어 바울처럼 천국을 경험한 적이 있다. 그때 하나님 나라를 보았고 천상의 그리스도 예수도 보았다. 보았기 때문에 하나님과 동일성을 말하고 있지 않겠느냐고 필자는 보고 있다.

만나보지 않고서야 어떻게 하나님과 그리스도와의 동일성을 쉽게 말할 수 있겠는가?

사실 바울도 요한처럼 똑같이 그리스도를 창조주라고 밝히고 있다(골 1:16).[10] 바울이 그리스도를 창조주라고 밝힌 이유도 사도 요한과 같이 천상의 그리스도를 보았기 때문이라고 여겨진다(고후 12:2).[11]

미가 선지자 역시 그리스도를 상고의 태초 또는 상고의 영원이라고 예언한 적이 있다. 그것은 하나님의 감동과 계시에 의해서였다.

> 베들레헴 에브라다야 너는 유다 족속 중에 작을지라도 이스라엘을 다스릴 자가 네게서 내게로 나올 것이라 그의 근본은 상고에, 영원에 있느니라(미 5:2).

이 예언의 말씀에 따르면 그리스도는 태초부터 우주 만물이 창조되기 전의 영원에서 하나님과 함께 계셨다. 좀 더 구체적으로 설명해보자면 말씀으로 우주 만물을 창조하신 세계가 있기 전의 상태는 영원의 세계였다. 영원은 빛의 반대 개념과 다른 태초의 흑암이었다.

왜냐하면, 창조 시 빛이 있으라고 말씀하시기 전이였기 때문이다. 그러므로 그리스도는 흑암 중에 하나님과 함께 빛으로 계셨다. 그래서 "**그 안에 생명이 있었으니 이 생명은 사람들의 빛이라**"(요 1:4)라고 진술하고 있고 그리스도를 생명의 빛이라고 증언한 이유다. 다시 말하면 그리스도는 영원에서 하나님과 함께 빛으로 계셨기에 그 빛의 근본이 같다고 한 것이다.

바울도 하나님과 그리스도는 동등하며 하나님의 본체라고 했다.

---

10 골 1:16 "만물이 그에게서 창조되되 하늘과 땅에서 보이는 것들과 보이지 않는 것들과 혹은 왕권들이나 주권들이나 통치자들이나 권세들이나 만물이 다 그로 말미암고 그를 위하여 창조되었고."를 참고.

11 고후 12:2 "내가 그리스도 안에 있는 한 사람을 아노니 그는 십사 년 전에 셋째 하늘에 이끌려 간 자라 (그가 몸 안에 있었는지 몸 밖에 있었는지 나는 모르거니와 하나님은 아시느니라)"를 참고.

> 그는 근본 하나님의 본체시나 하나님과 동등 됨을 취할 것으로 여기지 아니하시고 (빌 2:6).

이 말씀은 마치 하나님의 세계를 아는 것처럼 증언하고 있다는 사실이다. 사도 요한도 동일하게 바울처럼 진술하고 있다. 하나님 나라를 경험하지 않고는 이렇게 쉽게 말할 수 없다고 여겨진다. 요한복음 1:1-4에서 밝힌 그리스도는 사람의 생각으로는 감히 진술할 수가 없는 기사 내용이다. 더군다나 인간의 지식으로는 도저히 상상할 수도 깨달을 수도 없는 기사이고 성령께서 깨닫게 하시든가 아니면 바울이나 요한처럼 하나님 나라를 보지 않고서는 진술할 수 없는 기사라고 필자는 보고 있다.

그런 이유로 하나님의 세계를 보았기에 사도 요한은 창세기 1:2 말씀을 잘 아는 듯하다. 하나님은 그리스도뿐만 아니라 성령님과도 함께 계셨다. 창세기 1:26에,[12] 단수가 아닌 복수의 하나님으로 말씀하고 있어서 그렇다. 그리고 창세기 1:2에도 삼위 하나님이 계셨다.

> 땅이 혼돈하고 공허하며 흑암이 깊음위에 있고 하나님의 영은 수면 위에 운행하시니라 (창 1:2).

여기서 흑암이 깊음 위에 있다고 할 때의 흑암, 호세크(*choshek*)는 하나님께서 원래 계셨던 영원한 상태를 표현할 때 흑암이라고 했을 것이다. 그 흑암이 깊음 위에 계신다고 했고 깊음, 태홈(*tehom*)은 깊은 물 또는 심연을 말한다. 그러니까 물과 땅의 구분이 되지 않은 상태였을 때니까 아직 땅은 물속에 잠겨 있었다고 보여진다. 창세기 1:9[13]에 가서야 물과 땅을 구분하신다.

---

12 창 1:26 "하나님이 이르시되 우리의 형상을 따라 우리의 모양대로 우리가 사람을 만들고 그들로 바다의 물고기와 하늘의 새와 가축과 온 땅과 땅에 기는 모든 것을 다스리게 하자 하시고."를 참고.
13 창 1:9 "하나님이 이르시되 천하의 물이 한 곳으로 모이고 뭍이 드러나라 하시니 그대

그렇다면 흑암에 계신 하나님이 물 위에 계셨고 하나님의 성령도 수면에 운행하고 계셨다. 요한복음 1:18[14]에 보면 하나님의 품속, 콜포스(*kolpos*)라는 독특한 표현이 있다. 그리스도를 NIV에서는 Father's side, 즉 아버지의 옆이라고 번역했다. 그런데 헬라어 콜포스는 가슴 또는 품이라고 번역되는데 품은 마치 접어서 포개진 부분을 의미한다고 했다. 그러니까 흑암의 하나님은 그리스도와 포개진 상태로 계셨으므로 하나님과 함께라고 한 것이다.

그러면 왜 하나님을 흑암에 계신 하나님으로 나타냈는가?

그리고 흑암에 계셨던이라고 하는 말이 왜 중요한가?

흑암은 태초의 영원을 말한다고 앞서 설명했듯이 그 가운데 하나님과 그리스도는 함께 존재하셨기 때문에 하나님은 공동체 하나님이시고 한 분이시다. 하시는 사역이 다른 것처럼 나타나기에 달리 기록되었을 뿐이다. 흑암에서 빛으로 계셨던 삼위 하나님은 한 분이셨다. 그 이유는 모세가 흑암에 계시는 하나님께 가까이 갔다고 진술하기 때문이기도 하다.

> 백성은 멀리 서 있고 모세는 하나님이 계신 흑암으로 가까이 가니라(출 20:21).

이렇게 말씀하고 있다. 그리고 시편 기자도 흑암과 빛은 같다고 했다.

> 주에게서는 흑암이 숨기지 못하며 밤이 낮과 같이 비추이나니 주에게는 흑암과 빛이 같음이니이다(시 139:12).

그러니까 창세기 1:1의 흑암과 출애굽기 20:21의 흑암이 같고 시편 139:12의 흑암과 빛은 같은 것이다. 여기서 흑암은 사탄의 세력을 뜻하는 어두움을 말하는 것이 아니다. 원래 창조 이전에 하나님께서 존재하셨던

로 되니라."를 참고.
14 요 1:18 "본래 하나님을 본 사람이 없으되 아버지 품 속에 있는 독생하신 하나님이 나타내셨느니라."를 참고.

상태를 말하는 것이다.

　이런 하나님의 존재 양식은 인간의 지식과 지혜와 이성으로는 도저히 이해할 수 없는 신비이다. 이 신비의 하나님을 믿고 안 믿고는 각자의 몫이 될 수밖에 없다. 사도 요한은 신비스런 하나님께서 영원 전부터 흑암에 빛이신 삼위 하나님으로 함께 존재하셨던 것을 깨달았기 때문에 근본적으로 하나님은 같다고 삼위 하나님의 동일성을 진술하고 있다. 어쩌면 이렇게 기록할 수밖에 없는 것은 사역 측면에서 마치 개별적으로 일하시는 것 같이 보여서 구분하여 호칭하였을 것이다. 그러나 하나님은 항상 한 분이신 삼위 하나님으로 역사하신다.

　혹 이해가 덜 되는 독자들이 있을 것 같아 흑암에 대한 설명을 좀 더 추가해 보자면 모세가 흑암에 계신 하나님께 가까이 갔다는 주장을 앞서 했다. 그렇더라도 흑암과 하나님을 동일시하는 표현들이 성경에 수십군데나 더 나온다. 심지어 신명기 5:22[15]에서는 흑암 가운데 큰 음성으로 너희 총회에 이르셨다라는 표현도 있다. 그리고 그리스도가 하나님과 함께 계신다고 하는 근거도 동일하다.

> 본래 하나님을 본 사람이 없으되 아버지 품 속에 있는 독생하신 하나님이 나타내셨느니라(요 1:18).

　이 말씀 가운데 품속(*kolpos*)은 앞서 설명한 대로 포개진 상태를 말하므로 함께라고 했다. 또 그리스도는 항상 하나님 우편에 계시는 그리스도로도 나타난다. 하나님 우편이라는 말도 사실 함께(*pros*)라고 볼 수 있다. 스데반이 돌에 맞아 죽으면서 하나님 우편에 계신 그리스도를 보았다고 했다.

15　신 5:22 "여호와께서 이 모든 말씀을 산 위 불 가운데, 구름 가운데, 흑암 가운데에서 큰 음성으로 너희 총회에 이르신 후에 더 말씀하지 아니하시고 그것을 두 돌판에 써서 내게 주셨느니라."를 참고.

> 스데반이 성령 충만하여 하늘을 우러러 주목하여 하나님의 영광과 및 예수께서 하나님 우편에 서신 것을 보고(행 7:55).

이 말씀 외에도 하나님 우편에 계신 그리스도가 신약에만 8번이나 더 나온다.

4. 요한복음 1장에서 나타난 유대인들에게 익숙한 표현들(요 1:17, 23, 25, 29, 41, 49)

성경마다 첫 장이 보통은 서론적이라고 앞서 언급했다. 사도 요한은 그의 독자들에게 특히 유대인 독자들에게 호감을 사기 위해 서론 부분만 읽어 보아도 그 내용이 대략 어떤 내용일지 알 수 있도록 구약적인 색채를 진하게 입혔다. 그의 복음 전체 중 1장에서만 유대인들이 신뢰하고 선호하는 구약의 인물들을 대거 등장시킨다.

유대 독자들이 요한복음을 읽으면서 마치 구약성경의 어느 한 부분을 읽는 것처럼 친밀감을 느끼도록 구약의 인물들을 인용하였다. 그것은 유대적 사고의 틀에서 요한복음을 생각하고 신뢰하게 하는 것이다. 사도 요한이 집중적으로 진술하고 있는 예수 그리스도는 유대인들이 그토록 기다리고 기다리던 메시아로 이해하고 받아들이도록 증거하고 있다.

구약의 마지막 선지자였던 세례 요한을 비롯해서 모세(요 1:17, 45), 이사야(요 1:23), 엘리야(요 1:25), 또 유월절을 생각나게 하는 하나님의 어린양(요 1:29, 36), 메시아(요 1:41), 이스라엘의 임금(요 1:49) 등 1장에서 언급된 인물 및 상징적 언어들은 모두 그리스도의 오심과 깊숙이 관련되어 있다. 그리고 이들을 인용하면서 요한의 복음이 유대인들에게 친숙해지도록 인도하고 있다. 각각 구약의 인물들을 좀 더 구체적으로 생각해보자.

첫째, 모세를 등장시킨 배경은 이스라엘과 유대인들이 가장 존경하는 선지자가 모세이기 때문이다. 사도 요한이 요한복음 1:17에 모세는 이스라엘에게 율법을 가져다준 인물이라는 사실을 상기시킨다.

이와 대조하여 이스라엘에게 은혜와 진리를 가지고 오신 분은 예수시다 라고 했다. 즉, 율법과 은혜를 대비시키고 있다. 이렇게 율법과 은혜를 대비시키는 것은 구원은 율법으로 되지 않고 은혜로 된다는 사실을 강조하는 것이다. 모세는 출애굽을 인도했고 하나님의 율법을 받아 냈다.

광야 40년 동안 그야말로 아무것도 없는 광야에서 그 많은 백성과 짐승을 먹고 살도록 인도하였던 위대한 인물이 아니었던가?

이 사실을 모르는 이스라엘사람은 없다. 특히, 바리새인들은 자기들 모두가 모세의 제자라고 말한 적도 있다(요 9:28).[16] 이렇듯 모세를 존경하고 모세의 율법을 지키며 따르고자 하지만 정작 모세가 장차 이르게 될 메시아에 대한 예언을 언급한 사실이 무엇을 뜻하는지는 모르고 있었다.

모세가 출애굽 한 백성들을 인도하는 가운데 모두가 죽을 것 같은 상황에서 아슬아슬하게 홍해를 도하한다. 도하 후 모세는 성령에 감동되어 수많은 이스라엘 군중들을 바라보며 하나님께 감사 기도를 드렸다.

하나님이시여! 이스라엘 백성들을 이렇게 출애굽시킨 것은 주의 산에 심어 하나님의 처소로 삼으시려고 인도하여 내셨음이라라고 하는 놀라운 고백을 한다. 사도 요한은 그리스도 예수의 은혜를 말하면서 모세의 이 예언을 유대인들에게 생각나게 했다.

> 주께서 백성을 인도하사 그들을 주의 기업의 산에 심으시리이다 여호와여 이는 주의 처소를 삼으시려고 예비하신 것이라 주여 이것이 주의 손으로 세우신 성소로소이다(출 15:17).

---

16 요 9:28 "그들이 욕하여 이르되 너는 그의 제자나 우리는 모세의 제자라."를 참고.

이 말씀을 사도 요한이 직접 인용하지는 않았다. 그러나 이스라엘 백성들을 하나님의 처소로 또 성전으로 생각하고 그리스도를 언급해야 할 배경이 되는 말씀인 것은 알았을 것이다(요 2:21).[17]

왜냐하면, A.D. 70년 로마와의 전쟁에서 패하여 성전이 파괴되고 성전 없이 헤매던 유대인들에게 하나님의 성전은 예루살렘이 아니다. 하나님께서 준비하고 세우시는 것이 하나님의 처소요 참된 성전이다라는 말씀을 생각나게 하고 있다. 사도 요한은 모세가 말한 하나님이 준비한 성소는 그리스도 예수라고 한다(요 2:21). 예수 그리스도가 성전이라면 그를 모신 사람도 역시 성전이 되는 것이다. 바울도 이 모세의 예언 말씀을 깨닫고 성령의 성전 된 사람들이 예수로 말미암아 하나님이 거하실 처소가 된다고 하였다(엡 2:22).[18]

둘째, 세례 요한을 등장시킨 배경은 그 당시 많은 유대인이 광야까지 나가서 세례 요한의 가르침을 듣고 따를 정도로 세례 요한을 좋아했다. 혹 오실 메시아가 저분이 아닌가 할 정도로 신뢰를 보냈다. 그래서 먼저 세례 요한을 등장시키고 있다. 사도 요한은 그토록 이스라엘이 기다리고 기다리던 메시야는 세례 요한이 아니라 바로 예수 그리스도시라고 선포한 말씀을 믿도록 안내한다. 사실 세례 요한은 구약의 마지막 선지자로서 이사야 선지자가 예언했던 말씀대로 내가 외치는 자의 소리다라고 증언했다.

> 외치는 자의 소리여 이르되 너희는 광야에서 여호와의 길을 예비하라 사막에서 우리 하나님의 대로를 평탄하게 하라(사 40:3).

즉, 메시아가 이 세상에 오는 길을 평탄하도록 내가 닦고 있다(요 1:23). 그런 주장이 아니던가?

---

17 요 2:21 "그러나 예수는 성전 된 자기 육체를 가리켜 말씀하신 것이라."를 참고.
18 엡 2:22 "너희도 성령 안에서 하나님이 거하실 처소가 되기 위하여 그리스도 예수 안에서 함께 지어져 가느니라."를 참고.

그 사실을 인정이라도 하듯이 세례 요한에게 유대인들뿐만 아니라 바리새인 심지어 제사장의 무리까지 나와 세례를 받은 적이 있다(마 3:7).[19] 말라기 선지자 이후 400여 년의 침묵을 깨고 나타난 선지자이기에 유대의 많은 무리가 세례 요한이 메시아가 아니냐며 기대를 했다. 세례 요한은 저들을 실망하게 하려고 그런 것이 아니라 저들의 오해를 불식시키고 정말 저들이 기다리던 메시아를 만나게 하려고 나는 메시아가 아니라고 했다. 나는 그의 신발 끈을 매지도 못할 정도로 작다고 하였다. 그러면서 예수는 성령으로 세례를 베푸실 메시아다라고 확실하게 선포한다.

셋째, 이사야 선지자를 등장시킨 배경은 이스라엘에게 위로의 선지자였기 때문이다. 그는 왕족 출신의 선지자로서 많이 배웠고 세계를 보는 식견이 넓었다. 이스라엘 백성들이 이사야 선지자를 좋아한 것은 이스라엘을 괴롭히는 주변 나라들에 대해 미래의 멸망을 예언했고 이스라엘의 회복을 예언하여 소망을 주고 위로하는 말씀 때문만은 아니었다. 그가 이스라엘의 해방자 메시아를 예언하였기 때문이다(사 4:2-4; 7:14, 9:1-7; 11:1-5,10; 25:8; 26:19; 28:16; 32:1, 15-17; 42:1-7; 53:2-5, 10-12; 61:1-3). 사실 이사야가 메시아의 길을 예비하는 광야의 외치는 자의 소리는 세례 요한을 두고 예언한 말씀이었다(요 1:23). 그리고 세례 요한이 선포한 그리스도는 바로 예수님이셨다.

넷째, 엘리야를 등장시킨 배경에 대해 엘리야는 유대인들의 세계에서는 능력의 선지자로서 통하기 때문이다(왕상 18:38).[20] 장차 올 메시아는 마치 엘리야처럼 큰불을 가지고 와서 시원스럽게 로마군대를 불살라버리고 이스라엘을 구원하여 옛 다윗 시대의 영광을 재현하고 회복하실 메시야를

---

19 마 3:7 "요한이 많은 바리새인들과 사두개인들이 세례 베푸는 데로 오는 것을 보고 이르되 독사의 자식들아 누가 너희를 가르쳐 임박한 진노를 피하라 하더냐?"를 참고.
20 왕상 18:38 "이에 여호와의 불이 내려서 번제물과 나무와 돌과 흙을 태우고 또 도랑의 물을 핥은지라."를 참고.

떠올리게 하는 이름이 엘리야였다. 물론 세례 요한이 나는 엘리야가 아니라는 뜻으로 한 말이다. 마치 지나가는 말처럼 했어도 엘리야라는 이름만 나와도 이스라엘이 흥분할 만한 이름이었다. 엘리야는 그만큼 요한복음에 친밀감을 느끼는데 다소나마 기여할 것이라고 보고 엘리야를 인용하였다.

다섯째, 하나님의 어린양을 등장시킨 배경은 이스라엘 백성들의 출애굽 유월의 어린양을 생각나게 하는 데 있다(출 12:13).[21] 하나님께서 출애굽 직전 애굽의 장자를 치시려고 어린양을 잡아 그 피로 문설주와 인방에 바르게 하셨을 때 이스라엘은 너나 할 것 없이 어린양을 잡아 그 피를 집의 좌우 인방에 발랐다. 죽음의 사자로부터 구원의 은혜를 받았기에 그때 희생된 어린양이 유월절의 어린양이 된 것이다.

장자를 잃어버린다는 것은 그 집안의 대가 영영 끊긴다는 의미가 아니었던가?

즉, 멸망이다.

나라를 지키고 가정의 대를 이어갈 후손이 끊기는데 어찌 멸망이 아니겠는가?

어떻든 이스라엘은 유월절 어린양의 피로 이스라엘의 생명이 보존된 역사를 대대로 교육받았다. 그런 이유로 어린양에 대해 매우 친숙하다. 그뿐만 아니라 죄 용서받기 위해 드려지는 이스라엘의 전통적인 희생 제물이 어린양이기도 하였다. 사도 요한은 예수 그리스도가 하나님의 어린양이었다는 사실을 세례 요한이 선포한 말씀을 인용하는데 아주 좋아했을 것이라고 보인다.

그런데 이 계획은 하나님께서 아브라함에게 이삭을 번제로 드리게 하실 때 이미 풀 숲 뒤에 뿔이 걸려 있던 숫양 한 마리를 준비해 놓으셔서 이삭

---

21 출 12:13 "내가 애굽 땅을 칠 때에 그 피가 너희가 사는 집에 있어서 너희를 위하여 표적이 될지라 내가 피를 볼 때에 너희를 넘어가리니 재앙이 너희에게 내려 멸하지 아니하리라."를 참고.

대신 번제로 드리게 하신 적이 있다(창 22:13).[22] 그래서 구약의 어린양은 희생 제물을 상징하고 죄의 대속함을 상징하는 것이 어린양이다. 세례 요한이 예수를 하나님의 어린양이라고 한 것은 임시로 죄의 용서를 받았던 구약의 제사를 생각나게 하는 것이다. 그리고 이스라엘의 속죄를 생각나게 하는 것이다. 이스라엘에서 어린양은 항상 자기들의 죄를 대신하는 희생 제물이었다. 그 어린양이 바로 예수 그리스도시라는 것이다.

여섯째, 메시아를 등장시킨 배경은 유다가 망한 후 멀리 바빌론 포로로 붙들려가서 고통과 온갖 서러움을 당할 때이다. 그때 예루살렘을 생각하면서 나온 사상이 메시아 대망 사상이다. 그러다가 로마 통치를 받으며 그 사상이 다시 발전한 것이다. 로마의 억압이 저들에게 견딜 수 없는 고통이었다. 고통이 심하면 심할수록 다윗 시대의 영광이 생각났다. 강성대국으로서 주변 나라들을 모두 평정하고 섬김과 조공을 받던 시절은 저들에게 꿈과 같은 나날들이었다. 그런데 현재의 초라한 모양새라니, 아마 힘들었으니 이 말씀이 생각났을 것이다.

> 이새의 줄기에서 한 싹이 나며 그 뿌리에서 한 가지가 나서 결실할 것이요 (사 11:1,10).[23]

이 약속을 기다리는 것은 너무나 당연하였고 저들에게 소망이 되었다. 요한은 그러한 백성들의 심정을 잘 알고 있는 터라 요한복음 1:41에 베드로의 형제 안드레가 우리가 메시아를 만났다는 말을 언급하며 그 메시아

---

22 창 22:13 "아브라함이 눈을 들어 살펴본즉, 한 숫양이 뒤에 있는데 뿔이 수풀에 걸려 있는지라 아브라함이 가서 그 숫양을 가져다가 아들을 대신하여 번제로 드렸더라." 를 참고.
23 사 11:1 "이새의 줄기에서 한 싹이 나며 그 뿌리에서 한 가지가 나서 결실할 것이요." 를 참고.

가 바로 예수 그리스도다라는 사실을 진술하며 저들을 흥분시키고 있다.

일곱째, 이스라엘의 임금이라는 말의 배경은 멜렉(*melek*)인데 말라크에서 유래되었다. 근동지역에서 공통적으로 사용되었던 왕(king)의 명칭이다. 그런데 이스라엘에서는 왕의 제도가 없었다. 모세나 사무엘처럼 선지자나, 제사장들이 통치하였다. 그래서 이스라엘에서 왕이란 원래 하나님을 뜻했다. 기드온이 미디안과의 전쟁에서 승리하자 백성들이 기드온을 왕으로 추대하려고 할 때 기드온은 사양하면서 자기도 아들들도 다스리지 아니하고 여호와께서 너희를 다스리시리라고 말씀한 적이 있다(삿 8:23).[24] 물론 사울이 초대 왕이 되면서 이스라엘에 왕의 제도가 생겼다. 그렇더라도 사울을 다스리신 분은 역시 하나님이셨다.

그러기에 나다나엘의 신앙고백처럼 이스라엘의 임금이란 이스라엘의 하나님이란 뜻이다. 나다나엘이 볼 때 이제껏 제대로 된 왕을 만나지 못해 이스라엘이 고통을 당해왔다는 생각을 했다. 그런데 당신을 보니 이전 왕들과는 달리 능력 있는 왕 같습니다. 마치 하나님의 아들 같습니다. 이제는 이스라엘이 산 것 같습니다라고 하는 뜻이 그의 신앙고백 속에 담겨있다. 사도 요한은 나다나엘의 신앙고백을 언급하면서 예수 그리스도가 하나님의 아들로 또 하나님으로 신앙고백 되기를 바라는 심정으로 예수 그리스도를 이스라엘의 임금으로 진술하고 있다.

그런데 나다나엘의 신앙고백처럼 하나님께서는 이스라엘의 왕뿐만이 아니요. 만왕의 왕이 되신다. 당연히 그의 아들 된 예수 그리스도도 만왕의 왕이 되신다. 그뿐만이 아니라 이 세상의 모든 왕이나 임금들도 사실은 하나님으로부터 세워진다. 바울은 로마서 13:1에서 모든 권세는 하나님으로부터 나지 않음이 없다고 하였고 하나님께서 정하신 바라고 하였다. 사

---

[24] 삿 8:23 "기드온이 그들에게 이르되 내가 너희를 다스리지 아니하겠고 나의 아들도 너희를 다스리지 아니할 것이요 여호와께서 너희를 다스리시리라 하니라."를 참고.

도 요한은 이렇게 자기의 복음에 구약적인 요소들을 복음서 첫 장부터 언급함으로써 요한복음이 마치 구약성경의 한 부분인 것처럼 유도하여 유대인에게 쉽게 접근하도록 하였다.

5. 요한의 양극화 원리(요 1:5; 3:31; 5:29; 20:27)

양극화란 양극단을 대립시켜 충격을 주고 진리에 이르도록 유도하는 방식의 진술이다. 서로 다른 점을 극명하게 대조하면 선악의 구별이 확실하게 드러나는 것처럼 어떤 사실에 대해 옳고 그름을 선명하게 드러내려는 의도적인 선포이다. 그래서 예수님의 편에 설 것인지 아니면 반대편에 설 것인지를 선택하도록 하는 것이다.

예를 들면, 요한복음 1:5의 말씀처럼 빛과 어두움, 요한복음 3:31의 하늘에서 오신 자와 땅에서 난자, 요한복음 5:29의 선한 일과 악한 일, 요한복음 20:27의 믿음 없는 자와 믿음 있는 자 등, 이와 같은 대조법은 창세기에서부터 비롯된 말이다. 창세기는 유대인들뿐만 아니라 그리스도인들까지 누구나 잘 알고 있다.

> 빛이 하나님이 보시기에 좋았더라 하나님이 빛과 어둠을 나누사(창 1:4).

이 빛에 대해 빛과 어두움으로 나누셨다고 하신 것처럼 양극화는 창세기서부터 시작된다. 이것이 하나님의 운영 방법이요, 하나님의 원리라고 보인다.

가인과 아벨이 대립 관계로 나타나 있는 것도 동일한 방법이다. 가인은 하나님을 반대하고 불순종하는 인류 악인의 대표로 등장한다. 반대로 아벨은 하나님을 인정하고 순종하는 의인의 대표로 등장한다. 이 양극단의 차이는 엄청나서 그 결과가 마치 하늘과 땅만큼이나 차이가 크다. 이 양극화의 원리와 결과는 창세기 때뿐만 아니라 사실 지금도 여전히 작동하는 원리요 시스템이다. 즉, 하나님이 다스리시는 통치원리라고 본다.

　이 원리 안에서 온 우주 만물이 돌아간다. 헤겔의 철학에서는 이 원리를 통하여 정반합의 원리를 도출해냈다.[25] 물론 성경을 철학적 개념으로 잘못 해석한 것이다. 정과 반이 충돌하면 합이 나온다는 것은 인간의 꾀이다.

　어떻든 이런 양극화의 원리를 동의하든 동의하지 않든 상관 없다. 또 본인이 양극의 선택을 하든 하지 않든 상관 없다. 원리상 중간지대는 없다. 최종적으로는 어느 한 편에 서게 되어있다. 그리고 그 결과는 아주 달라진다.

　천국과 지옥이란 말처럼 자극적이고 충격적인 말이 또 어디 있을까?

　사도 요한은 한 심령이라도 하나님께 회개하고 돌아오기를 바라는 예수 그리스도의 심정을 잘 아는 제자로서 유대인들이나 자기 독자들에게 양극화의 원리를 진술함으로 자극과 충격을 주고 있다. 요한계시록 3:15에서도 라오디게아 교회 성도들을 향하여 뜨겁든지 차든지 하라고 하였다. 즉, 둘 중의 하나를 택하라는 것이다. 그러니까 세상에는 중간지대가 있을 수 있겠으나 진리로는 중간이 없다. 하나님 나라에서 구원도 결코 중간지대가 없다는 사실을 확실히 진술했다고 본다. 양극단의 예를 몇 가지 들어보자.

첫째, 빛과 어두움의 양극단을 대립시켜 예수 그리스도를 빛으로 소개하고 있는 사도 요한의 의도를 파악해 보자. 먼저 빛과 어둠의 개념에 대한 이해가 필요하다. 빛과 어둠의 구분은 창조 이전과 창조 세계 이후로 구분해야 한다. 요한복음 1:4에서 말하는 빛은 창조 이전 영원 속에서 영원부터 하나님과 함께했던 빛과 어둠을 말한다. 즉, 그리스도의 근본을 나타내는 빛으로써 창세기 1장에 나타나는 창조 된 빛과는 성격이 다르다.

25　박형용, 『바울 신학』, 34.

또 창세기 1:3과 1:15의 빛도 서로 다른 빛이다. 왜냐하면, 전자는 영적인 빛이고 후자는 물리적인 빛의 창조이기 때문이다.

그리스도의 빛은 창조될 수 없고 어둠과 나눌 수도 없다. 창조된 빛과 어둠으로의 나눔은 하늘과 천사들의 빛을 말하기에 가능하다고 보아야 한다. 왜냐하면, 천사도 하나님처럼 영적 존재요 빛으로 나타나기 때문이다. 어둠은 천사의 반대 개념이다. 보이지 않는 영의 세계 창조는 바울도 증거하고 있는 바이다. 골로새서 1:16에서 그리스도는 보이지 않는 세계(aoratos - invisible)를 창조하셨다고 했다. 사도 요한이 빛과 어둠을 말하는 것은 근본이 빛이신 그리스도와 그리스도를 반대하는 어둠의 영을 대립시킨 것이다. 사도 요한이 요한복음 1:4에서 그리스도를 생명과 빛으로 나타내고 있는 것이 그 이유다. 세례 요한도 그리스도를 빛이라고 증언하였다.

그런데 사람들은 빛이 어둠에 비추는데 어둠이 그 빛을 깨닫지 못하더라고 했다. 즉, 영적 무지, 영적 감각이 없는 사람들을 지칭한다. 자기 죄가 빛에 드러날까 염려되어 빛보다 어둠을 더 사랑한다고 하면서 빛과 어둠을 대립시키고 있다. 즉, 그리스도를 반대하는 자들에게는 어둠 속에 숨고 진리를 따르는 자들은 빛으로 나온다고 했다. 요한복음 3:19-20에서 이 사실을 잘 보여 주고 있다.

> 그 정죄는 이것이니 곧 빛이 세상에 왔으되 사람들이 자기 행위가 악하므로 빛보다 어둠을 더 사랑한 것이니라. 악을 행하는 자마다 빛을 미워하여 빛으로 오지 아니하나니 이는 그 행위가 드러날까 함이요(요 3:19-20).

이 말씀 가운데 빛이 비치면 그 빛 속에서 무엇을 어떻게 숨길 수 있겠는가?

더군다나 하나님은 인간의 마음속까지 훤히 들여다보고 계시는 분이 아닌가?

그런데도 인간들은 영의 세계를 잘 모르기 때문에 사람들처럼 눈 속임을 하면 마치 죄가 감추어지는 것처럼 오해하고 있다. 사람이 하나님 앞에서 평가를 받을 때 벌거벗은 것처럼 다 드러난다고 히브리 기자는 말하고 있다(히 4:13).[26]

이렇게 사도 요한의 빛과 어둠의 대조는 어둠에 갇혀 있는 인간들에 대해 자신을 보게 하려는 것이다. 그 어둠에서 벗어나 빛의 세계로 들어오기를 바라는 간절한 마음에 대조시킨 것이다.

둘째, 하늘과 땅을 대립시키면서 사도 요한은 그리스도를 하늘에서 오신 분으로 소개하고 있다. 하늘에서 왔다는 말은 하나님으로부터 보냄을 받았다라는 뜻이다. 유대인들뿐만이 아니라 하늘을 신성하게 여기는 사상이 나라마다 다 관습처럼 존재한다. 그래서 하늘의 일월성신을 숭배하는 이유가 거기에 있다. 이런 사상이 유대인들에게는 맞지 않는다. 그리스도가 살아생전 자신을 하나님의 아들이라고 했을 때 신성 모독이라고 하여 죽이려고 했던 사건이 몇 번이나 있었다(요 4:26; 5:18).[27]

어떻게 사람이 하나님의 아들이 될 수 있단 말인가?
저가 하나님의 아들이라면 하나님과 동등 삼으려 함이 아닌가?
이것이 신성 모독이 아니라면 무엇이 신성 모독이란 말인가?

저들의 주장이었다.

---

26 히 4:13 "지으신 것이 하나도 그 앞에 나타나지 않음이 없고 우리의 결산을 받으실 이의 눈 앞에 만물이 벌거벗은 것 같이 드러나느니라."를 참고.
27 요 5:18 "유대인들이 이로 말미암아 더욱 예수를 죽이고자 하니 이는 안식일을 범할 뿐만 아니라 하나님을 자기의 친아버지라 하여 자기를 하나님과 동등으로 삼으심이러라."를 참고.

마치 거듭나야 한다는 예수님의 말씀을 듣고 니고데모가 어떻게 모태로 들어갔다가 다시 날 수 있겠습니까라고 반문하는 말과 똑같다. 육의 생각으로는 저들의 주장과 생각이 다르지 않다. 그러나 사람이 영의 생각을 모르면 항상 육의 생각만 하게 되어있다. 그때는 충돌을 피할 길이 없다.

사도 요한은 유대인들과 그의 독자들에게 예수님처럼 영적인 사건을 진술하고 있다. 그리스도께서 대속 사역을 완성하신 후 부활 승천하셨고 성령님의 인도를 따라 천상에 올라 천상의 주인으로 계신 그리스도를 보았다. 그래서 사도 요한은 본 바대로 있는 그대로 하늘과 땅을 대조시켜 저들을 깨닫도록 자극하고 있다. 그러나 영적인 사건을 말하고 있는 것이기 때문에 들을 자는 듣고 듣지 못할 자는 여전히 듣지 못한다. 이렇듯 하늘과 땅의 양극단을 대조시키는 것은 부활 승천하신 예수 그리스도를 천상의 하나님으로 믿을 것인가 그렇지 않으면 한때 땅에서 나고 땅에 있었던 한 인간으로 보고 불신할 것인가를 선택하도록 요구하고 있다.

사도 요한이 하늘과 땅을 대조하면서 그리스도를 하늘에서 오신 분으로서 강조하는 이유는 유대인들과 그의 독자들이 당시 영지주의자들의 그릇된 기독론에 관심을 기울일 때이다. 저들이 그리스도의 정체성을 오해하는 부분이 있기도 하고 구약성경에서 오시기로 한 그분이 정말 맞는지 의심하는 사람들도 있었다.

그래서 정통에 남아 있을 것인가 이단으로 옮길 것인가?

양단간 결정하라는 교통정리의 뜻도 있다(요일 2:19).[28] 그리스도께서 생전에 땅에 거하고 계셨지만 그의 근본이 상고의 태초라고 말했던 미가 선지자처럼(미 5:2) 예수님은 근본 하늘에 계셨던 분이셨다. 하늘에서 본 것이 많으므로 하늘의 복음을 전할 수 있었다는 것이 사도 요한의 진술 요지다.

28　요일 2:19 "그들이 우리에게서 나갔으나 우리에게 속하지 아니하였나니 만일 우리에게 속하였더라면 우리와 함께 거하였으려니와 그들이 나간 것은 다 우리에게 속하지 아니함을 나타내려 함이니라."를 참고.

만약 그리스도가 땅에 속하였던 분이라면 어떻게 하늘의 현상을 알고 하늘의 복음을 선포할 수 있었겠는가?

하늘과 땅을 대립시킨 이유이다. 사도 요한은 하늘의 경험을 하였던 제자다. 그분의 하나님 되심과 믿을 만한 분이심을 확실히 진술하고 있다. 양극화의 원리는 어느 한 편에 속해야 한다. 구원에 있어 중간지대는 결단코 없다.

셋째, 선한 일과 악한 일의 양극화는 생명의 부활과 심판의 부활로 연결되어 나타난다(요 5:29).[29] 종말적 심판의 결과에 대한 말씀이다. 여기서 사도 요한의 바라는바 인간이라면 누구나 양심은 있다는 것이다. 아무리 악한 자라도 한 번쯤은 자기 삶을 돌아볼 경우가 있을 것이다라는 사실을 알고 선한 일과 악한 일을 대립시켜서 양심을 자극하고 있다. 말하자면 하나님께 돌아오라는 것이다. 그러면서 예수 그리스도를 심판의 주로 진술하고 계시다.

요한복음 5:27 말씀처럼 심판하는 권한이 그리스도에게 있다는 사실을 명확하게 한 것이다. 반대로 생각해 보면 그리스도를 믿으면 심판을 면제받는다는 것이다.

심판 때 선악 간에 생명의 부활로 나올 것이 아니라 심판의 부활로 나와 영원한 불 속에서 영생하기를 누군들 바라겠는가?

인간이라면 누구나 이 땅에 태어나서 죽을 때까지의 삶이란 다 있다. 혹 죽음의 순간이 다가올 때 이러저러한 일들이 중복되어 내 인생의 전반이 마치 필름처럼 순식간에 지나갈 때 후회하지 않을 인생은 없다고 본다. 그러나 진짜 후회할 일은 하나님께 돌아오지 않는 것이다. 한 인간을 나게 하신 분도 하나님이시다(삼상 1:5).[30] 그 생명을 거두어가시는 분도 하나님

---

29 요 5:29 "선한 일을 행한 자는 생명의 부활로, 악한 일을 행한 자는 심판의 부활로 나오리라."를 참고.

30 삼상 1:5 "한나에게는 갑절을 주니 이는 그를 사랑함이라 그러나 여호와께서 그에게

이시다(눅 12:20).[31]

또 인생이 어떻게 살아가야 좋을지 말씀을 통해 삶의 원리를 주신 분도 하나님이시다. 어떤 족속을 막론하고 그냥 저절로 태어나는 사람은 한 사람도 없다. 이 땅의 모든 인생에 하나님의 형상을 넣어 주셨기 때문이다. 하나님은 믿든 믿지 않든 한 심령, 한 심령에 대해 지대한 관심을 가지고 계신다. 그래서 사도 요한은 선악의 대조를 통하여 선한 편에 서도록 권고하고 있다.

보통 사람들이 생각하는 선하고 악한 일은 성경에서 말하는 것과 의미가 다르다. 선악을 윤리, 도덕적인 측면에 기준을 두면 불신자라도 선한 사람들이 많고 모두 천국에 가야 한다. 그러나 성경적 기준은 하나님을 경외하느냐 경외하지 않느냐에 선악의 기준이 있다.

> 네 악이 너를 징계하겠고 네 반역이 너를 책망할 것이라 그런즉, 네 하나님 여호와를 버림과 네 속에 나를 경외함이 없는 것이 악이요 고통인 줄 알라 주 만군의 여호와의 말씀이니라(렘 2:19).

이 말씀에 따르면 하나님을 버린 자들과 하나님을 경외하지 않는 자들이 악한 자가 된다. 윤리, 도덕의 문제가 아니다. 이들은 무슨 일을 하든 하나님을 모르고 경외하지 않으니 선한 일이 될 수 없다. 성경에서는 하나님을 믿어도 하나님을 경외하는 자들이 아니면 선한 자가 되지 못한다고 선언한다. 선악의 구분은 세상의 윤리 기준에 있지 않고 하나님과 깊이 관련되어 있다.

그래서 사도 요한은 선악을 대조하면서 예수 그리스도를 심판의 주로 언급하고 있다. 그 이유는 그리스도께서 심판하실 때 하나님 오른편에서

임신하지 못하게 하시니."를 참고.
31　눅 12:20 "하나님은 이르시되 어리석은 자여 오늘 밤에 네 영혼을 도로 찾으리니 그러면 네 준비한 것이 누구의 것이 되겠느냐 하셨으니."를 참고.

대언자 또는 변호자로 내가 그리스도를 믿은 자였다고 변호를 해 주셔야 천국 입성이 가능해진다. 이때 마태복음 7:23 말씀처럼 "**내가 밝히 말하되 너희를 도무지 알지 못하니 불법을 행한 자들아 내게서 떠나가라**"라는 말을 듣는 순간 천국 입성은 불가능해진다. 이렇게 하나님의 심판 때 그리스도의 변호를 받지 못한다면 불과 유황불로 직행한다.

이 사실을 직시하고 살아생전에 그리스도를 대언자 또는 변호자 되신 그리스도로 인정하고 믿어서 심판을 면하라는 최후통첩 같은 말씀에 대해 양단간 결정을 해야 한다. 이 결정은 영생과 영멸의 결과로 나타난다.

넷째, 신앙과 불신앙에 대한 믿음의 양극화 문제는 요한복음에서의 문제뿐만이 아니라 성경 전반의 문제다. 하나님께서 아브라함의 믿음을 그의 의로 여기셨듯이(창 15:6) 죄인 된 처지에서 하나님으로부터 의롭다 함을 얻어야 구원이 된다.

그러면 어떻게 해야 의롭다 함을 얻을 수 있는가?

그것은 그의 아들 예수 그리스도를 인정하고 믿는 것이 하나님의 의를 얻는 유일한 방법이다. 이것은 하나님의 정하신 바이다. 믿음이 없이는 영생도 구원도 없다. 바울은 구원을 의 또는 칭의라는 말로 대신하고 있다. 하지만 사도 요한은 생명 또는 영생이라는 말로 구원이라는 말을 대신하고 있다.

그래서 사도 요한은 요한복음 20:27에서 믿음의 양극화 문제를 제기한다.

> 도마에게 이르시되 네 손가락을 이리 내밀어 내 손을 보고 네 손을 내밀어 내 옆구리에 넣어 보라 그리하여 믿음 없는 자가 되지 말고 믿는 자가 되라(요 20:27).

이 본문 말씀은 예수께서 부활하시고 제자들에게 자신의 부활하신 모습을 보여 주신 사건의 말씀이다. 그런데 마침 도마가 그 자리에 없어서 부

활하신 예수님을 보지 못했다. 도마는 예수님을 보고 또 상처 난 옆구리에 손을 넣어 만져보고 믿겠다라고 한 것이다. 말보다는 체험이 그의 믿음관이었다. 다시 말하면 확인해보고 믿겠다는 것이다.

여기서 믿음에 대한 인식 즉 어떻게 해야 믿어지는가?

이런 인식의 문제가 발생한다. 제자들은 보는 것이 믿는 것이었다. 즉, 보고서 믿음이 생겼다는 것이 제자들의 인식론이다. 도마는 보는 것으로는 부족하고 만져보기까지 해야 한다는 것이 도마의 인식론이었다. 이것은 사람마다 차이가 있다.

어떤 사물, 사건, 어떤 문제가 되었든 어떻게 인식하느냐?

그 결과에 따라 신앙과 불신앙이 발생한다.

인식론도 세상의 인식론과 하나님 나라의 인식론은 다르다. 세상의 인식론은 듣고 보고 만져보고 확인하는 것이다. 그러나 하나님 나라에 대한 인식론이란 있을 수 없다. 왜냐하면, 하나님 나라가 보이지 않고 만져볼 수도 없는 영적인 나라이기 때문이다. 하나님도 성령님도 그리스도도 이제 보이지 않는다.

그런데 어찌 보고 만져보고 인식할 수 있다는 말인가?

그래서 하나님 나라의 인식은 성령님의 특별한 은총을 받아야 인식되고 믿어진다. 왜냐하면, 갈라디아서 5:5에 성령님께서 믿음으로 인도하신다[32] 라고 했기 때문이다. 인간의 인식, 지식, 의지, 자율적 능력으로는 믿음을 가질 수가 없다. 누구든지 최소한 예수님을 믿는다라고 하는 사람이 있다면 그 사람은 성령께서 선행하는 믿음을 주신 것이다.

그런데 마치 내가 믿는 것처럼 또 믿어주는 것처럼 하는 사람이 있다. 그런 믿음은 사람들에게 인정받을 수 있을지 몰라도 하나님 앞에서는 가짜다(고전 2:5).[33] 반드시 성령님께로부터 믿음을 받아야 믿음이 된다. 그

---

32 갈 5:5 "우리가 성령으로 믿음을 따라 의의 소망을 기다리노니."를 참고.
33 고전 2:5 "너희 믿음이 사람의 지혜에 있지 아니하고 다만 하나님의 능력에 있게 하려 하였노라."를 참고.

믿음으로 천국까지 가는 것이다.

정말 그런지 안 그런지 성경 한 구절을 찾아보자.

> 그러므로 내가 너희에게 알리노니 하나님의 영으로 말하는 자는 누구든지 예수를 저주할 자라 하지 아니하고 또 성령으로 아니하고는 누구든지 예수를 주시라 할 수 없느니라(고전 12:3).

이 말씀 가운데 성령으로 아니하고는 이라는 말씀에 포커스가 있다. 정말 성령으로 아니 하고는 예수 믿고 예수를 구주라고 부를 수 없다는 것이다. 그러므로 영적인 문제는 성령으로만 모든 문제가 풀리는 것이다. 믿음은 물론 은사, 전도, 지혜, 예언, 말씀, 병고침, 능력, 기쁨, 사랑, 인내, 오래 참음, 절제 등 이런 능력의 요소는 모두 성령님으로만 되고 통한다.

사도 요한은 이런 신앙과 불신앙이라는 양극단을 통하여 믿음을 더욱 부각한다. 그리스도께서도 믿지 못하고 있는 도마에게 보지 않고 믿는 자는 복이 있다고 하셨다. 이렇게 요한복음의 기록 목적은 믿게 하려 함이다(요 20:31).[34]

그러면 무엇을 믿게 한다는 말인가?

믿음의 내용이다. 그 내용은 예수 그리스도가 인간을 의롭게 하시려고 십자가에 죽었다가 부활하신 하나님의 아들이다라는 것이 믿음의 내용이다. 이 사실을 믿게 하려는 것이다. 그래서 신앙과 불신앙을 대조시켰다. 오직 예수 그리스도만이 믿음의 기준이 되고 구원의 기준이 된다.

다섯째, 뜨겁든지 차든지라는 말씀의 양극화는 예수님께서 사도 요한에게 아시아 일곱 교회에 편지하라는 명령 가운데 나오는 말씀이다. 특히, 라

---

[34] 요 20:31 "오직 이것을 기록함은 너희로 예수께서 하나님의 아들 그리스도이심을 믿게 하려 함이요 또 너희로 믿고 그 이름을 힘입어 생명을 얻게 하려 함이니라."를 참고.

오디게아 교회의 부자들에게 경고하신 말씀이다. 이 양극화는 믿음의 문제가 아니고 이미 믿는 자들의 믿음의 행위에 대한 문제를 말하고 있다.

요한계시록 3:16 처럼 뜨겁든지 차든지 하지 아니하면 토해서 내치리라는 무서운 말씀을 하시는 것은 믿으면서도 믿는 자 같이 적극성이 없고 믿지 않는 사람들처럼 소극적이고 미지근한 입장을 취하는 이들에 대한 말씀이다.

그렇다면 어떤 믿음의 행위를 말하는 것일까?

본문 중에서는 요한계시록 3:17에 눈먼 것과 벌거벗은 것을 알지 못한다고 하셨다. 즉, 저들의 영적 무지와 영적 감각이 둔해졌다는 경고다(계 3:14-22). 그러나 무엇에 대해 영적으로 둔해졌는지 구체적인 내용이 없어 빈약하다. 그래서 그 지역의 종교 문화적 현상을 주변 교회들로부터 참고해 본다면 좋을듯하다. 마치 버가모 교회처럼 니골라당이나 이세벨 같은 우상 숭배자들과 이단에 대해 반대한다는 확실한 입장을 보이지 않고 애매모호한 입장을 견지한 경고가 아니었겠나 여겨진다(계 2:12-17).

라오디게아 지역은 교통 여건이 좋고 모직물 공장이 있어서 사람들의 생활이 풍요로웠다. 라오디게아 교회는 골로새 교회와 함께 에바브라가 설립한 교회로 알려져 있다. 그 교회 성도들은 부유해서 삶에 아쉬운 것이 없었다. 그래서 믿음이 미지근 하지 않았겠나 여겨진다. 저들에 대한 경고의 말씀을 보자.

> 네가 이같이 미지근하여 더웁지도 아니하고 차지도 아니하니 내 입에서 너를 토하여 버리리라(계 3:16).

이 말씀은 믿음이 있는 자들에 대한 믿음의 행위를 지적하고 있는 말씀이다. 차지 않고 미지근하다는 말은 믿기는 믿는데 모호한 입장을 취하는 성도들을 말하고 있다. 그 지역사회에 퍼지고 있는 이단 사상과 우상 숭배와 함께 하나님을 섬기는 혼합 신앙에 대해 확실한 태도를 보이지 않고 애매모호한 자세를 취했기 때문에 이 경고를 당하고 있는 듯하다.

그러면 사도 요한이 왜 믿는 자들에 대한 양극화 문제를 제기하는가?

이미 믿는 자라 하더라도 저들의 믿음이 하나님의 인정을 받지 못할 수도 있음을 알리려고 하는 것이다. 회개하고 뜨거워지지 않으면 구원의 유기를 당할 수 있다는 사실을 경고하고 있다. 이 문제에 대해서는 히브리 기자도 같은 입장을 보인다.

> 그러므로 우리는 두려워할지니 그의 안식에 들어갈 약속이 남아 있을지라도 너희 중에는 혹 이르지 못할 자가 있을까 함이라(히 4:1).

이 말씀은 이르지 못한다가 아니고 혹 이르지 못할 자가 있을 수 있다는 의미이다. 이 문제에 대해서 칼빈은 성도의 견인교리를 통해 한번 믿으면 하나님 나라로 끝까지 견인된다는 입장을 취하고 있다. 하나님이 택하셔서 믿기에 하나님께서 버리시지 않는다는 것이다. 이 교리에 대해서는 찬반이 있기에 각자 참고만 하면 좋겠다.[35] 어떻든 성경 전반에 하나님의 백성들을 버리지 않는다는 말씀이 70번 이상 나온다.

그러나 버리지 아니함은 회개하고 돌아오지 않는 것까지는 포함되어 있지 않다. 버리지 않을 것이면 회개하라고 말씀하실 필요가 없기 때문이다. 칼빈의 견인교리처럼 하나님 편에서 버리시는 것은 아니다.

그러나 필자의 견해로 볼 때 본인이 싫다고 하나님을 버리면 어찌되겠는가?

그리고 끝까지 회개하고 돌아오지 않으면 하나님께서도 억지로 구원하시기보다 그 사람의 돌아오기 싫어하는 마음을 인정해 주시지 않겠는가 여겨진다. 왜냐하면, 민수기 14:1에 **"백성들이 모세와 아론을 원망하여 애굽 땅에서나 광야에서 죽었으면 좋았을 것을"** 이라고 말했을 때 하나님께서 저들의 소원을 들어주셨다. 그래서 하나님은 저들의 원대로 40년 광야

---

[35] 루이스 벌코프, 『조직신학』 (서울: 크리스챤 다이제스트, 1991), 799-803.

에서 모두 죽도록 허락하셨다. 이렇게 선택받았던 하나님의 백성들이라고 하더라도 자기가 싫으면 싫은 대로 되게 하는 것이 하나님의 원리이다. 뜨겁든지 차든지의 양극화 원리도 같다고 본다.

제3장

요한서신을 어떻게 보아야 하는가?

요한복음을 어떻게 접근하여 어떻게 보고 어떻게 읽어야 하는지를 제2장에서 살펴보았듯이 요한서신도 마찬가지로 어떻게 보고 읽어야 하는가라고 질문 했을 때 요한서신의 전체 주제나 성격을 앞서 알고 들어간다면 요한서신 전체를 파악하기가 좀 더 쉬우리라 여겨진다.

요한서신은 마치 사랑을 노래하는 책처럼 사랑과 위로가 주제인 것 같이 보인다. 물론 그런 측면이 없지 않다. 그러나 그것보다는 이단에 대해 반박하는 것이 포인트다. 반박은 당연히 기독론의 강조다. 그 시대 에베소 지역의 교회들이 이단과 다툼으로 어수선했다. 물론 승리해서 교회의 분열이 방지 되었다(요일 2:13).[1]

에베소 지역에 어떤 이단이 어떻게 들어왔는지에 대해 상세한 언급은 없다. 하지만 많은 적그리스도라고 진술한 것을 보면 이단들이 여러 종류가 있었던 듯하다.

> 아이들아 지금은 마지막 때라 적그리스도가 오리라는 말을 너희가 들은 것과 같이 지금도 많은 적그리스도가 일어났으니 그러므로 우리가 마지막 때인 줄 아노라 (요일 2:18).

---

1 요일 2:13 "아비들아 내가 너희에게 쓰는 것은 너희가 태초부터 계신 이를 알았음이요 청년들아 내가 너희에게 쓰는 것은 너희가 악한 자를 이기었음이라."를 참고.

에서 모두 죽도록 허락하셨다. 이렇게 선택받았던 하나님의 백성들이라고 하더라도 자기가 싫으면 싫은 대로 되게 하는 것이 하나님의 원리이다. 뜨겁든지 차든지의 양극화 원리도 같다고 본다.

제3장

요한서신을 어떻게 보아야 하는가?

　요한복음을 어떻게 접근하여 어떻게 보고 어떻게 읽어야 하는지를 제2장에서 살펴보았듯이 요한서신도 마찬가지로 어떻게 보고 읽어야 하는가라고 질문 했을 때 요한서신의 전체 주제나 성격을 앞서 알고 들어간다면 요한서신 전체를 파악하기가 좀 더 쉬우리라 여겨진다.

　요한서신은 마치 사랑을 노래하는 책처럼 사랑과 위로가 주제인 것 같이 보인다. 물론 그런 측면이 없지 않다. 그러나 그것보다는 이단에 대해 반박하는 것이 포인트다. 반박은 당연히 기독론의 강조다. 그 시대 에베소 지역의 교회들이 이단과 다툼으로 어수선했다. 물론 승리해서 교회의 분열이 방지 되었다(요일 2:13).[1]

　에베소 지역에 어떤 이단이 어떻게 들어왔는지에 대해 상세한 언급은 없다. 하지만 많은 적그리스도라고 진술한 것을 보면 이단들이 여러 종류가 있었던 듯하다.

> 아이들아 지금은 마지막 때라 적그리스도가 오리라는 말을 너희가 들은 것과 같이 지금도 많은 적그리스도가 일어났으니 그러므로 우리가 마지막 때인 줄 아노라 (요일 2:18).

1　요일 2:13 "아비들아 내가 너희에게 쓰는 것은 너희가 태초부터 계신 이를 알았음이요 청년들아 내가 너희에게 쓰는 것은 너희가 악한 자를 이기었음이라."를 참고.

이렇듯 많은 적그리스도가 나타났다는 것은 대부분 기독론의 문제다. 이단들도 예수 그리스도를 믿는다. 다만 그리스도를 다른 시각에서 바라보고 믿는다는 것이다. 그래서 그 믿음이 성경 밖으로 빗나가 방향이 이상하게 틀어져 있다. 그래도 자기들 주장이 맞는다고 철석같이 믿고 있다. 위험하기 그지없다.

그러한 이유로 요한일서에서는 태초부터 있는 생명의 말씀에 관하여라고 시작한다. 기독론을 더 강화하고 있는 말씀이다. 그때나 지금이나 어떤 이단이든지 정통의 예수 그리스도만 나에게서 흔들리지 않는다면 이단과 싸움은 항상 승리하게 되어있다.

바울도 62년경 골로새 교회에 이단이 발생하자 경보를 발령하듯이 두기고를 전령으로 하여 경고성 서신을 보낸 적이 있다. 요한서신보다는 시기적으로 이른 시기이다. 바울은 로마를 방문했던 에바브라가 보고하는 그곳 교회 현황에 대해 경청하였다. 그후 그 지역의 교회들, 골로새 교회, 라오디게아 교회, 히에라볼리 교회에 회람 서신을 보냈다(골 4:16).[2]

그 지역의 이단은 헛된 철학과 신화, 천사 숭배, 사람들의 전통, 율법주의(골 2:8) 이런 종류들이었다. 바울의 때까지는 아직 영지주의 이단이 발생하지는 않은 것으로 보인다. 사도 요한 때에 영지주의가 고개를 들고 확장되는 시기였다. 역사적으로 사도 요한의 서신서 기록 시기를 100년 전후로 말하기 때문에 바울보다는 3-40년 뒤의 이야기이다.

---

2 골 4:16 "이 편지를 너희에게서 읽은 후에 라오디게아인의 교회에서도 읽게 하고 또 라오디게아로부터 오는 편지를 너희도 읽으라."를 참고.

1. 요한서신의 기록 동기 (요일 2:21, 26)

사도 요한은 예루살렘 붕괴(A.D. 70) 후 유대인들이 흩어지던 시기에 유대인들이 많이 사는 소아시아 지역으로 예수님의 어머니 마리아를 모시고 이주하였다. 예수님께서는 육신의 아버지 요셉이 일찍 죽어 자기 살아생전에 집안 형편이 어려웠다. 자기 사후에 더 어려워질 것을 알고 요한에게 십자가상에서 육신의 모친 마리아를 모실 것을 부탁한 적이 있다(요 19:27).[3] 현재 마리아 생가터가 에베소 지역에 역사적인 장소로 남아 있다. 아마 사도 요한은 에베소의 근처 어느 지역에서 목회한 듯하다.

바울이 세웠던 에베소 교회인지 아니면 요한이 새로이 개척한 어떤 교회인지는 알려지지 않았다. 여러 신학자의 주장에 따르면 바울의 교회보다 요한의 신앙 공동체나 또는 요한의 교회가 따로 존재했을 것으로 보고 있다. 어떻든 에베소 교회에서 가까운 지역이었음은 맞는 것 같다.

어느 시대나 마찬가지이지만 사도 요한이 목회 활동을 하던 시기에 여기저기 이단들이 많았다. 리용의 감독이었던 이레니우스(Irenaeus, 130-202)에 의하면 사도 요한이 1세기 말에 에베소에서 활동하고 있던 이단 게린투스의 가르침에 대해 대항하였다고 했다.[4] 이 대항이 요한 일, 이, 삼서를 펴내게 된 동기라고 볼 수 있다. 이레니우스는 요한의 제자였던 서머나 감독 폴리갑의 제자였다. 그리고 정치적으로 교회들이 핍박받고 환란을 당하는 경우가 많아서 교회들이 위로가 필요했다. 설상가상으로 이단들의 공격까지 더해져 교회가 분해될 상황도 있었다. 그래서 교회들이 서로 사랑하며 하나로 뭉치는 것이 필요했다. 요한서신은 이 양 측면을 보고 기록하였다고 본다.

---

3   요 19:27 "또 그 제자에게 이르시되 보라 네 어머니라 하신대 그 때부터 그 제자가 자기 집에 모시니라."를 참고.
4   변종길, 『요한일이삼서의 설교』(서울: 두란노아카데미, 2007), 30.

2. 요한의 목회 활동 때 등장한 이단들(요일 3:19; 4:5;계 2:14-15)

벌써 예수님의 시대에도 유대교의 이단들이 나타난 적이 있다(행 5:36).[5] 그리고 바울의 전도 시대에도 골로새 교회에 이단들이 등장한 적이 있다. 이처럼 이단은 때와 장소가 없다. 사도 요한의 목회 활동 시기에는 이단들의 활동이 활발했다. 요한일서 2:18에 보면 그 시대에 이단들이 많았다는 것이 증명된다.

> 아이들아 지금은 마지막 때라 적그리스도가 오리라는 말을 너희가 들은 것과 같이 지금도 많은 적그리스도가 일어났으니 그러므로 우리가 마지막 때인 줄 아노라 (요일 2:18).

이 말씀 가운데 적그리스도란 이단이 그만큼 많았다는 말이 된다. 요한계시록 2:14-15에서도 이단들의 구체적인 이름이 등장한다. 발람의 교훈과 니골라 당의 교훈이 그렇다. 발람의 교훈과 니골라 당의 교훈이 구체적으로 어떤 것이었는지는 구체적으로 알려지지는 않았다. 그러나 우상 제물과 행음이라는 말씀을 볼 때 그 이단의 성격을 추측할 수는 있다.

니골라는 안디옥 사람으로서 사도들에게 안수받은 일곱 사역자 중의 한 사람이었다(행 6:5).[6]

성령도 충만하다고 했는데 어찌 이단에 빠졌을까?

요한의 기준에 의하면 이단은 기독론의 변형이었다고 볼 수 있다(요일 2:22).[7] 이 말씀의 근거로 비추어볼 때 발람의 교훈과 니골라 당의 교훈은

---

5 행 5:36 "이 전에 드다가 일어나 스스로 선전하매 사람이 약 사백 명이나 따르더니 그가 죽임을 당하매 따르던 모든 사람이 흩어져 없어졌고."를 참고.

6 행 6:5 "온 무리가 이 말을 기뻐하여 믿음과 성령이 충만한 사람 스데반과 또 빌립과 브로고로와 니가노르와 디몬과 바메나와 유대교에 입교했던 안디옥 사람 니골라를 택하여."를 참고.

7 요일 2:22 "거짓말하는 자가 누구냐 예수께서 그리스도이심을 부인하는 자가 아니냐 아

교묘하게 그리스도를 인정하면서도 구약 시대의 이스라엘처럼 하나님도 바알도 함께 섬겼던 것처럼 그 시대 만연하던 우상 제물 먹는 것과 행음을 해도 무방한 것처럼 혼합적인 새 교훈을 만들어 냈을 것이다. 아합 때 여호와 하나님을 섬기면서도 바알을 함께 섬겼던 역사적 사실을 참고해서 새 교훈을 만들어 속이지 않았겠나 여겨진다.

또 자칭 선지자라 하는 여자 동명이인의 이세벨도 발람이나 니골라당처럼 비슷한 내용을 만들어서 여러 지역의 교회들을 혼란스럽게 하였을 것이다.

> 그러나 네게 책망할 일이 있노라 자칭 선지자라 하는 여자 이세벨을 네가 용납함이니 그가 내 종들을 가르쳐 꾀어 행음하게 하고 우상의 제물을 먹게 하는도다 (계 2:20).

이 구절도 앞의 니골라 이단과 그 내용이 같다.

3. 요한 시대의 이단 게린투스 (요일 2:22)

게린투스는 요한과 동시대의 이집트 사람으로 영지주의의 기원이라고는 할 수는 없으나 영지주의가 발전될 수 있는 토대를 마련하였다는 것은 사실인 것 같다. 게린투스는 그의 사후 325년 니케아공의회에서 이단으로 정죄 되었다. 그렇더라도 그 이전부터 이레니우스에게 이단의 창시자로 몰렸다. 1-2세기 초반에 복음 활동을 했던 이레니우스(130-202)는 게린투스의 가르침에 예수와 그리스도는 다르다고 주장한 이단이었다고 했다. 이들의 주장을 따르는 자들에 대해 요한은 다음과 같은 경고를 하였다.

버지와 아들을 부인하는 그가 적그리스도니."를 참고.

거짓말 하는 자가 누구냐 예수께서 그리스도이심을 부인하는 자가 아니냐 아버지와 아들을 부인하는 그가 적그리스도니(요일 2:22).

사도 요한은 이런 자들을 적 그리스도요, 이단으로 정죄했다. 이레니우스의 증거를 옮겨 보면 다음과 같다.[8]

> 게린투스가 예수는 동정녀에게서 탄생하지 않았고 다른 사람들과 마찬가지로 요셉과 마리아의 아들로 태어났다. 그는 다른 사람들 보다 더 의롭고 더 거룩하였다. 그리고 세례를 받은 후 만물 위의 지극히 높은 권세로부터 그리스도가 비둘기의 모양으로 강림하였다. 그때 그는 알려지지 않은 아버지를 전파하고 이적들을 행하였다. 그러나 마지막에 그리스도는 예수로부터 떠나갔으며 예수는 고난받고 부활하였다. 그러나 그리스도는 영적인 존재였기 때문에 고난으로부터 자유로웠다라고 하였다.

이처럼 게린투스는 예수와 그리스도를 체계적으로 분리한 이단이었다. 그리스도의 성육신까지 부인하였다. 그들은 성령의 강림을 그리스도의 강림으로 오해하고 혼동하였다. 이에 대항하여 요한은 그들을 적그리스도로 정죄하였다(요일 2:22).[9]

2-3세기 로마에서 활동한 교부 히폴리투스(170-236)가 말한 게린투스에 대한 증거 하나만 더 들어보자.[10]

> 이집트의 학문을 배운 게린투스는 세상은 첫째 하나님에 의해 창조되지 않았고 원 능력과 구별되며 만물 위에 뛰어난 하나님을 한 번도 안 적이

---

8   변종길, 『요한일이삼서의 설교』, 30-31.
9   요일 2:22 "거짓말하는 자가 누구냐 예수께서 그리스도이심을 부인하는 자가 아니냐 아버지와 아들을 부인하는 그가 적그리스도니."를 참고.
10 변종길, 『요한일이삼서의 설교』, 31-32.

없는 능력에 의해 창조되었다. 예수는 동정녀에게 탄생하지 않았으며 다른 모든 사람과 마찬가지로 출생하였다. 곧 요셉과 마리아에게서 났으며 단지 다른 사람들보다 더 의롭고 더 지혜로웠다. 세례 후에 그리스도는 원 능력에서 나와 그의 위에 비둘기 모양으로 강림하였다. 그 후에는 알려지지 않은 아버지를 전파하였으며 이적을 행하였다. 그러나 마지막에 그리스도는 영이므로 고난을 받지 않았다.

이 주장을 볼 때 게린투스는 이집트에서 배운 철학에 근거를 두고 복음을 왜곡하였다. 당시의 철학 세계는 플라톤 사상의 영향을 받고 있었으므로 악한 세상을 하나님께서 창조하지 않고 그 밑의 존재인 능력이 창조했다고 보는 사상이다. 또 그리스도는 영적 존재이므로 고난받지 않고 고난 전에 예수의 육신으로부터 떠났다고 주장했다. 당시 게린투스는 기독교의 복음을 당시 철학 구도에 그럴듯 하게 끼워 넣었다고 본다.

4. 발렌티누스와 영지주의(고후 4:4; 10:5)

바울이 골로새서를 보낸 시기를 62년경으로 보고 영지주의가 나타나기 시작했을 때를 100년경 전후로 본다면 철학과 종교가 혼합되고 섞여서 복음의 본질이 흐려지고 다른 이론이 나올 시간은 충분했다고 본다. 더군다나 그 시대는 로마가 통치하던 시대였다. 그 시대 그리스 로마의 헬라철학은 워낙 사상적 기반이 견고해서 소아시아와 유럽 전 지역에 정치, 경제, 사회, 문화, 종교, 문학, 교육 등 전반적으로 헬라 사상의 영향이 미치지 않는 곳이 없었던 시대였다. 그러기에 종교도 철학적인 영향을 받지 않을 수가 없었다. 시간이 흐르면서 철학의 옷을 입은 기독교 이단이 나타나기 시작한 것이다.

발렌티누스(Valentinus, 100-160)는 이집트 사람으로서 철학을 공부했고 초기 기독교 영지주의자로 알려져 있었다. 그에 의해 영지주의가 더욱 발전되었다. 그는 기독교인이라고 하였지만, 기독교인들과 달리 유대교 율법을 따르고 히브리 복음서를 사용했다고 한다.

터툴리안(Tretullinus, 150-215)에 의하면 발렌티누스는 철학자로서 9대 교황 히지누스(Hyginus, 138 -142 재위) 때 로마에 학교도 설립했고 후에는 알렉산드리아에서도 학교를 세우고 제자를 양성했다고 한다. 책도 많이 저술했으며 로마교회의 주교 후보까지 올랐으나 다른 후보에 밀리면서 다른 길을 걷기 시작하였다.

그의 교리는 바울의 신학과 영지주의를 혼합한 종교철학을 만들었다. 그것이 진리의 복음(Gospel of truth)이었다. 발렌티누스가 로마 주교 자리에 오르지 못하고 밀리면서 화를 내고 떠났다는 말을 참고한다면 사탄의 틈을 타서 그때부터 철학적 기독교를 만들며 이단의 길을 가지 않았겠나 하는 것이 필자의 생각이다. 왜냐하면, 그에 의해 영지주의가 더 발전했다고 하기 때문이다.

또한, 알렉산드리아의 클레멘트(Clement of Alexandria, 150-215)에 의하면 발렌티누스는 바울의 제자 중 한 사람인 데우다스(Theudas)라는 사람에게 가르침을 받고 세례를 받았다고 한다. 그러니까 바울의 제자 밑의 제자였던 셈이다. 그렇다고 바울이 영지주의 교사라는 말이 아니다. 초기 기독교 영지주의자였던 바실리데스나 발렌티누스 같은 사상가들의 현학적이고 세련된 가르침에 매료된 사람들이 많아 1-2세기 어간에 영지주의는 완전 개화기를 맞았다.[11]

그러면 영지주의가 무엇인지 구체적으로 살펴보고 넘어가면 좋겠다. 왜냐하면, 그런 사상이 복합적으로 여러 사상과 합쳐져서 오늘날의 신학에까지 영향을 미쳤기 때문이다. 영지주의는 플라톤 철학을 배경으로 삼았

---

11 스티븐 S. 스몰리, 『요한 신학』, 김경신 역(서울: 생명의 샘, 1996). 90.

기에 이원론적 세계관의 안경을 쓰고 세상을 바라본다. 즉, 영혼의 세계를 상층 세계로 보고 물질을 하층 세계로 보는 것이다.

상층 세계는 영혼의 세계이기에 선하다고 보고 하층 세계는 물질 세계로서 썩는 것이므로 악하다고 보는 세계관이다. 다시 말하면 광명계의 하늘에서 구속자가 상층 세계로부터 영지, 즉 그노시스(gnosis)를 가지고 온다는 것이다. 이 영지(신성한 지식, 비밀스런 지식)를 알거나 습득한 사람은 물질계의 하층 세계로부터 벗어나 광명의 상층 세계까지 올라갈 수 있다고 한다.[12]

그러니까 영지주의자들은 요한복음에서 말하는 그리스도의 성육신과 부활 승천 또 빛과 어두움을 말하는 그리스도의 복음을 교묘하게 철학적인 이원론과 조합해서 영지주의를 만든 것이다. 이 새로운 영지, 즉 지식을 통해 구원을 받는다고 주장하는 이론이다.

사도 요한은 목회할 당시 곳곳의 초기 지역 교회들에게서 발생했던 이단들에 대해 적극적으로 방어했다. 교회들의 분란과 분리를 막는데 사도 요한의 서신이 크게 작용했다. 요한일서 2:13 후반에 **"청년들아 내가 너희에게 쓰는 것은 너희가 악한 자들을 이기었음이라"**라고 하는 것이 이단들을 이겼다는 증거가 되는 구절이다.

오늘날의 신학은 영지주의가 아니다. 그러나 이런 철학적인 논리와 이성적인 지식이 복음에 혼합된 채로 발전한 것은 사실이다. 영국의 펠라기우스(Pelagius, 354-418) 같은 사람은 주교나 신학자가 아니었다. 그런데도 그의 주장에 동의하는 사람들이 많았다. 그 사람들을 펠라기안주의라고 한다. 펠라기안주의에서는 인간의 영혼이 구원을 받는 데서 인간의 노력이 우선한다고 주장하는 것으로 알려져 있다.

즉, 인본주의적인 구원 개념이다. 그러니까 바울이 말하는 믿음으로 말미암는 의나(롬 3:22).[13] 사도 요한이 말하는 그의 이름을 힘입어 생명과 영

---

12 스티븐 S. 스몰리, 『요한 신학』, 91-92.
13 롬 3:22 "곧 예수 그리스도를 믿음으로 말미암아 모든 믿는 자에게 미치는 하나님의 의니 차별이 없느니라."를 참고.

생에 이르는 것과는 거리가 있어 보인다.

　펠라기우스의 주장은 그 시대 갑자기 발생 된 이론이나 사상은 아니다. 플라톤 철학의 영향을 받아 발전된 여러 줄기 가운데 하나로 보아야 한다. 이렇듯 철학적 영향이 마치 경주할 때 바톤을 주고받듯이 펠라기안주의는 오늘날의 신학에도 직간접적으로 영향을 미치고 있다.

제4장

요한계시록을 어떻게 보아야 하는가?

요한서신을 어떻게 접근하고 어떻게 보며 어떻게 읽어야 하는지를 앞서 제3장에서 살펴보았듯이 요한계시록도 마찬가지 어떻게 보고 어떻게 읽어야 하는가?

이런 생각했을 때 요한계시록의 전체 주제나 성격을 미리 알고 읽는다면 내용 파악이 좀 더 쉬워지리라 여겨진다. 우리가 어느 성경을 보아도 1장이 서론적 성격이 있으므로 거기에서 주요 정보를 얻을 수 있다. 그런데 요한계시록은 서론이 1-3장까지 연결되어 있다. 서론에서 볼 때 주제는 분명 회개와 심판을 다루고 있다. 즉, 마지막 책이요, 심판의 책이기 때문이다.

그런데 보통 신학자들이 보는 시각은 요한계시록을 묵시라는 문학적 장르의 한 형태로 보고 있다. 그리고 시기적으로 로마 교황으로부터 교회들이 핍박받았던 민감한 시기였다.

그래서 묵시에서 나오는 상징, 이미지, 숫자 등의 해석에 있어 문학적으로 받아들일 것인가?

비유적으로 받아들일 것인가?

아니면 문자적으로 받아들일 것인가?

이런 문제로부터 요한계시록의 어려움이 시작된다. 이 어려움 때문에 학자마다 다양한 해석과 주장이 나오는 것은 어쩔 수가 없다.[1] 학자들도 어려워하는 요한계시록을 독자들이 읽고 난 후 무슨 뜻인지 쉽게 납득하고 이해하기란 대단히 어렵다. 설상가상으로 어렵다는 편견까지 작용할 때 요한계시록은 아주 복잡해진다.

요한계시록은 사도 요한이 성령님께서 보여 주신 환상을 보고 말한 것이기 때문에 묵시라는 것은 부인할 수 없다.

그렇더라도 묵시적 상징에 대해 굳이 문학과 비유로 연결해 생각할 필요가 있을까?

요한계시록을 복잡하게 생각하기보다 좀 더 단순하게 생각하면 안 될까?

이것이 필자의 생각이다. 성경의 마지막 책인 요한계시록은 세 가지 재앙이 내용의 주류를 이루고 있다. 재앙을 주시는 것은 회개를 촉구하는 것이다. 심판은 회개하지 않은 자들과 불신자들과 사탄 마귀에 대한 심판이다. 여기에 신자들도 포함된다. 신자라고 모두 신자가 아닐 것이기 때문이다. 당연히 심판의 주인은 예수 그리스도가 되신다.

그런데 고린도전서 6:2-3에 보면 제자들에게 너희가 세상과 천사도 판단(krino) 할 것을 알지 못하느냐라고 했다.

크리노는 선택, 결정, 심판의 의미가 있다. 여기에서 판단은 천년왕국 후의 세상 판단일 것이다. 천사들이란 타락한 천사들의 심판을 뜻한다고 본다. 제자들은 그리스도와 함께하기 때문에 이렇게 말씀하신 것이 아닌가 한다. 타락한 천사들의 심판은 사탄 마귀와 함께 영원한 불 속에 던져질 때의 심판이다. 말하자면 최종 심판으로 보아야 할 것이다. 왜냐하면, 최후 심판이 종결되어야 새 하늘과 새 땅이 도래하기 때문이다(계 20:14; 21:1).

---

[1] 홀 해리스, 『요한의 신학』, 류근상 역 (고양: 크리스찬출판사, 2011), 14-17.

그리고 회개와 심판은 한 영혼을 하나님께로 돌아오게 하는데 포커스가 있다. 불신자들에 대한 심판은 이미 되었다고 사도 요한이 진술한 바 있다(요 3:18).[2] 그러므로 심판은 믿는 자 중에 회개하지 않고 하나님께 돌아오고 있지 않은 자들에게 최종적인 기회를 주는 것이다(히 4:7).[3]

사실 심판의 주요 포인트라고 한다면 피조된 영적 존재들, 즉 타락한 천사와 사탄 마귀와 그의 졸개들에 대한 심판으로서 거짓 선지자와 짐승도 함께 유황불 속에 던져지고 사탄 마귀의 최종적 심판이 이루어져야 심판이 종결된다(계 20:10). 사탄의 일차적 심판은 천 년 동안 무저갱에서 결박을 당하는 것으로 되어있다(계 20:2-3). 천년이 지난 후 잠시 무저갱에서 풀려서 성도들을 미혹한 후 이제 영원한 불과 유황 못에 던져지는 것이 최종 심판이다 (계 20:10, 14).[4]

천년왕국은 우주 만물이 불로서 순식간에 사라지는 것이 아니고 현존하는 세상이 존재하면서 천년 간 지속하는 것으로 보아야 한다. 그 후에 심판이 이루어지기 때문에 요한계시록은 여전히 심판과 회개의 복음이다. 복음이란 한 생명이라도 복음을 읽고, 보고, 듣고 하나님께로 돌아오도록 하는 데 목적을 두는 것이다. 이것이 요한 문헌의 전체 공통 목적이다(요 20:31).[5]

지구촌에 삼 분의 일씩 세 가지 재앙이 쏟아져도 교회들이 회개하지 않을 때 받게 되는 심판은 어쩔 수 없다. 그리스도의 재림과 함께 심판이 진행되어도 종결되기 전에 회개하라는 것이 성령의 외침이다.

---

2   요 3:18 "그를 믿는 자는 심판을 받지 아니하는 것이요 믿지 아니하는 자는 하나님의 독생자의 이름을 믿지 아니하므로 벌써 심판을 받은 것이니라."를 참고.
3   히 4:7 "오랜 후에 다윗의 글에 다시 어느 날을 정하여 오늘이라고 미리 이와같이 일렀으되 오늘 너희가 그의 음성을 듣거든 너희 마음을 완고하게 하지 말라 하였나니."를 참고.
4   계 20:14 "사망과 음부도 불못에 던져지니 이것은 둘째 사망 곧 불못이라."를 참고.
5   요 20:31 "오직 이것을 기록함은 너희로 예수께서 하나님의 아들 그리스도이심을 믿게 하려 함이요 또 너희로 믿고 그 이름을 힘입어 생명을 얻게 하려 함이니라."를 참고.

> 귀있는 자는 성령이 교회들에게 하시는 말씀을 들을지어다 이기는 자는 둘째 사망의 해를 받지 아니하리라(계 2:11).

이 말씀은 소아시아 일곱 교회에 대해 하시는 말씀이라기보다 전 세계 교회에 하시는 말씀이다. 왜냐하면, 아시아 교회와 같은 상황이 교회마다 다 실존하기 때문이다. 만약 말씀을 외면하고 돌이키지 않으면 일곱 인의 재앙, 일곱 나팔의 재앙, 일곱 대접 재앙으로 심판을 받는다. 물론 중간에 사탄의 왕국 바빌론의 심판과 또 천년왕국이 삽입되어있는 장들이 있어서 복잡하고 어렵게 느껴지기는 한다.

그렇더라도 한꺼번에 심판하시지 않고 세 단계로 구분하여 심판한다는 것은 단계 때마다 회개하고 돌아올 자가 있어서이다. 결국, 요한계시록은 전체적으로 볼 때 심판이고 심판이 임하기 전에 또는 재앙을 받는 중에라도 하나님 앞에 회개로서 돌아오라는 외침의 복음서이다. 심판은 영원한 불 못과 영원한 하나님 나라로 나누어진다.

1. 요한계시록의 기록 동기(계 1:1, 11)

하나님께서 성경을 기록하게 하실 때 모든 성경 저자들에게 기록 목적과 동기를 주신다. 요한계시록도 동일하다. 말씀을 계시하는 목적은 하나님을 잘 알기를 원하시기 때문이다(호 6:6).[6]

바꿔서 말하면 시대가 변해도 하나님의 뜻을 잘 알고 믿으라는 것이 모든 성경의 공통 목적이다. 특히, 요한계시록은 사도 요한 말년의 시기로 로마 황제의 정치적인 압박이 심했다. 그래서 성도들의 믿음이 지켜지기

---

6 호 6:6 "나는 인애를 원하고 제사를 원하지 아니하며 번제보다 하나님을 아는 것을 원하노라."를 참고.

가 매우 어려운 시기였다. 왜냐하면, 도미티아누스(Caesar Domitianus Augustus. 81-96) 황제가 "나는 신이다"라고 하여 권력의 힘으로 황제를 신격화시키고 신봉하라고 하였기 때문이다.

기독교인들은 당연히 인간의 신을 거절하였다. 그리스도인들은 하나님 한 분만 섬기기로 작정된 사람들이다. 그러니 황제의 교회 핍박이 따라올 수밖에 없는 상황이었다. 많은 성도가 핍박으로 죽어 나갔다. 사자 밥이 되기도 하고, 화형당하기도 하고, 칼에 찔려 죽는 것은 오히려 양반이었다. 이런 시기에 요한계시록을 쓰도록 하신 것이다. 믿음 지키는 성도들에게 위로와 용기가 필요했기 때문이다.

마치 종말적인 심판의 때가 오면 현재 어려움을 당하는 것보다 훨씬 더 어려운 재앙을 만날 수 있다는 암시를 주신 셈이다. 다시 말하면 마지막 때에는 사탄의 발악으로 성도들의 믿음이 지켜지기가 몹시 어렵게 된다는 것을 그 시기와 견주어서 미리 말씀을 주신 것이다. 이렇게 어려운 재앙을 주는 것은 마지막 때이니 성도들은 믿음을 철저히 잘 지키고 믿음이 멀어진 자들은 회개하고 하나님께 돌아오라는 복음의 메시지다. 사도 요한은 그리스도로부터 받은 계시의 말씀을 저들에게 가감 없이 기록하여 전하고 있다.

요한계시록은 요한이 황제를 거절하고 예수님만 믿는다는 이유로 밧모라 하는 섬에 유배당했을 때 그리스도의 계시를 성령님의 감동으로 받았다(계 1:9).[7] 여러 가지 환경적인 여건으로 그곳에서 기록하지 못했을 것이다. 도미티아누스 황제가 죽은 후 유배지로부터 돌아와서 기록했을 것으로 보인다. 왜냐하면, 유배지는 그 당시 중한 죄를 짓고 죽을 자들만 유배당해가서 혹독하게 노동하다가 죽고 돌아오는 자가 없었기 때문이다. 그러나 요한 만큼은 황제가 죽자 다시 에베소로 돌아왔다고 했다. 이것은 그 당시 없었던 특별한 사건이요, 성령님의 특별한 역사였다고 보인다. 그리

---

[7] 계 1:9 "나 요한은 너희 형제요 예수의 환난과 나라와 참음에 동참하는 자라 하나님의 말씀과 예수를 증언하였음으로 말미암아 밧모라 하는 섬에 있었더니."를 참고.

스도 계시의 말씀을 기록하여 전해야 했기 때문에 성령님께서 특별한 은혜를 베푸셨을 것이다.

사도 요한은 그 시대 예수 그리스도로부터 직접 말씀을 들었던 제자로는 하나밖에 남아 있지 않은 소중한 분이었다. 그런 이유로 이레니우스는 당시 성도들이 교회든 요한의 공동체든 그리스도의 말씀을 꼭 기록으로 남겨달라고 간곡히 부탁했다고 한다. 물론 이런저런 이유로 기록 동기는 있을 수 있다. 어떻든 사도 요한의 성도들이나 독자들, 또 예나 지금의 성도들, 앞으로의 성도들에게 최고의 위로는 천국의 입성이다.

천국의 입성이야말로 최상의 상급이 아니겠는가?.

하나님 나라는 아무나 그냥 가는 곳이 아니다. 예수 그리스도를 믿어야만 하고 어느 때가 되었든지 심판을 거쳐야 한다. 인간은 누구나 한번 죽고 죽은 후에는 반드시 심판이 있다고 히브리 기자는 말하고 있다(히 9:27).[8]

2. 요한계시록에 사용된 상징적 언어와 숫자(계 5:6; 13:18)

요한계시록에 나타나고 있는 상징들은 성경 밖의 상징처럼 다르지 않다. 성경 전체로부터 통하는 상징들이다. 그러므로 새롭게 해석할 필요가 없다. 가령, 요한계시록 5:6을 예로 들어보자.

> 내가 또 보니 보좌와 네 생물과 장로들 사이에 한 어린양이 서 있는데 일찍이 죽임을 당한 것 같더라 그에게 일곱 뿔과 일곱 눈이 있으니 이 눈들은 온 땅에 보내심을 받은 하나님의 일곱 영이더라 (계 5:6).

---

8 히 9:27 "한번 죽는 것은 사람에게 정해진 것이요 그 후에는 심판이 있으니."를 참고.

여기에서 한 어린양이 서 있는데 일찍 죽임을 당한 것 같더라고 한 이 말씀에 대해 어린양은 그리스도를 상징한다. 왜냐하면, 하나님의 어린양 (요 1:29,36)과 연결되고, 또 유월절 어린양(출 12:21-28)과도 또 고난을 당하는 종으로 도살장에 끌려가는 어린양으로도 연결되기 때문이다(사 53:7). 그리고 이삭을 대신하여 죽은 어린양(창 22:8, 13)과도 연결된다. 이때 어린양은 하나님께서 친히 준비하신 어린양이요 온 인류의 죽음을 대신하여 번제로 드려졌던 어린양이다. 그러기에 어린양은 그리스도를 상징한다.

그러나 요한계시록 13:11의 어린양은 그리스도를 상징하는 것이 아니다. 적그리스도를 돕는 거짓 선지자를 나타내고 있다. 어린양이라고 해서 무조건 예수를 상징하는 것은 아니므로 구별이 필요하다.

또 일곱 뿔, 일곱 눈에서 일곱, 헵타(hepta)는 근동 문화나 성경 안에서 충만, 완전을 상징한다는 사실은 이미 잘 알려져 있다. 뿔은 힘과 권세와 능력이다(삼상 2:1; 22:3; 시 18:2; 겔29:21). 눈은 하나님의 일곱 영과 더불어 성령을 상징한다.[9] 요한계시록 4:5에서는 보좌 앞에 켜진 일곱 등불은 하나님의 일곱 영이라고 했다. 그러니까 영과 불은 완전한 하나님, 영이 충만하신 하나님을 뜻하고 있으며 모두 성경 안에서 해석 되고 있다.

그런데 학자들의 견해로 요한계시록에 나타난 숫자를 어떻게 해석할 것인가에 대해서 의견이 분분하다.

가령, 666(계 13:18) 같은 경우 문자적으로 보아야 하는가 아니면 암호화 된 어떤 뜻으로 보아야 하는가 아니면 또 다른 어떤 해석을 붙여야 하는가? 라고 했을 때 사실 해석이 복잡해진다. 신학자들은 로마자에 숫자가 표기되어 있다는 사실을 근거로 그 수를 합해보면 네로(Nero)라는 말이 나온다고 한다. 그래서 기독교인들을 많이 괴롭혔던 네로 황제라고 의견일치를 보인다.[10]

---

9 강병도, 『호크마 주석: 요한계시록』 (서울: 기독지혜사, 1993), 275.
10 강병도, 『호크마 주석: 요한계시록』, 413.

그러나 필자는 본문에 나와 있는 대로 그 숫자에 네로라고 하는 뜻이 물론 있다. 그러나 짐승의 숫자라고 되어있다는 말씀을 주목해 본다면 별다른 해석이 필요 없고 그냥 표식이라고 본다.

> 누구든지 이 표를 가진 자 외에는 매매를 못하게 하니 이 표는 곧 짐승의 이름이나 그 이름의 수라(계 13:17).

왜냐하면, 짐승은 사탄을 뜻하고 그 수는 사탄의 수이다. 사탄을 상징하는 숫자일 뿐이다. 마지막 때 경제권을 휘어잡고 매매를 못 하게 하고 사탄에 절하는 자에게만 매매 할 수 있도록 특혜를 주는 표식이다. 표식은 눈에 확 띄는 숫자가 좋다. 그래서 666이라고 하든 아니면 888 또 다른 어떤 숫자를 메기든 그것은 사탄이 사탄의 졸개들을 보기 좋도록 구분하기 위한 자기들의 표식일 뿐이다. 그 숫자에 성도들이 민감하게 신경 쓸 필요가 없다고 본다. 신경 쓰면 쓸수록 본질이 흐려진다.

그 외 십사만 사천에 대해서도(계 7:4).[11] 신학자들은 문자적으로 볼 때 이스라엘로 보기도 하고 또 영적인 이스라엘로 보고 교회를 뜻한다는 의견으로 일치가 되어있다.[12] 그러나 필자는 요한계시록 곳곳에 나타나는 숫자를 중요하게 보고 의미를 부여하기보다 문자적으로 보거나 아니면 그 당시의 혹독한 핍박을 받는 시대였으니 어떤 암호로 본다면 굳이 해석할 필요가 없다고 본다. 왜냐하면, 그 숫자에 대해 무리한 해석을 했을 때 자칫 심판의 본질이 흐려질 수 있기 때문이다. 요한계시록의 본질은 회개를 촉구하여 한 심령이라도 하나님께 돌아오게 하는데 초점이 있다. 돌아오지 않을 때 심판이 있기 때문이다.

---

11 계 7:4 "내가 인침을 받은 자의 수를 들으니 이스라엘 자손의 각 지파 중에서 인침을 받은 자들이 십사만 사천이니."를 참고.
12 강병도,『호크마 주석: 요한계시록』, 309.

3. 심판의 재앙과 회개와의 관계 (계 2:21; 9:20)

요한계시록을 필자는 앞서 회개를 촉구하는 심판의 복음이다라고 전제했다. 왜냐하면, 요한계시록 1-3장의 서론 부분에서 예수님이 사도 요한에게 성령이 교회에 하시는 말씀을 들을지어다라고 계시하셨기 때문이다. 각각 일곱 교회에 그 말씀을 선포하는 가운데 요한계시록에서만 회개라는 말을 12번이나 사용하고 있다.

특히, 요한계시록 2:21에서는 **"또 내가 그에게 회개할 기회를 주었으되 자기의 음행을 회개하고자 하지 아니하는도다"**라고 했다. 여기에서 음행(porneia)하는 자들이라면 포르네이아, 즉 남녀 관계로 인한 음행보다 은유적으로 이스라엘이 남편 된 하나님을 버리고 우상을 하나님으로 섬기는 성도들에 대한 회개라고 보인다. 왜냐하면, 그 시대의 성도들 가운데 우상 숭배가 만연했기 때문이다. 이렇게 예수께서는 심판을 선포하고 계시지만 저들은 회개하지 않았다고 한다. 그래도 아시아 일곱 교회가 회개하고 하나님께로 돌아오기를 간절히 바라는 마음이 말씀 가운데 절절하게 나타나 있다.

회개에 대하여 회개하는 교회들에게는 당근을 제시하고 회개하지 않는 교회들에게는 채찍을 제시하고 있다. 물론 여기서 언급한 아시아 일곱 교회는 세계 곳곳에 흩어져있는 교회들을 말하고 있다. 특히, 필자가 요한계시록을 심판과 회개의 복음이라고 하는 이유는(계 9:20-21),[13] 말씀 때문이다.

> 이 재앙에 죽지 않고 남은 사람들은 손으로 행한 일을 회개하지 아니하고 오히려 여러 귀신과 또는 보거나 듣거나 다니거나 하지 못하는 금, 은, 동과 목석의 우상에게 절하고(계 9:20).

---

[13] 계 9:21 "또 그 살인과 복술과 음행과 도둑질을 회개하지 아니하더라."를 참고.

이 말씀에 따르면 재앙에 죽지 않고 아직 남은 자들이 회개하지 아니하고라고 하신다. 이 말씀은 심판의 첫 번째 인의 재앙이 끝나고 두 번째 나팔 재앙에서 여섯 번째 나팔 가진 천사가 나팔 재앙을 진행하고 있는 시점이다. 나팔 재앙도 막바지에 이르렀는데 이때까지 죽지 않고 회개도 하지 않은 남은 자들이 있다고 했다. 그런데 이들에게 회개하지 아니하고… 라는 말씀을 하시는 것은 이들이 하나님께 돌아오기를 간절히 바라는 마음을 말씀 가운데 나타내신 것이다.

언제 그리스도께서 재림하실지 모른다. 심판으로 인한 재앙이 온다면 베드로도(벧후 3:10) 바울도 그날이 도적같이 온다고 했다.[14] 예고하고 오는 도적은 사실 없다. 주의 재림을 대비하지 못하고 우상 숭배를 하면서도 우상 숭배인지도 모르고 평안하게 예수 잘 믿는다고 생각하는 성도들이 오늘날도 부지기수로 많을 것이라고 필자는 보고 있다. 이때 갑자기 이른 심판으로 당황할 것이 아니라, 미리 회개로서 대비하도록 하는 것이 오늘날 교회들이 힘써야 할 지혜라고 본다.

4. 천년왕국과 새 하늘과 새 땅(사 65:17-23; 계 22:1-5)

천년왕국의 도래는 이 세상의 심판이 끝나면서 시작된다. 그러나 심판이 사탄 마귀의 패배로 무저갱에 결박되면서 끝나기 때문에 최종적 심판은 아니다. 그리고 새 하늘과 새 땅이 하나님으로부터 내려오지 않은 시점이다. 그러므로 천년왕국은 육체적으로 부활하는 자들과 그리스도와 더불어 사탄 마귀의 방해 없이 천 년 동안 지속하는 나라가 될 것이다. 나사로가 육체적인 부활을 한 것처럼 성도들이 부활해서 천 년 동안 지금의 세상

14　살전 5:2 "주의 날이 밤에 도둑 같이 이를 줄을 너희 자신이 자세히 알기 때문이라." 를 참고.

과 같은 세상을 살게 될 것으로 보인다. 다만 사탄 마귀의 방해 없이 살아간다. 마치 하나님 나라의 삶처럼, 이때 부활하는 자들은 복이 있고 거룩하다고 했다(계 20:6).[15]

천년왕국은 현존하는 세상의 연장 선상이기 때문에 지금과 같은 나라이지만 새로운 하나님 나라는 아니다. 사탄 마귀가 완전한 최종 심판을 받아야 정말 새로운 하나님 나라가 도래한다. 새 하늘과 새 땅은 천년왕국 이후에 심판받을 성도와 사탄 마귀의 최종 심판이 진행된 후에 등장하는 나라이다. 그때가 새로운 하나님 나라이다. 새 하늘과 새 땅에 관련하여서는 이사야 선지자가 이사야 65:17에서 새 하늘과 새 땅에 대해 이미 예언한 적이 있다.

> 보라 내가 새 하늘과 새 땅을 창조하나니 이전 것은 기억되거나 마음에 생각나지 아니할 것이라(사 65:17).

이 말씀을 볼 때 새 하늘과 새 땅을 창조하신다는 말씀에 눈이 쏠린다. 새 땅에서 펼쳐질 인간들의 삶의 모습도 새 예루살렘도 미래 어느 시점에서 시작될 것이 약간 비쳐 있다. 그리고 베드로가 말한대로 현존하는 우주는 뜨거운 불로 소멸하는 것으로 되어있다. 이사야 예언과 베드로의 예언을 덧붙여 생각해본다면 현존하는 하늘과 땅이 아닌 새로운 하늘과 땅을 창조한다는 의미로 받아들여진다(벧후 3:12).[16]

또한, 베드로후서 3:13에서는 베드로가 새 하늘과 새 땅을 바라보노라(*prosdokao*)고 했다. 여기서 바라본다는 프로스도카오는 찾고, 기다리고, 기대

---

15 계 20:6 "이 첫째 부활에 참여하는 자들은 복이 있고 거룩하도다 둘째 사망이 그들을 다스리는 권세가 없고 도리어 그들이 하나님과 그리스도의 제사장이 되어 천 년 동안 그리스도와 더불어 왕 노릇 하리라."를 참고.
16 벧후 3:12 "하나님의 날이 임하기를 바라보고 간절히 사모하라 그 날에 하늘이 불에 타서 풀어지고 물질이 뜨거운 불에 녹아지려니와."를 참고.

한다는 뜻이다. 베드로가 새 하늘과 새 땅을 말했다면 아마 예수님으로부터 그의 제자들과 함께 천국 복음에 대해 들었던 것을 언급했다고 보인다. 그렇지 않더라도 사도 요한은 계시록 21:1에서 새 하늘과 새 땅을 보았다고 했다. 그리고 하늘에 계신 그리스도로부터 계시를 들은바 편지로서 아시아 일곱 교회에 보내라고 했기 때문에 정확하다. 어찌 되었든 새 하늘과 새 땅은 하나님의 계시와 예수 그리스도의 입으로부터 나온 말씀이다.

주에게서 나온 말씀이 틀리겠는가?

그렇다면 새 하늘과 새 땅이 현존하는 우주를 대신하는 다른 어떤 창조 세계의 등장이라면 흥미진진해지는 것은 사실이다. 천년왕국은 심판과 연결되어 있더라도 요한계시록 20장에서 볼 때 현존하는 세계의 연장선상에 있다. 그러나 타락한 천사와 사탄 마귀와 그의 졸개들이 유황불로 던지어져 심판이 종결되었을 때 그 후에 보이는 것은 새 하늘과 새 땅이 도래한 것으로 보았다(계 21:1).[17]

이때의 새 하늘과 새 땅은 분명 현존하는 우주와는 다른 성격을 띠고 있다. 왜냐하면, 처음 하늘과 땅이 없어졌고 바다도 없어졌기 때문이다. 또 해나 달도 없다고 했다(계 21:23).[18] 이사야의 예언대로 분명 이전 세계와는 다른 세계가 창조되었고 그 예언이 성취되었음이 틀림없다고 볼 수 있다.

그런데 요한의 계시록 말미에 기록된 것을 보면 새 하늘과 새 땅은 현존하는 세계를 어느 정도 닮아있음도 사실이다.

> 길 가운데로 흐르더라 강 좌우에 생명나무가 있어 열두 가지 열매를 맺되 달마다 그 열매를 맺고 그 나무 잎사귀들은 만국을 치료하기 위하여 있더라(계 22:2).

---

17 계 21:1 "또 내가 새 하늘과 새 땅을 보니 처음 하늘과 처음 땅이 없어졌고 바다도 다시 있지 않더라."를 참고.
18 계 21:23 "그 성은 해나 달의 비침이 쓸 데 없으니 이는 하나님의 영광이 비치고 어린 양이 그 등불이 되심이라."를 참고.

하나님 나라가 분명 영적인 나라일진대 어찌 훤히 보이는 현존하는 세상과 많이 닮았다는 말인가?

그래서 더욱 하나님 나라에 대한 궁금증과 기대도 커지는 것이 사실이다.

필자는 비록 요한계시록에 대해 전문가들처럼 잘 알지 못한다 하더라도 창세기의 에덴동산에서의 삶처럼 죄 없을 때의 아담이 하나님과 함께 거니는 그런 나라로의 회복이 아니겠는가?

이런 생각이 들기도 한다. 물론 바울이 언급한 영의 몸으로서 육신처럼 영원히 하나님을 감사 찬양하면서 살아가지 않겠는가 상상해본다.

제5장

요한이 본 하나님과 그리스도와 성령님과의 관계

요한은 바울처럼 율법 학교에서 성경을 철저히 공부하고 랍비가 된 사람이 아니었다. 어부라는 평범한 그의 직업에서 보듯이 성경과 가까워질 환경에서 살지 않았다. 그렇지만 보통 유대인들의 가정에서처럼 부모들에게 성경을 배우고 암기한 정도는 하였을 것이다.

그렇게 자랐던 그가 어떻게 창세기의 놀라운 비밀을 깨달았을까?
삼위 하나님에 대해 어떻게 해박한 지식을 가지고 있었을까?
또 영적인 복음서라고 하는 요한의 문헌들을 기록한 성경 저자가 되었을까라고 생각했을 때, 그 단서는 무엇인가?

그 단서는 우선 그리스도의 계시를 받았을 것이고 성령님의 깨닫게 하심과 인도를 받았을 것이다. 그다음 그리스도 생전에 제자들과 함께 삼년 동안 하나님 나라에 대해 듣고 배웠던 것이 생각났을 것이다. 그렇더라도 다른 제자들과의 차이점이 있다면 성령님께 이끌리어 영의 눈이 열리고 영의 세계를 본 것이라 하겠다(계 1:10).[1] 예수님의 열한 제자들보다 요한은 더 영의 세계를 경험하였던 것은 사실이다. 앞의 제2장 3에서 자세히 설명했다.

---

1 계 1:10 "주의 날에 내가 성령에 감동되어 내 뒤에서 나는 나팔 소리 같은 큰 음성을 들으니."를 참고.

1. 말씀(로고스)과 하나님과의 관계(요 1:1)

사도 요한은 그의 복음 첫 구절에 태초에 말씀이 계셨는데 그 말씀이 하나님과 함께 계셨고 이 말씀이 곧 하나님이시다라고 했다(요 1:1). 이 말씀에 대한 의미는 '말하다,' '설명하다'라는 동사를 의미하지 않는다. 창세기 1장에서 말씀으로 온 우주 만물을 창조하실 때 말씀을 대신해서 사용된 가라사대 아마르(amar)는 말하다(say)이다. 그 말하다와 여기서 사용한 말씀은 동사가 아니라 하나님과 같다는 의인화된 명사로의 뜻을 가지고 있다. 달리 말하면 그리스도와 하나님은 본질적인 측면에서 같다라는 의미로 사용된 언어라고 필자는 보고 있다.

그러면 사도 요한이 예수 그리스도를 왜 로고스라는 말로 보도했을까? 이것이 중요하다. 로고스에 대해서는 제2장에서 이미 상세히 다루었기 때문에 생략하기로 한다. 그러나 로마 시대의 헬라 문화권 속에서 철학과 지혜나 지식을 사랑하고 또 구하며 살아가는 그 시대 사람들을 구원하기 위해서는 전략적으로 로고스를 사용하지 않을 수 없었다고 보여진다. 즉, 선교적 측면을 고려하지 않을 수가 없었다는 것이다. 헬라 시대가 지나가고 로마 시대가 왔다고 해도 여전히 헬라 사상에 젖어있는 사람들이 많기 때문에 로고스는 그리스도를 소개하는데 최적의 언어였다고 본다.

독자들이 철학과 지혜를 사랑하는 민족들이고 새로운 지혜가 등장했을 때 관심을 보이는 저들이 아니었던가?(행 17:21).[2]

그러한 점에 착안하여 이성이나 우주의 원리보다 상위 개념인 로고스를 들추어내며 진짜 로고스는 예수 그리스도다라는 의미로 보도하고 있다. 다시 말하자면 말씀은 그리스도고 그리스도는 하나님이시다라고 진술하고 있는 것이다.

---

2 행 17:21 "모든 아덴 사람과 거기서 나그네 된 외국인들이 가장 새로운 것을 말하고 듣는 것 이외에는 달리 시간을 쓰지 않음이더라."를 참고.

저들의 입장에서 볼 때 로고스를 지식과 지혜의 최고봉이라고 생각한다면 이 세상에 없는 최고의 지혜는 그리스도라고해도 전혀 틀리지 않는다. 왜냐하면, 이사야 11:2에 오실 메시아에 대해 이사야 선지자는 "**지혜와 총명의 영이요, 모략과 재능의 영이요, 지식과 여호와를 경외하는 영이 강림하시리니**"라고 하지 않았는가?

로고스가 지식과 지혜라는 뜻도 있음을 감안할 때 그리스도야말로 저들이 갈망하는 진짜 로고스가 되는 것이다.

사도 요한은 영적인 눈이 뜨인 사도로서 영의 세계를 경험했다는 것은 구약성경을 보는 눈이 다른 제자들보다 더 열렸을 것이라고 필자는 보고 있다. 그 이유는 창세기를 보는 시각이 달랐기 때문이다. 태초에 하나님이 천지를 창조 하시니라(창 1:1)라고 모세가 기록한 창세기의 시작에서 요한은 창세기의 태초를 인용하면서 그리스도를 창조주 하나님을 삼위 하나님 한 분으로 보았다는 것이다. 말씀으로 온 우주 만물을 창조하신 하나님을 태초의 말씀으로 보았다(요 1:1). 말씀이신 하나님은 그리스도와 함께 계셨기에 동등하다라고 선포했다. 태초의 하나님을 언급한 것은 신기한 성령님의 능력이 아니고는 영의 세계를 함부로 말할 수가 없었을 것이다.

사실 창세기 1:2에서는 성령님만 수면 위에 운행하신 것이 아니었다. 하나님께서도 그리스도와 함께 수면에 계셨다. 왜냐하면, 흑암, 호세크(*choshek*)는 깊음 위에 있다고 했기 때문이다. 흑암은 창조 전 하나님이 계셨던 존재 양식을 표현하는 추상적 개념의 언어였다.

> 땅이 혼돈하고 공허하며 흑암이 깊음 위에 있고 하나님의 영은 수면 위에 운행하시니라(창 1:2).

이 말씀은 유대인들뿐만 아니라 누구나 잘 알고 있다. 성령은 수면 위에 운행하시고 계셨다.

그러면 하나님은 어디에 계셨는가라고 했을 때 하나님은 흑암으로서 깊음 위에 계셨다. 이때의 흑암은 창조 전 빛이 없을 때의 태초 이전의 세계를 말한다. 그래서 흑암은 태초에 존재하셨던 하나님 존재 양식을 뜻하는 것이다. 영원한 상태를 추상적인 표현을 빌려 흑암이라 했을 것으로 본다. 그러니까 흑암은 창조 후 빛과 어두움으로 나누어진 그 흑암을 말하는 것이 아니다.[3]

그래서 흑암하면 하나님께서 영원히 존재하셨던 원시적 상태를 흑암으로 표현한 것이다. 그런데 흑암이 깊음 위에 있다고 했기에 하나님도 수면에 계신 것이 된다. 왜냐하면, 처음에는 물과 육지가 구분되어 있지 않았고 창세기 1:9에 가서야 구분하셨기 때문이다. 그래서 수면 위의 흑암은 하나님 계신 영역이었다.

그러면 성령님뿐만 아니라 삼위 하나님께서 수면 위에 계셨던 것이 왜 중요한가?

삼위 하나님께서 천지와 모든 생명체를 창조하시고 물로서 창조된 온 우주 만물의 모든 생명체 전부를 다스리고 계신다는 통치자의 모습을 보여 주고 있기 때문이다. 그런 이유로 삼위 하나님께서 흑암에 계신다는 사실이 중요하다. 그 증거된 말씀은 다음과 같이 출애굽기 20장에서 밝혀주고 있다.

> 백성은 멀리 서 있고 모세는 하나님이 계신 흑암으로 가까이 가니라 (출 20:21).

이 말씀 가운데 하나님은 빛이시더라도 흑암에 계신다고 하였다. 그런데 시편 기자는 흑암과 빛은 하나다라고 시편에서 또한 말씀하고 있다.

> 주에게서는 흑암이 숨기지 못하며 밤이 낮과 같이 비추이나니 주에게는 흑암과 빛이 같음이니이다 (시 139:12).

---

[3] 강병도, 『호크마 주석: 창세기』, 130, 흑암은 단순히 빛에 대칭되는 어두움의 개념이 아니고 창조 이전의 빛이 없는 상태를 포괄적으로 나타내는 말이다라고 말하고 있다.

흑암과 빛은 하나다라는 것이 이상한 것은 아니다. 창조 이전의 영원한 세계가 흑암이었기 때문이다. 하나님은 그 가운데 빛으로 계셨고 창조하신 세계가 아직 정리되지 않았던 관계로 공허한 깊음 위에 흑암으로 계셨다고 한 모세의 말씀을 사도 요한은 이해했을 것으로 보고 있다. 그래서 하나님은 온 우주를 포용하고 계시듯이 빛과 흑암도 함께 포용하고 계신다고 진술하고 있다.

하나님의 세계는 신비하기에 인간의 지식이나 지혜 또 이성적으로 생각하면 답이 없다. 하나님은 성경 곳곳에 흑암으로 계신다고 표현이 되어있다 (창 15:12; 신 5:22; 시 97:2; 139:12). 물론 흑암은 지금의 창조 세계 이전의 어떤 세계를 말한다. 흑암은 구약에만 80회 정도 나오고 빛과 반대 개념이 아닌 흑암으로 절반가량 사용되었다. 태초, 즉 창조 이후의 흑암은 빛과 어두움으로 나누어지고 빛과 대조적인 입장에 있다. 그래서 흑암은 사탄이 지배하는 어둠의 세계로 나타나기도 한다. 그리스도는 근본이 빛이시기 때문에 어둠과 나누어지는 물리적인 빛이 아니시다. 하나님은 빛과 흑암까지 그의 영역에 두고 다스리신다.

흑암에 대하여는 설명이 좀더 필요하다. 창조 세계 이전과 이후의 흑암을 구분해야 한다. 창조 전 영원한 그 흑암의 하나님은 그리스도와 함께 계셨기 때문이다.

> 본래 하나님을 본 사람이 없으되 아버지 품 속에 있는 독생하신 하나님이 나타내셨느니라 (요 1:18).

여기서 헬라어 품속, '콜포스(*kolpos*)에 있는 이'라는 뜻은 가슴에 품음이어서 포개어져 있는 상태를 말한다. NIV 영어 성경에는 하나님의 옆에 계신 분으로 번역하였다. 여기서 하나님 옆은 하나님 우편이다. 스테반은 돌에 맞아 죽으면서 하나님의 우편에 서신 그리스도를 보노라고 했다. 그리고 요한복음 14:11에서 예수님께서 하나님을 보여달라는 빌립의 질문에 답변하시면서 다음과 같이 말씀하셨다.

> 내가 아버지 안에 거하고 아버지께서 내 안에 계심을 믿으라 그렇지 못하겠거든 행하는 그 일로 말미암아 나를 믿으라(요 14:11).

즉, 아버지와 나는 하나다라는 말씀을 하셨다. 이 사실을 믿는 믿음이 필요하다는 것이다. 이렇게 창세기에 나타나는 하나님은 복수로 나타나고 그 복수는 삼위 하나님을 뜻하고 있다(창 1:26).[4] 이 부분은 제2장 3에서 자세히 설명한 바가 있다.

2. 말씀(로고스)과 성령과의 관계(요 1:33)

사도 요한은 말씀(로고스)을 그리스도라고 했고 말씀은 또 하나님이시다라고 했다는 사실을 앞서 설명했다. 그런데 사도 요한은 요한복음 1:33 **"누구 위에든지 성령이 내려서 그 위에 머무는 것을 보거든 그가 곧 성령으로 세례를 베푸시는 이인 줄 알라"**에서 세례 요한이 언급한 말씀을 인용하면서 그리스도와 성령이 같으심을 보도하고 있다. 이 말씀은 예수님께서 세례 요한으로부터 세례를 받고 물에서 올라올 때 나타난 현상이었다. 성령이 불로서 그리스도 머리 위에 내려오신 것이다(마 3:16).

> 예수께서 세례를 받으시고 곧 물에서 올라오실새 하늘이 열리고 하나님의 성령이 비둘기 같이 내려 자기 위에 임하심을 보시더니(마 3:16).

---

4 창 1:26 "하나님이 이르시되 우리의 형상을 따라 우리의 모양대로 우리가 사람을 만들고 그들로 바다의 물고기와 하늘의 새와 가축과 온 땅과 땅에 기는 모든 것을 다스리게 하자 하시고."를 참고.

이를 보고 세례 요한은 그리스도께서 성령으로 세례를 베푸시는 이라 했다. 무슨 뜻인가?

그리스도는 성령과도 같다. 라는 말씀과 같다.

왜 그런가?

모세는 창세기 1:2에 하나님의 영은 수면에 운행하신다고 했고 흑암이 깊음 위에 있다고 했다. 필자는 바로 앞서 흑암에 계셨던 하나님을 설명하면서 그리스도도 함께했다고 하는 말을 하였다. 즉, 하나님은 한 분이시면서도 표현만 달리하고 있을 뿐이다. 의인화된 말씀은 하나님이시고 그리스도시고 성령님이시다.

사도 요한은 성령에 이끌려 천상에 올라갔다 온 경험이 있기에 그리스도와 성령님은 한 영으로서 작용한다는 사실을 알았던 것이다. 그래서 바울과 마찬가지로 퀴리오스, 즉 주라는 말로 성령님과 하나님과 그리스도를 구분 없이 호칭하고 있다. 요한일서 2:1에서 대언자를 그리스도라고도 표현하고 있는 구절이 나타난다. 우리가 배운바 대언자는 성령님을 지칭한다는 사실을 이미 알고 있는 터다.

그리고 하나님의 영은 수면에 운행하신다고 했지만, 성령을 말하고 있고 하나님은 삼위 하나님으로서 물 위에 계신다(욥 9:8; 시 29:3; 마 14:25). 예수님은 물 위를 걸으신 적이 있고 하나님께서도 바닷물결을 밟으셨다. 물은 생명을 나타내고 그 물을 통하여 모든 생명을 다스리고 주관하시는 하나님을 나타내고 있다 . 욥은 다음과 같이 말했다.

> 바람의 무게를 정하시며 물의 분량을 정하시며, 비 내리는 법칙을 정하시고 비구름의 길과 우레의 법칙을 만드셨음이라 (욥 28:25-26).

하나님은 여기서 비 내리는 법칙을 정하셔서 이른 비와 늦은 비를 주시면서 세상의 모든 먹거리의 생산을 조정하신다. 즉, 생명을 통제하신다. 특히, 구약성경에서는 하나님을 생수의 근원이라고 하셨다. 즉, 물로서 이

스라엘에게 생명을 제공하시는 하나님이셨다(렘 2:13).[5]

신약에는 그리스도께서 생수 즉 생명을 제공하시는 분으로 나타난다(요 4:10).[6] 좀 더 구체적으로 삼위 하나님을 요한복음과 서신서와 요한계시록에 나타난 그리스도와의 관계로 생각해본다면 다음과 같다.

첫째, 요한복음에서 삼위 하나님을 나타낸 구절은 3:5이다.

> 예수께서 대답하시되 진실로 진실로 네게 이르노니 사람이 물과 성령으로 나지 아니하면 하나님의 나라에 들어갈 수 없느니라(요 3:5).

이 구절에서는 예수님은 물과 성령으로 거듭나야 하나님 나라를 볼 수 있다고 했다. 거듭남은 생수의 근원 되신 하나님(렘 2:13)과 성령으로 된다. 물론 하나님과 그리스도는 함께 계신다. 요한복음에는 이렇게 하나님과 성령 또 성령과 그리스도의 사역을 삼위 하나님의 한 가지 사역으로 나타내고 있다. 요한복음 7:38[7]에서도 예수를 믿으면 생수의 강이 흘러나오는데 그 생수는 성령이라고 했다. 그러니까 생수를 여호와 하나님으로(렘 2:13)[8] 또 성령으로 나타내고 있다.

둘째, 요한서신에서 삼위 하나님의 사역을 하나로 나타내는 구절은 요한일서 5:8이다.

---

5   렘 2:13 "내 백성이 두 가지 악을 행하였나니 곧 그들이 생수의 근원 되는 나를 버린 것과 스스로 웅덩이를 판 것인데 그것은 그 물을 가두지 못할 터진 웅덩이들이니라."를 참고.
6   요 4:10 "예수께서 대답하여 이르시되 네가 만일 하나님의 선물과 또 네게 물 좀 달라 하는 이가 누구인 줄 알았더라면 네가 그에게 구하였을 것이요 그가 생수를 네게 주었으리라."를 참고.
7   요 7:38 "나를 믿는 자는 성경에 이름과 같이 그 배에서 생수의 강이 흘러나오리라 하시니."를 참고.
8   렘 2:13 "내 백성이 두 가지 악을 행하였나니 곧 그들이 생수의 근원 되는 나를 버린 것과 스스로 웅덩이를 판 것인데 그것은 그 물을 가두지 못할 터진 웅덩이들이니라."를 참고.

> 성령과 물과 피라 또한 이 셋은 합하여 하나이니라(요일 5:8).

이 구절에서도 요한은 십자가 대속 사역을 삼위 하나님 한 분의 사역으로 보았다. 물론 여기서 물과 피는 군병이 그리스도의 옆구리를 창으로 찔러서 흘러나온 것을 뜻한다고 하더라도 성경에서의 물은 어떤 물이 되었든지 성령을 나타내기도 하지만 생수의 근원 되신 하나님을 뜻하기도 한다(렘 2:13).

셋째, 요한계시록에서 삼위 하나님을 나타내는 구절은 5:6을 예로 들 수 있다.

> 내가 또 보니 보좌와 네 생물과 장로들 사이에 한 어린양이 서 있는데 일찍이 죽임을 당한 것 같더라 그에게 일곱 뿔과 일곱 눈이 있으니 이 눈들은 온 땅에 보내심을 받은 하나님의 일곱 영이더라(요 5:6).

이 말씀 가운데 일곱 뿔과 일곱 눈은 그리스도를 상징하고 있고 하나님의 일곱 영은 성령을 뜻한다. 이 구에서도 그리스도와 성령의 관계를 하나로 나타내고 있다. 요한계시록 21:23[9]에도 하나님의 영광과 어린양의 등불을 동등하게 표현하고 있다. 요한의 문헌에서 삼위 하나님의 사역을 하나로 또는 공동으로 나타내는 것은 삼위 하나님께서 한 분이심을 말하고 있고 또는 공동체 하나님임을 나타내고 있다. 단지 표현을 달리했을 뿐 영의 근본은 하나다. 영이라고 해서 다 같은 영은 아니고 하나님의 영과 피조 된 영과는 구별되어야 한다. 영은 물리적으로 셋이 하나로 합해진 것 같은 그런 개념이 아니다.

---

9 계 21:23 "그 성은 해나 달의 비침이 쓸 데 없으니 이는 하나님의 영광이 비치고 어린양이 그 등불이 되심이라."를 참고.

제6장

요한의 기독론

사도 요한은 예수 그리스도의 제자들 중 제일 막내였고 제일 오래 살았던 제자였다. 요한복음이나, 서신서나, 요한계시록이 요한에 의해 쓰여진 연대기가 늦기 때문이다. 대략 A.D. 80-96년경 쓰여진 것으로 학자들은 보고있다. 바울의 서신서들이 대략 A.D. 51-67년경 쓰여진 것을 비교해 보면 오래 살았다는 느낌이 든다.

요한은 그리스도로부터 사랑받았던 제자로 알려져 있다. 그래서 그런지 예수님은 십자가에 달리셔서 모친 마리아의 장래를 부탁하기도 하였다(요 19:27). 오래 살았다는 것은 그만큼 그리스도의 제자로서 복음을 많이 전파했다는 뜻도 된다. 요한이 전한 복음은 하나같이 그리스도 예수의 신성이었다. 사도 요한을 통해 그리스도 예수가 어떤 분이셨는지 살펴보는 것이 요한의 기독론이다. 그가 쓴 저작들을 하나하나 살펴보면서 그리스도에 대해 알아보자.

1. 요한복음의 기독론

기독론이란 그리스도 곧 그의 인격과 사역을 대상으로 하는 학문이다 라고 오스카 쿨만은 말했다. 그러면서 기독교인들이 초기에는 그리스도의 인격과 사역에 초점을 두었는데 후기에는 그리스도의 본성, 즉 하나님과의 관계가 논쟁이 되었다고도 했다.¹ 이런 문제들은 요한복음에 나타나는 기독론을 살펴볼 때 하나하나 풀리리라고 기대해본다.

그렇다면 과연 그리스도는 어떤 분이신가?라고 질문 할 때 그것은 그리스도의 정체성에 대해 말하는 것이다. 그리스도의 정체를 바로 아는 것이 복음 중에서 가장 핵심 요소다. 그리스도가 누구신지 잘 알 때 성경 전체가 풀린다.

그러므로 요한복음에서의 기독론이란 그분이 과연 어떤 분이냐 하는 것이 요한복음의 핵심포인트다. 이 핵심에 대한 최적의 대답이 바로 도마의 고백이다. 도마의 고백을 인용해보자면 이 고백이 마치 요한복음의 클라이맥스 처럼 보인다.

> 도마가 대답하여 이르되 나의 주님이시요 나의 하나님이시니이다(요 20:28).

자기의 깨달음을 고백했는데 마치 베드로의 신앙고백과 비슷하다.

> 예수께서 이르시되 바요나 시몬아 네가 복이 있다. 이를 알게 한 이는 혈육이 아니요, 하늘에 계신 내 아버지시다(마 16:17).

즉, 이 사실을 알게 하신 것은 하나님이시지 결코 인간의 지식이나 지혜로 알게 된 것이 아님을 말하고 있다. 그렇다면 도마의 고백도 마찬가지가 된다. 그리고 저들의 고백은 요한복음 20:31² 말씀처럼 예수 그리스도가 하나님의 아들임을 믿을 때 그 이름을 힘입어 생명을 얻게 된다고 하였다. 어떤 독자든 이런 믿음의 고백을 하면 복음서를 쓰게 된 목적이 달성되는 것이다. 이 결론에 도달시키려고 첫 장부터 사도 요한은 그리스도가 어떤 분인지를

1　오스카 쿨만, 『신약의 기독론』, 김근수 역(서울: 도서출판 나단, 1988), 9-14.
2　요 20:31 "오직 이것을 기록함은 너희로 예수께서 하나님의 아들 그리스도이심을 믿게 하려 함이요 또 너희로 믿고 그 이름을 힘입어 생명을 얻게 하려 함이니라."를 참고.

유대적인 관점과 헬라 독자의 입장에서 소상하게 진술하고 있다.

사도 요한은 예수께서 하나님과 동등하다는 사실을 여러 가지 방법으로 선포하고 있는데 어떻게 예수 그리스도를 진술하고 있는지 좀 더 자세히 살펴보기로 하자.

1) 말씀이신 그리스도(요 1:1)

태초에 하나님께서 말씀으로 계셨다는 것은 말씀으로 온 우주 만물을 창조하셨기에 그렇게 선포하는 것이다. 그리스도를 하나님처럼 말씀이라고 하신 것도 그리스도가 하나님과 함께 창조 사역에 동참하셨기 때문이다(요 1:3). 특별히 말씀을 헬라어 로고스(logos)로 나타낸 것은 헬라권 디아스포라 유대인들과 이방인 독자들을 위해 하나님을 로고스로 또 그리스도도 로고스와 같다라고 했다.

그러면 왜 예수 그리스도를 로고스라는 개념에 대입시켜 진술하고 있을까? (제2장 2에서 다루었음).

그 이유는 저들이 생각하는 로고스는 헬라 시대를 살아가는 보통 사람들의 생각으로 볼 때 천지의 주재요, 우주의 절대적 지존으로 이해하였기 때문이다.

사실 헬라 문화권 독자들은 종교심이 많아 무엇이든지 신으로 연결하여 생각하는 습관이 있었다. 그리고 헬라 문화권 나라들이 모두 신화의 나라들이었다. 신화의 문화 속에서 낳고 거기서 자라고 살다가 거기서 죽기에 모든 것이 신과 연관될 수밖에 없다. 그 수많은 신의 신이 바로 로고스라고 이해하는 저들의 생각을 사도 요한이 모를 리가 없었다. 저들의 잘못된 신관을 바른 신관으로 바로잡아 주기 위해 신을 의인화된 말씀으로 하나님을 말한 것이다. 예수 그리스도는 그의 아들이므로 동일하게 로고스다라고 진술하였다.

정말로 사실이 그렇지 않은가?

사도 바울은 아테네의 전도 여행 중에 알지 못하는 신에게라는 단을 보고 분개하여 저들에게 창조주 하나님이 어떤 분이신지를 가르쳐 주기도 했다.

> 우주와 그 가운데 있는 만물을 지으신 하나님께서는 천지의 주재시니 손으로 지은 전에 계시지 아니하시고 또 무엇이 부족한 것처럼 사람의 손으로 섬김을 받으시는 것이 아니니 이는 만민에게 생명과 호흡과 만물을 친히 주시는 이심이라 (행 17:24-25).

이 말씀에 따르면 저들에게 참신이 누구신지를 깨우쳐주고 있다. 하나님은 만민에게 생명과 호흡과 만물을 주셨으며 온 땅에서 살아가도록 연대도 정하시고 거주의 경계도 한정하셨다고 했다. 아마 저들이 들을 때는 처음 듣는 말이었을 것이다. 이러하신 분이 바로 하나님이시다라고 바울은 저들에게 복음을 전한 적이 있다. 그리고 시간이 얼마 지난 후 하나님의 아들 예수 그리스도가 로고스다라는 정보를 사도 요한으로부터 처음 듣고 다시 한번 놀랐을 것으로 여겨진다.

2) 창조주이신 그리스도(요 1:3)

모세는 창세기에서 창조주 하나님을 말할 때 복수의 하나님으로 언급하였다(창 1:26). 그리고 예수 그리스도를 지칭해서 창조주 하나님이심을 진술하고 있는 성경 저자들은 사도 요한과(요 1:3)[3] 바울이다(골 1:16).[4] 사도

---

[3] 요 1:3 "만물이 그로 말미암아 지은 바 되었으니 지은 것이 하나도 그가 없이는 된 것이 없느니라."를 참고.

[4] 골 1:16 "만물이 그에게서 창조되되 하늘과 땅에서 보이는 것들과 보이지 않는 것들과 혹은 왕권들이나 주권들이나 통치자들이나 권세들이나 만물이 다 그로 말미암고 그를 위하여 창조되었고."를 참고.

요한과 바울은 그들의 복음서에서 그리스도의 창조 이야기를 직접기록하고 있다. 특히, 로마서 1:20이나 골로새서 1:16에서는 그리스도께서 창조하신 세계를 구체적으로 밝히고 있다.

첫째, 하늘과 땅처럼 보이는 것들을 창조하셨다,
둘째, 보이지 않는 것들도 창조하셨다.
보이지 않는 것이라면 영적인 세계의 창조를 말하는 것이다. 피조된 영적인 존재들이라면 하늘의 천사, 천군, 불말, 불병거, 스랍, 그룹, 또 빛과 반대되는 사탄, 마귀, 귀신, 군대들 등 이런 존재들을 말한다.
셋째, 보이지 않는 또 다른 것들을 말하는 것은 왕권, 주권, 권세 등, 백성들을 다스리는 통치 수단이다. 모든 권세는 하나님께로부터 난다고 바울은 로마서에서 진술하기도 하였다(롬13:1).[5]

이렇게 그리스도를 창조주 하나님이라고 말한 것은 아버지 하나님과 아들 하나님은 같다라는 뜻이다. 그리고 성령 하나님께서도 창조에 동참하셨다는 사실이 창세기에 나타나므로 하나님을 삼위 하나님이라고 말한다. 왜냐하면, 창세기에서부터 창조주 하나님은 단수의 하나님으로 나타나기도 하지만(창 1:1) 복수의 하나님으로도 나타나기 때문이다.

> 하나님이 이르시되 우리의 형상을 따라 우리의 모양대로 우리가 사람을 만들고 그들로 바다의 물고기와 하늘의 새와 가축과 온 땅과 땅에 기는 모든 것을 다스리게 하자 하시고(창 1:26).

---

5   롬 13:1 "각 사람은 위에 있는 권세들에게 복종하라 권세는 하나님으로부터 나지 않음이 없나니 모든 권세는 다 하나님께서 정하신 바라."를 참고.

이 말씀 중 헬라어 우리의 형상, 첼렘(*tselem*)은 그림자, 허상, 영어로는 (image) 이미지라고하며 우리의 모양, 데무트(*demuth*)는 유사성, 닮은 것, 영어로는(likeness)로 창조하셨다고 하기때문에 복수의 하나님, 즉 성부, 성자, 성령, 삼위 하나님께서 온 우주 만물을 창조하셨다고 하였다. 이 부분은 신비이다. 인간의 지식이나 지혜로서 이해할 수가 없다.

그런데도 하나님의 창조 세계를 믿지 못하는 인간들은 자기의 지혜를 써서 이성으로 온 우주 만물이 어떻게 창조되었는지 그 기원을 밝히고자 무던히 애써왔다. 그러나 과학이 최고조로 발달한 오늘날의 시대에도 창조 문제는 여전히 풀지 못하는 난제의 대상이다.

왜 그런가?

하나님께서 알지 못하도록 막아 놓으셨다.

그런데 어떻게 인간이 풀 수 있다는 말인가?

풀려고 애쓸수록 인간의 어리석음과 무지만 드러날 뿐이다. 전도서 3장에서 그 사실을 잘 밝혀주고 있다. 하나님께서 그가 기뻐하시는 대로 온 우주 만물을 창조하셨다. 그러나 인간이 하나님이 하시는 시종을 알지 못하도록 하셨다는 말씀 때문이다(전 3:11).[6]

인간들이 기껏 주장해봐야 맞지도 않고 말이 되지도 않는 진화론이나 빅뱅이론 등을 주장할 뿐이다. 창조의 신비는 앞으로도 영원히 풀리지 않는다. 하나님의 창조 세계를 믿으면 답이 되고 간단 하련만 인간들은 억지를 부리며 그리스도의 창조 세계를 부인하고 있다. 그 불신의 대가가 요한계시록에 잘 나타나 있다. 영원한 불구덩이가 불신자들의 답이다.

---

6   전 3:11 "하나님이 모든 것을 지으시되 때를 따라 아름답게 하셨고 또 사람들에게는 영원을 사모하는 마음을 주셨느니라 그러나 하나님이 하시는 일의 시종을 사람으로 측량 할 수 없게 하셨도다."를 참고.

3) 빛이신 그리스도(요 1:4, 9)

바울은 부활하신 예수 그리스도를 만난 적이 있다(행 9:3).[7] 그것도 시리아의 수도 다메섹(다마스커스)으로 그리스도인들을 체포하려고 영장을 들고 가던 도중 도상에서 빛으로 나타나신 예수 그리스도를 만나게 된다. 그 때 만난 그리스도는 어떤 사람의 형태를 취하고 나타난 것이 아니다. 하늘에서 비치는 밝은 빛이었다. 그 빛이 얼마나 강열했던지 바울은 순간 그 자리에서 고꾸라지고 눈이 멀어버렸다. 그리스도는 근본이 빛이시다. 태초로부터 하나님과 함께 빛으로 계셨다(요 1:4).

하나님께서 처음 아브라함과 언약을 맺을 때 불로 나타나셨다(창 15:17),[8] 모세에게도 떨기나무 가운데 불로서 나타나신 적도 있다(출 3:2).[9] 성령께서도 마가 다락방에서 백이십 문도 위에 불로 임하신 적도 있다(행 2:3).[10] 불의 강도가 세지면 빛이 된다. 불이나 빛은 근본적으로 같다. 이같이 삼위 하나님께서 인간에게 임하실 때 빛이 동반되는 것을 보게 된다.

그러면 하나님은 왜 빛으로 나타나실까?

인간들은 보지 않으면 믿지 않기 때문이다. 육의 눈으로 볼 수 없는 하나님을 불을 동반시켜, 영으로 존재하며 움직이시는 하나님께서 임하셨다는 사실을 증명해 주시기 위해 일시적이지만 가시적으로 보여 주신다. 또 살아계시는 하나님, 역사하시는 하나님, 인간들이 감히 범접하거나 흉내조차 낼 수 없는 참 신이심을 나타내기 위해 간간이 불로서 나타나신다고

---

[7] 행 9:3 "사울이 길을 가다가 다메섹에 가까이 이르더니 홀연히 하늘로부터 빛이 그를 둘러 비추는지라."를 참고.

[8] 창 15:17 "해가 져서 어두울 때에 연기 나는 화로가 보이며 타는 횃불이 쪼갠 고기 사이로 지나더라."를 참고.

[9] 출 3:2 "여호와의 사자가 떨기나무 가운데로부터 나오는 불꽃 안에서 그에게 나타나시니라 그가 보니 떨기나무에 불이 붙었으나 그 떨기나무가 사라지지 아니하는지라."를 참고.

[10] 행 2:3 "마치 불의 혀처럼 갈라지는 것들이 그들에게 보여 각 사람 위에 하나씩 임하여 있더니."를 참고.

필자는 보고 있다.

그렇지 않으면 인간들이 하나님의 임재를 어찌 믿겠는가?

보이지 않는 하나님을 어찌 믿을 수 있다는 말인가?

그리스도는 물론 삼위 하나님께서 불로서 나타나신 것은 그리스도를 믿게 하려고 하나의 상징적으로 보여 주신 것이다. 세례 요한은 자기가 그 빛이 아님을 확실히 밝혔다. 오히려 그리스도가 생명의 빛이심을 증거하였다.

4) 말씀이 육신 된 그리스도(요 1:14)

말씀(logos)이 육신(sarx) 되었다는 것은 언어 자체도 이상하다. 무슨 뜻인지 인간의 이성으로는 도저히 이해할 수가 없다. 이 사건은 신비에 속하므로 성령으로 깨달음을 주실 때만 비로소 믿어지고 이해되어 진다. 말씀은 잠언에서의 지혜처럼 의인화된 언어로서 근본 하나님을 지칭하는 말이다. 하나님의 아들 된 예수께서 인간의 육신을 입고 이 땅에 임하신 사건을 말한다. 이것을 성육신이라고도 말한다.

사도 요한은 요한복음 1:14에서 그리스도를 언급하고 있다.

> 말씀이 육신이 되어 우리 가운데 거하시매 우리가 그의 영광을 보니 아버지의 독생자의 영광이요 은혜와 진리가 충만하더라(요 1:14).

그분의 영광과 은혜와 진리가 충만하다고 했다. 이 구절은 아담이 죄를 짓고 타락하자마자 하나님께서 타락한 인간의 구원을 위해 예언을 하신 적이 있다.

> 내가 너로 여자와 원수가 되게 하고 네 후손도 여자의 후손과 원수가 되게 하리니 여자의 후손은 네 머리를 상하게 할 것이요 너는 그의 발꿈치를 상하게 할 것이니라 하시고(창 3:15).

이 말씀에 따르면 여자의 후손이라는 말씀에 포인트가 있다. 다시 말하자면 남자 없이 태어날 메시아를 뜻하고 있다. 예수께서 정말 그 말씀대로 남자 없이 성령으로 잉태되어 태어나셨다.

이사야 선지자는 이 말씀과 관련하여 남자 없이 태어날 메시아는 처녀에게서 나온다고 예언을 한 적이 있다.

> 그러므로 주께서 친히 징조를 너희에게 주실 것이라 보라 처녀가 잉태하여 아들을 낳을 것이요 그의 이름을 임마누엘이라 하리라 (사 7:14).

이 말씀에 따르면 성령님께서 이사야로 처녀에게서 아이가 잉태될 것을 예언하게 한 것이다. 실제 마리아를 통해 이 말씀을 이루셨다(마 1:21).[11] 이 사건은 인간사에 유례가 없는 사건이다.

생물학적으로 어떻게 남자 없이 아이가 잉태된다는 말인가?

과학적 사고를 하는 사람들에게는 절대 믿을 수 없는 사건임이 틀림없다. 성육신은 성령으로 된 일이기에 성령으로 믿음이 주어지는 자만 믿을 수 있다. 인간의 이성이나 지성으로는 결코 믿을 수 없는 사건이다. 그래서 신비이고 성령으로 잉태되었기 때문에 말씀이 육신이 되었다고 말한다. 달리 성육신이라고도 말한다.

또 앞 구절 이사야 7:14에서 그의 이름을 '임마누엘'이라 한다고 했다. 임마누엘이란 하나님이 우리와 함께 계신다는 뜻이다. 정말 이 땅에서 인간들과 함께 임마누엘 하시기 위해 육신을 입고 나타나신 분이 그리스도다(마 1:23).[12] 하나님께서 그간 구약성경의 여러 선지자를 통해 예언하게

---

[11] 마 1:20 "이 일을 생각할 때에 주의 사자가 현몽하여 이르되 다윗의 자손 요셉아 네 아내 마리아 데려오기를 무서워하지 말라 그에게 잉태된 자는 성령으로 된 것이라."를 참고.

[12] 마 1:23 "보라 처녀가 잉태하여 아들을 낳을 것이요 그의 이름은 임마누엘이라 하리라 하셨으니 이를 번역한즉, 하나님이 우리와 함께 계시다 함이라."를 참고.

하신 그 예언의 총합을 성취하기 위해 정말 육신으로 이 땅에 보내진 분이 바로 예수 그리스도시다(히 1:1-2).[13] 성도들은 당연히 그 사실을 믿는다. "불신자들의 입장에서 볼 때 신이 어떻게 인간으로 변신하는가"라며 말이 안 된다고 믿지 못할 사건이라고 저들은 생각하고 있다. 그러나 사실은 신이기 때문에 가능한 것이다.

어떻든 사도 요한은 그의 독자들이 믿든 말든 선포하였다. 예수 그리스도는 말씀인 로고스다(요 1:1), 창조주시다(요 1:3), 생명의 빛이시다(요 1:4), 은혜와 진리를 가져오는 그리스도시다(요 1:17), 근본 말씀이신 그가 이 땅에 육신이 되어 오셨다(요 1:14). 이 사실을 믿으면 그 이름을 힘입고 영생을 얻는다고 사도 요한은 강조하고 있다(요 20:31).

5) 하나님의 어린양이신 그리스도(요 1:29)

예수 그리스도를 하나님의 어린양, 암노스(*amnos*)라고 말한 이는 세례 요한이다(요 1:29). 어린양은 레위기, 민수기, 에스겔 등 제의적 관점에서 80여 회나 언급되어있다. 성경 전체적으로는 130여 회나 언급되어있다. 그런데 하나님의 어린양으로는 1회 언급되어있다. 하나님의 어린양이란 하나님께 속했다는 뜻으로 사도행전 8:32에서 이사야 53:7의 말씀이 인용되었다.

> 읽는 성경 구절은 이것이니 일렀으되 그가 도살자에게로 가는 양과 같이 끌려갔고 털 깎는 자 앞에 있는 어린양이 조용함과 같이 그의 입을 열지 아니하였도다 (행 8:32).

---

13 히 1:1 "옛적에 선지자들을 통하여 여러 부분과 여러 모양으로 우리 조상들에게 말씀하신 하나님이."를 참고.

이 말씀에 따르면 도살자에게 끌려가 고난받는 어린양으로 또 고통을 인내하는 종으로 묘사되어있다. 그리고 누가는 그리스도 예수를 사도행전 3:13에서 하나님의 종으로, 사도행전 4:27에는 하나님이 기름부으신 거룩한 종으로 나타내고 있다. 어린양이라고 해도 비제사적 상황에서 도살용 동물로 사용되는 어린양은 아렌(*aren*)이다 (눅 10:3).

이뿐만 아니라 세례 요한은 그리스도를 나보다 먼저 계셨던 분, 성령이 하늘로부터 비둘기같이 내려와 그의 머리에 임하셨던 분, 성령으로 세례를 베푸시는 분이라고 진술한 것은 주가 그리스도요 살아 계신 하나님의 아들이라고 말했던 베드로의 고백과 유사하다 (마 16:16).[14] 왜냐하면, 베드로는 자기의 이성적 판단에 따라 고백한 것이 아니고 하나님께서 알려 주셨다고 예수께서 말씀하셨기 때문이다. 세례 요한도 동일하게 자기의 이성적인 판단에 따라 한 말이 아니라 성령이 가르쳐주심으로 알았다고 했다 (요 1:33).[15]

이같이 그리스도에 대한 진술은 어떤 것이 되었든 인간의 이성으로 이해하여 나타낼 수 있는 성질의 것이 아니다. 하늘의 은혜가 있어야 한다.

그리스도가 하나님의 아들이시니 그를 증거 할 때 성령님의 도움이 있을 수밖에 없지 않겠는가?

세례 요한이 그리스도를 하나님의 어린양이다라고 선포한 것도 성령님께서 깨닫게 한 것이었다.

그런데 세례 요한이 선포한 하나님 어린양, 암노스(*amnos*)의 이미지는 희생과 죽음이다. 이스라엘에서의 어린양은 안식일, 초하루, 월삭 또는 각 절기 때마다 드려지는 속죄 제물이다. 또 개인이나 집안 등 사람들의 필요에 따라 어떤 종류의 제사가 되었든지 속죄 제물이 되어 말없이 죄 없이

---

14 마 16:16 "시몬 베드로가 대답하여 이르되 주는 그리스도시요 살아 계신 하나님의 아들이시니이다."를 참고.

15 요 1:33 "나도 그를 알지 못하였으나 나를 보내어 물로 세례를 베풀라 하신 그이가 나에게 말씀하시되 성령이 내려서 누구 위에든지 머무는 것을 보거든 그가 곧 성령으로 세례를 베푸는 이인 줄 알라 하셨기에."를 참고.

대신 죽는 것이 어린양이었다. 이와 관련하여 예수 그리스도께서도 도살장에 끌려가는 어린양처럼 아무 말 없이 죄없이 모든 인류의 대속 제물이 되어 십자가에서 죽는 것이 그의 사명이었다(창 22:8).

하나님은 이처럼 죄로 인해 타락한 인간을 그 타락에서 구원할 방법을 계획하셨다. 그 계획은 바로 자기 아들을 제물 삼아 속죄의 어린양이 되게 하는 것이었다. 이 계획을 이루시려고 하나님은 마치 뜬금없는 것처럼 아브라함에게 아들 이삭을 번제로 드리라고 명령하신다. 아브라함의 입장에서는 청천벽력과 같은 말씀이었지만 하나님의 말씀에 순종하여 하나님께로부터 의를 얻는다(창 15:6).[16]

창세기 22:7에서 이삭은 자기가 번제물이 되어서 죽는 줄도 모르고 아버지 아브라함에게 물었다.

아버지 불과 나무는 있는데 번제 할 어린양은 어디 있습니까?

이때 아브라함이 이삭에게 대답 한 말이다.

> 아브라함이 이르되 내 아들아 번제 할 어린양은 하나님이 자기를 위하여 친히 준비하시리라 하고 두 사람이 함께 나아가서(창 22:8).

여기서 아브라함은 이삭의 갑작스런 질문에 당황하여 엉겁결에 하나님이 자기를 위하여 친히 준비하신다는 말로 대답하였다. 그러나 성령님께서 주신 말씀이었다. 하나님이 준비하신다는 것은 대속 제물을 준비한다는 뜻으로 속죄의 어린양을 말하는 것이다. 어린양의 모형은 하나님의 정밀한 계획 속에서 이루어진 것이다.

비록 하나님께서 엉겁결에 대답하게 하셨더라도 그 엉겁결에 대답한 그 말을 현실이 되게 하셨다.

---

16 창 15:6 "아브람이 여호와를 믿으니 여호와께서 이를 그의 의로 여기시고."를 참고.

> 아브라함이 눈을 들어 살펴본즉, 한 숫양이 뒤에 있는데 뿔이 수풀에 걸려 있는지라 아브라함이 가서 그 숫양을 가져다가 아들을 대신하여 번제로 드렸더라 (창 22:13).

어디서 어떻게 나타났는지도 모를 어린양이 갑작스럽게 나타나 있는 것을 보고 아브라함은 적지 않게 놀랐다. 이렇게 자기가 한 말이 순식간에 현실화 될 줄은 꿈에도 몰랐을 것이다. 그렇지만 아들 앞에서 놀라지 않은 척하며 그 어린양을 가져다가 아들을 대신하여 번제를 드렸다. 이것이 후에 인류의 대 속죄를 위한 모형이 될 줄은 아브라함이 어찌 알았으리요. 자신도 모른 채 번제를 드렸을 것이다.

이 사건은 이삭만을 위해 대신 죽게 한 간단한 어린양이 아니다. 이삭은 인간의 대표성이 있으므로 그 어린양을 죽게 한 것은 온 인류의 죄를 대신해서 죽게 될 하나님의 어린양을 아브라함에게 미리 보여 주신 사건이다. 이 말씀은 창세기에 나타나 있는 말씀이다. 유대인들도 세례 요한과 사도 요한을 너무나도 잘 안다. 이 사실을 잘 알고 있는 세례 요한은 자기에게 세례를 받으러 나오시는 예수님을 보자마자 저분이야말로 이 세상 죄를 지고 가는 하나님의 어린양이라는 사실을 깨닫고 즉각 선포했다. 그러나 사실은 성령님의 깨닫게 하심이었다(요 1:33).[17]

사도 요한은 이 사실을 예수께로부터 이미 들은 적이 있다. 그래도 세례 요한이 선포한 말씀을 인용해서 예수 그리스도가 하나님께로부터 오신 하나님의 어린양이다라고 선포하였다.

왜인가?

그 어린양을 하나님이 준비하셨기 때문이다.

---

[17] 요 1:33 "나도 그를 알지 못하였으나 내가 와서 물로 세례를 베푸는 것은 그를 이스라엘에 나타내려 함이라 하니라."를 참고.

이렇게 하나님께서 준비한 어린양은 출애굽과 관련되어 나타난다(출 12:13).[18] 이스라엘의 가정마다 장자 재앙을 막아 구원하는 어린양의 피를 기억하지 못하는 유대인들은 없다. 어린양에 대해 유대인들은 부모로부터 또는 랍비들로부터 귀에 딱지가 앉을 정도로 출애굽 이야기를 많이 들었다. 출애굽의 핵심은 어린양의 피다. 그 피를 문설주에 발라 가정마다 사망의 재앙이 넘어갔다. 그 피로 죽음을 면하는 구원을 받게 된다.

그러나 애굽은 어린양의 피를 알지 못했으므로 가정마다 임한 사망의 재앙을 피하지 못하였다. 모든 장자가 다 죽었다. 심지어 짐승의 첫 새끼도 다 죽었다. 이 사건으로 인하여 이스라엘은 출애굽을 받게 되었다. 그 어린양의 피가 얼마나 능력이 대단한지 이스라엘은 너무나 잘 알게 된 것이 출애굽 사건이다.

이처럼 어린양의 피가 아브라함의 한 가정을 구원하였고 또 출애굽 때는 한민족을 구원하였다. 이제 어린양 되신 예수께서 직접 십자가에 달려 의로운 피를 흘리시므로 온 인류의 죄를 대신 속죄하는 구원의 역사를 완성하셨다. 이 사실을 예수께서 밤에 남몰래 찾아온 니고데모에게 이렇게 말씀하셨다.

> 모세가 광야에서 뱀을 든 것 같이 인자도 들려야 하리니, 이는 그를 믿는 자마다 영생을 얻게 하려 함이니(요 3:14-15).

이 말씀은 모세가 예언하였던 말씀(신 21:23),[19] (민 21:9)[20]을 인용한 것이다. 모세는 이 장대에 달린 뱀을 쳐다보는 자는 산다고 선포하였었다. 이

---

18 출 12:13 "내가 애굽 땅을 칠 때에 그 피가 너희가 사는 집에 있어서 너희를 위하여 표적이 될지라 내가 피를 볼 때에 너희를 넘어가리니 재앙이 너희에게 내려 멸하지 아니하리라."를 참고.
19 신 21:23 "그 시체를 나무 위에 밤새도록 두지 말고 그 날에 장사하여 네 하나님 여호와께서 네게 기업으로 주시는 땅을 더럽히지 말라 나무에 달린 자는 하나님께 저주를 받았음이니라."를 참고.
20 민 21:9 "모세가 놋뱀을 만들어 장대 위에 다니 뱀에게 물린 자가 놋뱀을 쳐다본즉, 모

때 정말 보면 살았고 보지 않는 자는 죽었다. 쳐다본 자들은 모세의 말씀을 믿었던 자들이다. 쳐다보지 않은 자들은 믿지 않던 자들이었다. 그때의 상황은 지금도 똑같다. 장대에 달렸던 예수님이 하나님이 준비하신 하나님의 어린양이라고 믿으면 살 것이다. 불신하면 죽는다. 이 사실은 그때나 지금이나 여전히 같다.

또 하나님의 어린양과 관련하여 이사야 선지자는 그의 선지서에서 다음과 같이 예언하였었다.

> 그가 곤욕을 당하여 괴로울 때에도 그의 입을 열지 아니하였음이여 마치 도수장으로 끌려 가는 어린양과 털 깎는 자 앞에서 잠잠한 양 같이 그의 입을 열지 아니하였도다(사 53:7).

정말 이 말씀대로 예수님은 십자가에 달리시기 전에 아무 소리 하지 않고 죽으셨다. 왜 죄 없는 자를 끌어다가 죽이느냐고 항의 한마디 하지 않으셨다. 자기가 하나님의 어린양인 것을 너무도 잘 알고 계셨기 때문이다.

사도 요한도 유대인이기 때문에 이스라엘의 어린양에 대해 익히 잘 알고 있다. 다만 유대인들이 과연 예수께서 하나님이 준비하신 하나님의 어린양인지는 믿지 못하고 있다는 사실을 알고 있었다. 그래서 요한은 자기의 복음에 세례 요한의 증거를 인용하면서 예수 그리스도는 하나님의 어린양이다라고 선포하였다. 그 사실을 믿게 하려고 애쓰고 있다.

6) 성령세례를 베푸시는 그리스도(요 1:33)

성령이 누에게든지 내리는 것을 보거든 그가 곧 성령으로 세례를 베푸시는 이인 줄 알라하셨기에 그를 보고 세례 요한은 하나님의 아들이라고

두 살더라."를 참고.

증언하였다(요 1:33)고 한다. 이 말씀은 예수 그리스도께서 자기에게 나와 세례받을 때의 사건을 기억하면서 진술한 말이다. 사전에 하나님께서 세례 요한에게 미리 깨닫게 하신 일로 인하여 예수 그리스도를 성령세례를 베푸시는 이로 증언한 것에 대하여 더하거나 뺄 필요가 없다. 세례 요한이 증언한 바대로 그리스도는 성령세례를 베푸시는 이로 믿어야 한다.

성령세례와 관련하여 먼저 세례에 대한 이해가 필요하다. 세례(*baptizo*)라는 말은 동사 밥토에서 왔는데 '물에 담그다, 빠트리다'라는 뜻으로 70인역에서 4회 사용되었다. 열왕기하 5:14 나아만 장군이 요단강에 7번 물에 들어갔다가 나왔을 때 피부가 어린아이처럼 되었다고 했다.

이사야 4:4에서는 시온의 딸들의 더러움, 즉 죄를 씻기신다는 정화 사상이 강하게 나타나 있다. 그리고 이 밥티조는 신약에서 77회나 사용되었는데 모두 세례 전문 용어로만 사용되었다. 세례는 물속에 잠시 잠수했다가 올라오는 것이다. 그때 죄는 씻겨지고 새 생명을 얻어 메시아와 더불어 새로운 주종 관계, 양자 관계가 형성되는 예식이다. 바울도 로마서 6:4에서 세례는 그리스도와 함께 죄를 장사지내고 부활하여 새 생명 가운데에서의 새로운 삶을 얻는 것이라고 말했다.

이렇게 물세례의 뜻은 죄 씻음과 새 생명을 얻는 것이다. 또한, 물로 생명을 통제하시는 삼위 하나님의 권세 아래로 들어가는 것이다. 다만 예수 그리스도의 이름으로 물세례를 받을 때만이다. 중·근동에서는 우상 신을 섬기는 자들이 그리스도의 이름이 아니더라도 물속에 잠기거나 물로 씻으면 죄가 정화된다는 사상이 있다.

물세례와 관련하여 예수 그리스도께서 주시는 성령세례를 통하여서는 무엇을 얻는가?

이 문제에 대해 베드로는 사도행전 2:38에서 예수와 성령과의 관계를 말하고 있다.

> 베드로가 이르되 너희가 회개하여 각각 예수 그리스도의 이름으로 세례를 받고 죄 사함을 받으라 그리하면 성령의 선물을 받으리니(행 2:38).

이 말씀에 따르면 회개하고 예수 그리스도를 믿으면 성령을 선물로 받는다고 했다. 즉, 그리스도의 이름으로 세례를 받을 때 성령을 선물로 받는다고 했다. 그 세례 예식으로 인해 그리스도께서 성령을 선물로 주시는 것은 확실하다. 이때 받는 성령이 선행하는 회개를 주고 예수님을 나의 구주로 믿도록 도움을 주셨는지 아니면 성령을 받고 회개하고 믿음을 얻었는지에 대해서 논란이 있다. 그러나 그 논란은 불필요하다. 왜냐하면, 계란이 먼저인가 닭이 먼저인가를 계산하는 식이다. 사실 그럴 필요가 없는 것은 결론은 동일하고 바뀌는 것이 없기 때문이다. 먼저든 후든 예수 믿는 것은 성령이 아니고는 안된다(고전 12:3).[21]

그러면 예수께서 주시는 성령을 성령세례로 보아야 하는가 그렇지 않은가에 대한 문제로 신학자들 사이에 논란이 있다. 성령을 받는다는 의미는 예수 믿게 되는 처음부터 성령세례로 보아야 할지 아니면, 바울이 고린도전서 12장에서 성령으로 받는 은사 같은 경우를 성령세례로 보아야 할지 견해가 다르다. 필자는 요한복음 3장에서 사도 요한이 말한 바처럼 성령으로 거듭나는 것과 베드로가 말한 성령을 선물로 받는 것은 같다고 본다.

그리고 바울이 말한 성령으로 받는 은사를 성령세례로 보아야 한다. 은사는 예수님을 믿는다고 해서 누구에게나 주시는 것이 아니다. 예수님을 믿어 구원에 이르게 하는 것은 누구나 동일하다. 그러나 은사는 동일하지가 않다. 마치 예수님을 믿는다고 누구나 목회자가 되는 것이 아닌 것과 같다. 또 누구나 방언을 말하는 것이 아닌 것과 같은 이치다. 사람마다 능력이 다르듯이 은사도 다르다고 본다. 은사는 하나님 나라 건설에 필요한

---

21 고전 12:3 "그러므로 내가 너희에게 알리노니 하나님의 영으로 말하는 자는 누구든지 예수를 저주할 자라 하지 아니하고 또 성령으로 아니고는 누구든지 예수를 주시라 할 수 없느니라."를 참고.

대로 성령님께서 믿음 외에 특별한 능력을 부어 주시는 것이 성령세례가 아닌가 한다.

성령세례와 관련하여 구약의 에스겔 선지자는 에스겔 36장에서 이미 예언한 바가 있다. 주께서 새 영을 부어주신다고 했다. 새 영을 성령으로 보고 부어주는 것을 세례로 볼 때 그리스도로 말미암아 성령이 보내진다고 한 요한복음 16:7 말씀을 이루는 것이라고 본다. 예수께서 제자들에게 성령을 보낼 때 너희에게 유익하다고 했다. 구원은 성령과 깊은 관련이 있다. 성령님의 개입 없이는 되지 않는다. 성령께서 굳어진 마음을 녹이시고 믿음을 주셔야 예수를 믿게 된다(겔 36:26).[22]

또한, 선지자들의 예언이 선행되어 나타났다. 이사야 선지자는 7:14에서 오실 그의 이름을 임마누엘이라고 했다. 임마누엘은 하나님이 우리와 함께 계시다는 뜻이다(마 1:23).[23] 하나님은 자기 아들을 육신으로 이 땅에 내보내셔서 타락한 인간들에게 임마누엘이 되게 할 것을 미리 예언하게 하셨다. 그리고 그 예언을 이루셨다. 그런데 아들이 십자가에서 죽고 부활하여 승천하면 임마누엘의 자리가 잠시 빈다. 그래서 십자가에 달리시기 전에 성령을 보내시겠다고 약속하셨다(요 16:7).[24]

그리고 승천하시자마자 오순절 성령강림 사건을 통하여 성령님으로 임마누엘의 하나님이 되게 하셨다.

> 마치 불의 혀처럼 갈라지는 것들이 그들에게 보여 각 사람 위에 하나씩 임하여 있더니(행 2:3).

---

[22] 겔 36:26 "또 새 영을 너희 속에 두고 새 마음을 너희에게 주되 너희 육신에서 굳은 마음을 제거하고 부드러운 마음을 줄 것이며."를 참고.

[23] 마 1:23 "보라 처녀가 잉태하여 아들을 낳을 것이요 그의 이름은 임마누엘이라 하리라 하셨으니 이를 번역한즉, 하나님이 우리와 함께 계시다 함이라."를 참고.

[24] 요 16:7 "그러나 내가 너희에게 실상을 말하노니 내가 떠나가는 것이 너희에게 유익이라 내가 떠나가지 아니하면 보혜사가 너희에게로 오시지 아니할 것이요 가면 내가 그를 너희에게로 보내리니,를 참고.

이 일을 이루시려고 욥기서를 통해 미리 보여 주신 것은 정말 놀라운 일이다.

욥기서에 보면 그리스도께서 성령을 보내신다는 사실을 상징적으로 보여 주고 있는 구절이 있다.

젖으로 내 발자취를 씻으며 바위가 나를 위하여 기름 시내를 쏟아 냈으며 (욥 29:6).

욥은 아브라함과 동시대 사람으로 동방의 의인이었다. 욥은 야곱과 달리 버림받은 에서 계열의 후손이다. 하지만 하나님은 그에게 큰 은혜를 베푸셨다.

그 은혜란 무엇인가?

욥을 위해 바위에서 기름 시내를 쏟아 내는 것이었다. 에서 계열의 자녀들은 아브라함의 후손인데도 불구하고 이스라엘과 달리 택함 받지 못한 이유로 이방인이 되었다. 그러므로 하나님께서는 이방인들에게 그리스도를 통하여 장차 구원의 은혜를 베푸시려고 바위에서 기름 시내를 쏟아 낸 것이다.

여기에서 바위는 하나님과 그리스도를 상징적으로 나타내고 있고(시 18:2; 고전 10:4).[25] 기름 시내는 물과 더불어 성령을 뜻하고 있다(마 25:4; 막 6:13; 고후 1:21). 기름(셰멘)은 붓고 발라서 거룩하게 하고 등불에 태운다. 불은 삼위 하나님을 상징적으로 나타내는 말이다. 즉, 바위에서 기름 시내를 쏟으신다는 것은 그리스도를 통하여 성령을 보내겠다는 뜻이 된다(요 16:7).[26] 새 영이 부어져야 마음이 녹아 전도가 되고 구원의 역사가 일어난다. 전도는 성령이 앞서 능력을 부으시든 복음을 듣는 동시에 능력을 부으

---

25   고전 10:4 "다 같은 신령한 음료를 마셨으니 이는 그들을 따르는 신령한 반석으로부터 마셨으매 그 반석은 곧 그리스도시라."를 참고.
26   요 16:7 "그러나 내가 너희에게 실상을 말하노니 내가 떠나가는 것이 너희에게 유익이라 내가 떠나가지 아니하면 보혜사가 너희에게로 오시지 아니할 것이요 가면 내가 그를 너희에게로 보내리니."를 참고.

시든 상대의 마음이 녹고 굳어진 마음이 풀려야 말씀을 듣고 예수를 받아들일 수 있다(겔 36:26).[27] 그래서 구원의 역사는 성령의 역사다. 그 성령님을 그리스도께서 보내신다.

세례 요한이 그리스도가 성령세례를 베푸신다는 증언을 사도 요한이 인용하였다. 그렇더라도 사도 요한은 그리스도의 제자로서 그의 말씀을 보고, 듣고, 배워서 이미 알고 있었다. 다만 유대인들이 존경하는 세례 요한의 증언을 앞세우는 것은 그만큼 세례 요한이 유대인들에게 강력한 영향을 미치고 있었기 때문이다. 유대인들을 위하여 세례 요한의 위력을 이용하는 것뿐이다.

7) 메시아 되시는 그리스도(요 1:41)

이스라엘은 중동에서 교통이나 상업 등 지정학적으로 중요한 위치를 차지하고 있었기 때문에 침략당할 소지가 항상 있는 지역이다. 그래서 속국도 되어 보고 역사적으로 침략당한 기록도 많은 나라다. 그러나 다윗 왕국 시대는 하나님의 도우심으로 아주 강성하여 주변 모든 나라를 속국으로 삼고 다스렸다. 이스라엘이 조공을 받는 위치에 오른 것은 당연했다.

그러나 다윗 이후 바알, 아세라 등 혼합적인 우상 숭배로 인해 하나님의 징계를 받고 이스라엘이 망하고 후에 바알과 하나님을 혼합해서 섬긴 유다도 망했다. 백성들이 바빌론 포로로 붙잡혀가 70년 동안 고된 삶을 보내야 한 것은 회개의 부재였다. 시간이 흐를수록 예루살렘이 그리워지고 강성했던 다윗 왕국도 그리워졌다. 그러던 중 선지자들의 예언이 점점 기억이나 생생해졌다. 그 예언이 이루어지기를 바라면서 이스라엘을 구원하여 줄 메시아 사상이 생겨나기 시작했다. 특히, 이사야 11:10 말씀은 저들에

---

27 겔 36:26 "또 새 영을 너희 속에 두고 새 마음을 너희에게 주되 너희 육신에서 굳은 마음을 제거하고 부드러운 마음을 줄 것이며,"를 참고.

게 큰 소망이 되었다.

> 그 날에 이새의 뿌리에서 한 싹이 나서 만민의 기치로 설 것이요 열방이 그에게로 돌아오리니 그가 거한 곳이 영화로우리라(사 11:10).

이 말씀은 유대인들에게 소망을 갖게 하기에 충분한 말씀이 되었다. 이새의 줄기란 다윗 왕국의 회복을 뜻한다는 메시지로 받아들였다. 그리고 그 나라를 대망하게 된 것이 그리스도가 오신 이후까지도 계속되었다. 그들이 바라고 바라던 메시아가 등장하였어도 정치적인 메시아를 바랐기 때문에 눈이 가려져서 정작 메시아를 보지 못했다. 그뿐만 아니라 그리스도께서 십자가에 힘없이 죽으셨기 때문에 그나마 저들의 소망이 사라졌다. 그렇더라도 부활하신 사건만 믿었어도 메시아가 예수 그리스도였었다는 사실을 알았을 것이다.

그런데 그것조차 정치적인 기득권자들의 술수로 예수가 부활하지 않았다는 거짓말을 퍼트려 그리스도가 아닌 것처럼 헛소문이 떠돌았다. 안타깝게도 정보가 부족했던 백성들은 정치가들의 말을 그대로 믿었다(마 28:15).[28] 그런데도 그 시대 예수를 그리스도로 알고 믿었던 사람들은 꽤 많이 있었다.

메시아(Messiah)란 문자적으로 기름 부음을 받은 자(the Anointed)를 뜻한다. 메시아는 그리스도와 같은 말이다. 메시아를 헬라어로 번역하면 그리스도가 되므로 뜻은 같다. 구약에서는 왕(왕상 1:39), 제사장(레 4:3), 선지자(시 105:15)가 기름 부음을 받았다. 그것은 신정체제에서 하나님을 대신해 신성한 직무를 수행하게 되어있는 예식이라는 것이 이미 잘 알려진 사실이다.[29] 그리고

---

28 마 28:15 "군인들이 돈을 받고 가르친 대로 하였으니 이 말이 오늘날까지 유대인 가운데 두루 퍼지니라."를 참고.
29 강병도,『호크마 주석: 요한복음』(서울 기독지혜사, 1992), 53-54.

예수 그리스도께서는 이 삼직을 모두 받으신 분이었다(히 8:1).[30]

이러한 전후 사정을 잘 알고 있었던 사도 요한은 A.D. 70년경 전쟁에 패해 예루살렘 성전이 무너지고 이스라엘이 망했을 때, 이리저리 헤매는 이스라엘 사람들에게 예수가 바로 메시아다라는 사실을 전하게 될 좋은 기회를 잡고 사도 요한은 복음서를 쓰게 되었다. 물론 하나님의 계시에 따른 것이었다.

사도 요한은 그의 복음 1장에서부터 예수의 메시아 되심을 강조하고 있다. 왜냐하면, 세례 요한의 제자였던 안드레가 자기 형제 시몬에게 우리가 메시아를 만났다고 진술하는 말씀을 언급하고 있기 때문이다(요 1:41).[31] 그뿐만 아니라 4:25-26에 사마리아 여인과의 대화에서는 본인이 메시아임을 직접 말씀하셨다. 네가 오기를 바라는 그 메시아가 바로 나다라고 자기의 정체를 밝히고 있다.

또 요한복음 7장에서는 예수를 그리스도로 인정하는 사람들이 있었다는 사실을 진술하고 있다. 당국자들(7:26), 많은 무리(7:31), 어떤 사람들(7:41), 또 요한복음 9:22에서는 그리스도를 믿으면 출교하기로 결의까지 했다는 말이 나오고 있다. 또 요한복음 10:24-25에서는 유대인들이 네가 그리스도라면 말하라 했을 때 너희에게 말했는데도 너희가 믿지 않았다는 말씀을 하신다.

또 요한복음 11:27에서 마르다는 아주 중요한 고백을 한다.

> 주는 그리스도시오 세상에 오시는 하나님의 아들이신 줄 내가 믿나이다(요 11:27).

30　히 8:1 "지금 우리가 하는 말의 요점은 이런 대제사장이 우리에게 있다는 것이라 그는 하늘에서 지극히 크신 이의 보좌 우편에 앉으셨으니."를 참고.

31　요 1:41 "그가 먼저 자기의 형제 시몬을 찾아 말하되 우리가 메시야를 만났다 하고 (메시야는 번역하면 그리스도라)."를 참고.

이처럼 예수를 메시아, 즉 그리스도십니다라고 고백하기만 하면 마르다처럼 영생을 얻게 되는 것을 믿게 하려고 그리스도가 하나님 아들 되심을 기록하게 되었다(요 20:31).[32] 이런 고백뿐만 아니라 출교당할 위험까지 무릅쓰고 그리스도를 믿은 사람도 있었다.

또 요한복음 12:42에서는 산헤드린의 회원 중에서도 믿는 자가 있었음을 증거하고 있다. 이들은 하나님 나라를 기다리던 사람들로 기득권을 포기하는 한이 있더라도 그리스도를 인정하고 싶은 사람들이었다. 아마도 니고데모나 아리마데 사람 부자 요셉을 말하고 있는 것이 아닌가 한다. 이렇게 사도 요한이 예수 그리스도의 메시아 되심을 계속 전파하는 이유는 그의 이름을 힘입어 영생을 얻게 하려 함이다.

8) 하나님의 아들 그리스도(요 1:49)

요한복음에 나타나는 하나님의 아들과 사람의 아들이라는 칭호는 서로 연관되어 있다. 예수께서는 자신을 종종 인자라는 별칭을 즐겨 사용하셨다. 인자는 사람의 아들이라는 뜻이다. 그럼에도 인자는 사람의 아들이라는 뜻보다는 하나님의 아들이라는 뜻이 더 가깝게 사용된 칭호다. 하나님의 아들이라는 칭호를 여러 번 사용하였고 동격인 아들이라는 칭호도 빈번하게 그의 복음에서 사용하였다. 아버지와 아들은 혈연 관계로 당연히 나타나야 한다.

하나님께서는 창세기 6:2에서 하나님 편에 있는 믿음의 사람을 하나님의 아들이라 하였다. 시편 2:7에 이스라엘 왕을 하나님의 아들이라고 했다. 아마 하나님께서 기름부어 하나님을 대리해서 통치하게 한다는 의미로 하나님의 아들이라고 했을 것이다. 호세아 1:10, 11:1에서는 이스라엘 백성들을 하

---

32 요 20:31 "오직 이것을 기록함은 너희로 예수께서 하나님의 아들 그리스도이심을 믿게 하려 함이요 또 너희로 믿고 그 이름을 힘입어 생명을 얻게 하려 함이니라."를 참고.

나님의 아들이라고 하였다. 여기에서 아버지와 아들은 언약 관계로 맺어진 아버지와 아들이다. 그러나 공관복음에서나 사도 요한이 말하는 하나님 아들이나, 아들 또는 인자는 하늘로부터 오신 분이라는 뜻에서 하나님과 아들의 관계다. 그러므로 신성에 있어서 하나님과 그리스도는 같다.

사도 요한이 메시아를 하나님의 아들로 말할 때 유대인들에게 있어서 메시아는 정치성을 띤다. 왜냐하면, 메시아를 통해 옛 다윗 왕국의 회복을 바라고 있기 때문이다. 이 사실에 대해서 예수님의 제자들까지도 정치적인 메시아로 오해하고 있었다(마 20:21).[33]

심지어 예수께서 승천하시는 마당에서까지 이스라엘 나라를 회복하심이 이때니이까?라고 했다(행 1:6).[34] 사도 요한도 제자들과 함께 있었기에 메시아의 나라가 이 세상 나라를 말하는 것으로 잠시 오해하고 있었을 수도 있다. 그러나 제자들에게 성령이 임하시면서 저들의 생각이 육의 생각에서 성령의 생각으로 바뀌었다. 안드레도 처음에는 예수를 메시아라고 자기 형제 시몬에게 소개했다(요 1:41).

유대인들이 생각하는 메시아는 어떤 선지자 정도로 이해하거나 신성이 떨어지는 어떤 정치적인 인물로 오해하고 있었다. 그래서 사도 요한은 저들의 이런 생각을 전환시키기 위해 꾸준히 그리스도를 하나님의 아들로 진술하고 있다. 하나님의 아들이라면 하나님과 동격으로 해석되는 것이다. 신성에서도 하나님과 동일하게 되는 것이다.

유대적인 사상뿐만 아니라 어느 나라 어느 민족이든 아버지와 아들은 혈연적인 관계가 있으므로 같다고 생각한다. 그 아버지와 그 아들이라고 말하는 것도 사실 유전적으로도 같고 모양으로도 같다. 사도 요한은 유대인들 입장에 서서 저들을 이해시키려고 그러한 맥락으로 말하고 있다. 동

33　마 20:22 "예수께서 이르시되 무엇을 원하느냐 이르되 나의 이 두 아들을 주의 나라에서 하나는 주의 우편에, 하나는 주의 좌편에 앉게 명하소서."를 참고.
34　행 1:6 "그들이 모였을 때에 예수께 여쭈어 이르되 주께서 이스라엘 나라를 회복하심이 이 때니이까 하니."를 참고.

일한 뜻에서 그리스도가 하나님의 아들인 것을 세례 요한을 인용하여 증거하고 있다.

> 내가 보고 그가 하나님의 아들이심을 증언하였노라 하니라 (요 1:34).

또 나다나엘이 그리스도를 하나님의 아들로 고백하게 한 것을 진술하고 있다.

> 나다나엘이 대답하되 랍비여 당신은 하나님의 아들이시요 당신은 이스라엘의 임금이로소이다 (요 1:49).

비록 나다나엘의 신앙고백이라고 하지만 하나님의 아들이니 이스라엘의 임금이니 하는 고백은 자기 인식에 기반한 고백이 아니다. 성령님의 깨닫게 하시는 인식이라고 보아야 한다. 도마도 같은 맥락의 고백을 했다.

> 나의 주님이시오 나의 하나님이시니이다 (요 20:28).

요한은 이런 증인들을 내세워 누구든지 그리스도의 복음을 듣고 이와 같은 고백하기를 기대하고 있다.

그뿐만 아니라 요한은 처음부터 말씀이신 하나님과 그리스도도 말씀으로서 태초부터 하나님과 함께 계셨다고 했다. 그리고 당신은 하나님께로부터 오신 분이라는 니고데모의 고백도 첨언하고 있다(요 3:2). 그리고 마르다의 고백을 첨가하면서 그리스도를 증언하고 있다.

> 주는 그리스도시오 세상에 오시는 하나님의 아들이신 줄 내가 믿나이다 (요 3:2).

이 고백은 그리스도시면서 동시에 하나님의 아들이라는 고백이다. 베드로도 같은 신앙고백을 하였다(마 16:16). 그리고 이런 고백은 하나님께서 가르쳐 주셔야 가능하다. 인간의 지식이나 이성으로서 고백할 수 있는 칭호가 아니다.

그런데 아직 귀가 둔하고 눈이 열리지 않아 성령의 깨닫게 하시는 게 없었던 유대인들은 인간과 신이신 하나님이 어찌 같을 수 있는가?

절대 그럴 수 없다고 생각하고 있었다. 육으로 생각할 때는 당연히 그렇게 생각할 수밖에 없다.

이와 같은 증거에 대해 유대인들의 반응에서 이를 증명한다.

요한복음 5:18에 유대인들이 하나님을 자기의 친아버지라 하여 자기를 하나님과 동등으로 삼으심이더라고 하면서 저가 사람이 되어 어찌 하나님을 자기 아버지라 하는가?

이것은 신성 모독이다라고 하면서 예수를 죽이려 하였다. 인간적인 생각으로는 유대인들이 틀리지 않는다.

그런데도 요한은 왜 그리스도를 하나님의 아들로 굳이 증거하고 있는가?

요한복음에서 하나님의 아들이란 말을 9번 그와 동격을 이루는 아들이란 말을 19번 요한일서에서도 4번씩이나 강조한 이유가 어디 있는가?

성령께서 함께하시기를 바라고 정말 성령께서 저들과 함께할 때 깨달을 수 있을 것을 기대했기 때문이다.

다드(C. H. Dodd)는 요한복음에 나타나고 있는 하나님 아들이란 명칭을 연구하면서 다음과 같이 말하고 있다.

> 아버지와 아들의 관계는 시간 속에서 얻어진 것이 아닌 이 생명과 더불어 혹은 이 세상 역사와 더불어 끝나버린 것이 아닌 영원한 관계이다. 예수의

> 인간적 생애는 말하자면 영원한 관계의 한 형태에 지나지 않는다.[35]

이 연구에 대한 말이 무슨 뜻인지 쉽게 이해가 되지 않는다. 필자가 볼 때 근본 하나님과 그리스도는 영원 전부터 함께하시므로 같으시다라는 말로 이해하고 있다.

필자는 다드의 견해에 대해 반대하고 있지 않다. 사도 요한이 그리스도를 하나님의 아들로 재규정하는 이유는 다른 데 있다고 본다. 결국, 유대인들과 헬라파 유대인들의 선교요, 이방인들의 선교다. 이스라엘에서의 여호와 하나님은 절대적인 유일한 신으로 믿어왔고 또 섬기고 있다.

그런데 요한이 하나님과 그리스도를 아버지와 아들 관계로 동등하게 격상시키고 있는 것은 유대인들의 메시아 관에 대한 오해를 풀려는데 목적이 있다. 저들의 오실 메시아 관은 모세나 다윗과 같은 동격의 메시아로 생각하고 있다는 것이다. 하나님께서 어떤 훌륭한 한 선지자를 선택하여 이스라엘 나라를 원수의 나라로부터 구원하고 다윗의 나라와 같은 강성한 이스라엘로의 회복이라고 생각하는 듯하다.

그러나 요한은 그것이 아니라고 한다.

왜?

하나님 나라는 육의 나라가 아니고 영의 나라이기 때문이다. 그래서 그리스도는 하나님이라는 근본을 말하고 있다. 선지자들이 예언하였던 오시기로 되어있는 그리스도는 근본이 하나님과 같다는 것이다(미 5:2).[36] 이 문제에 대해서는 바울도 같은 입장을 취하고 있다(빌 2:6).[37] 저들의 오해가 풀려야 예수님을 하나님으로 보고 저들이 좋아하는 유일한 하나님으로 믿

---

35 김득중, 『요한의 신학』(서울: 도서출판 컨콜디아사, 1994), 315.
36 미 5:2 "베들레헴 에브라다야 너는 유다 족속 중에 작을지라도 이스라엘을 다스릴 자가 네게서 내게로 나올 것이라 그의 근본은 상고에, 영원에 있느니라."를 참고.
37 빌 2:6 "그는 근본 하나님의 본체시나 하나님과 동등됨을 취할 것으로 여기지 아니하시고."를 참고.

을 것이 아닌가라고 보고 있다.

9) 표적을 통한 그리스도의 증거(요 2:11; 3:2)

사도 요한은 그리스도의 제자로 택함을 받고 3년간 예수 그리스도를 따라다니며 듣고, 배우고, 그가 행하셨던 많은 기적의 사건들을 보았다. 그 가운데 일곱가지 표적, 세메이온(semeion)을 그의 복음에 (요 2:1-11:44) 언급하고 있다. 그런데 요한복음 20:30에서 이 책에 없는 많은 표적을 행하셨다고 했다. 이 말을 바꿔서 말하면 이 기적들을 다 기록할 수가 없어 선별적으로 기록했다는 뜻이 된다.

그러니까 예수께서 그리스도이심을 믿게 하려고 행한 많은 표적 가운데 몇 가지를 선별했다는 것이다. 선별된 이 표적(세메이온)을 징조 또는 사인이라고 해석한다. 세메이온은 뭔가 뜻를 나타내고자 행하는 표적이다.

가령, 마태복음 24장에 제자들이 예수님께 종말 때의 징조가 무엇인지 질문한 적이 있다. 그 징조가 나타나면 종말의 때가 온 것을 아는 것과 비슷하다. 그러면 사도 요한이 징조 또는 표적을 통해 그리스도에 대해서 무엇을 나타내려고 하는지 그 목적과 그 뜻을 생각해보아야 한다.

첫째, 사도 요한은 표적을 통해 사람이신 그리스도를 신성이 있는 하나님의 아들 되심으로 나타내려고 했던 의도가 표적의 목적이다. 왜냐하면, 인간은 신적인 능력을 행사할 수 없기 때문이다.

둘째, 표적의 목적은 그 징조를 통해 영적인 어떤 뜻을 나타내고자 함이다. 사람 되신 그리스도께서 하나님처럼 신성하신 그리스도로 나타내려고 하는 것은 예수님의 신성이 뭔가 부족해서가 아니다. 그가 비록 인간의 육을 입은 그리스도라 할지라도 그의 근본은 하나님과 같고 신성에 있어 완벽한 하나님이시다. 그리고 하나님의 아들이라는 사실을 증거하기 위함도 있다.

왜?
하나님을 믿는 것같이 아들을 믿어야 하기 때문이다.

> 너희는 마음에 근심하지 말라 하나님을 믿으니 또 나를 믿으라(요 14:1).

그런데 이스라엘은 하나님을 믿었다. 그러나 그의 아들은 믿지 않았다. 왜냐하면, 신이 어떻게 사람처럼 아들이 있을 수 있는가?
반대로 생각하면 사람이 어떻게 하나님의 아들이 되어 하나님과 동등하게 될수 있는가?
이것이 저들의 생각이다. 육의 생각으로 볼 때 저들의 생각이 틀린 것이 아니다. 그래서 이들의 생각을 영의 생각으로 바꾸는 것이 사도 요한이 제시하는 표적의 목적이다. 누구든 생각이 바뀔 때 아들의 이름을 힘입고 영생을 얻게 된다.
이런 이유로 인해 그리스도께서 표적 행하심을 옆에서 지켜본 제자로서 그리스도를 하나님의 아들로 증명하지 않을 수 없었다. 니고데모가 인정했듯이 표적은 인간으로서는 할 수 없다. 다만 하늘에서 오신 분만이 할 수 있다. 그리스도는 표적을 행하시면서 지켜보고 있는 대중을 향해 그의 완벽한 신적인 능력을 보여 준 것이 한두 번이 아니었다. 그럴 때마다 대중들이 그의 신적인 능력을 보고 믿기도 했고 불신하기도 했다. 그러면 사도 요한이 어떻게 표적을 통해 그리스도를 증거하고 있는지 보다 더 구체적으로 살펴보자.

(1) 첫 번째 표적: 물로 포도주를 만든 사건(요 2:1-12)

예수께서는 3년 동안 공생애 활동을 하시면서 수도 없는 기적(*pala*)과 이적(*oth*) 또는 표적(*semeion*)을 행하셨다. 이 사실을 공관복음 저자들도 다루었다. 사도 요한 역시 예수님의 기사(*mopheth*)와 이적을 다루었다. 그런데 물을 포도주로 만든 표적은 사도 요한만이 다루었다. 예수님의 행하신 표적 중 첫 번째 표적이라는 순서까지 붙였다.

그리고 왕의 신하의 아들을 고쳐준 사건(요 4:54)[38]에 두 번째 표적이라는 순서를 붙였다.

그래서 신학자들은 사도 요한이 이 사건에 대해 어떤 의도를 가지고 의미를 부여하고 있지 않을까?

이렇게 생각하며 연구하였다. 어떻든 요한이 예수님께서 행하신 표적을 기록한 것은 하나님의 아들 그리스도임을 믿게 하려 함이라고 하였다. 진실로 믿고 그 이름을 힘입어 생명을 얻게 하는 것이 그의 기록목적이라고 요한복음 20:31 말씀에 밝히고 있다.

니고데모 역시 예수님께 고백하기를 당신은 하늘로서 오신 선생이라고 말했다. 그리고 하나님이 함께하지 않으면 표적 행할 사람은 이 세상에 없다(요 3:2)[39]라고 하였다. 그러면 하나님께서만 하실 수 있는 일을 인간이 행할 수 있다면 그는 사람이라 할지라도 하나님과 같은 분이다. 물론 구약의 선지자들이나 신약의 사도들도 기적은 베풀었다.

그렇다면 저들도 기적을 베풀었으니 하나님과 같은가?

그렇지 않다. 왜냐하면, 저들 스스로 한 것이 아니다. 하나님이나 예수 이름을 힘입고 한 것이다. 오늘날도 주의 종들은 신의 능력은 없지만, 하나님께 구하여 성령님의 능력을 받아서 기적을 행할 수 있다. 그런데 예수님은 하나님께 구하지 않아도 예수님 스스로 하나님이시니 무엇이든 행하실 수 있다는 차이가 있다. 예수께서 표적을 무리들에 보여 주신 것은 "내가 바로 하나님이다"라는 증거를 나타낸 것이다.

---

38   요 4:54 "이것은 예수께서 유대에서 갈릴리로 오신 후에 행하신 두 번째 표적이니라." 를 참고.

39   요 3:2 "그가 밤에 예수께 와서 이르되 랍비여 우리가 당신은 하나님께로부터 오신 선생인 줄 아나이다 하나님이 함께 하시지 아니하시면 당신이 행하시는 이 표적을 아무도 할 수 없음이니이다."를 참고.

그러면 갈릴리 가나의 혼인 잔치 중에 예수께서 첫 번째로 행하신 표적은 물을 포도주로 만든 사건이었다. 여기에서 사도 요한은 분명 어떤 영적 의도를 나타낸 것이다라고 주장하는 몇몇 신학자들의 예를 살펴보자.

첫째, 린다르스(Lindars)의 견해다.

예수님의 이 이적에서는 이적 자체가 중요하지 않고 모든 관심이 사건의 상징적인 가능성에 쏠리고 있다. 이 이야기를 통해 전하려고 하는 상징적인 메시지에 관심을 기울여야 한다. 사도 요한이 독자들에게 전하려고 하는 "신학적 메시지는 예수의 영광을 드러내기 위한 표적이다"라고 하면서 세 가지를 말하고 있다.

(1) 포도주는 죽음과 부활을 예시하는 십자가의 흘리신 피를 가리킨다.
(2) 결혼 잔치의 상황은 종말론적인 잔치를 지칭하는 표준적인 상징이다.
(3) 유대교의 옛 규정들 안에서는 예수가 선포한 새 포도주는 새 부대에 넣어야지 옛 부대에 맞지 않는다. 즉, 새 포도주의 우월성을 강조하고 있다라고 하였다.[40]

둘째, 쿨만(O. Cullmann)의 해석이다.

쿨만은 이 이적 이야기는 예수의 죽음과 부활을 상징하는 성례전의 피다라고 해석했다. 즉, 십자가에서 죄를 사하시기 위해 흘리시는 그리스도의 피를 가르킨다고 했다. 쿨만은 요한복음 전체를 성례전 중심으로 해석하고 있다.[41]

---

40 김득중, 『요한의 신학』, 79-80.
41 김득중, 『요한의 신학』, 80-81.

셋째, 기(H.C. Kee)의 견해다.

종말적인 결혼 축제의 때가 예수께서 시작하신 새로운 질서 가운데서 이미 도래했음을 증거해 주고 있다라고 하면서 다음과 같은 주장을 하고 있다.

> 잔치의 마지막에 나온 가장 좋은 포도주는 독자들에게 이미 그들이 알고 있는 포도주가 더 풍성하다는 종말론적인 잔치에 대한 유대교적 전승을 상기시켜주고 있다(암 9:13; 렘 31: 10-12). 묵시 문학 가운데(에녹서 10:19; 바룩 2서29:5). 요한이 말하고 있는 것은 기대했던 질서를 예수가 뒤바꾸어 놓았다고 하였다. 즉, 그가 지금 가장 좋은 포도주를 가져온 것은 종말적인 기쁨을 가져온 것이다라고 했다. 우리는 마지막 종말의 때까지 기다릴 필요가 없다. 역사의 목적이 예수 안에서 이미 현존하고 있다.[42]

넷째, 스몰리(S. Smalley)의 견해다.

물이 포도주로 변했다는 것은 바야흐로 상징화되고 있는 그리고 이미 시작된 새 시대의 우월성을 부각하는 수단으로 쓰려는 요한의 목적에 비추어 꼭 필요한 것이다. 그는 더 나아가 새 원소(기독교)가 옛 원소(유대교)와 연속성을 유지함에도 불구하고 전자가 후자를 궁극적으로 대치하였다.[43] 이 주장에 대해 브라운(R. E. Brown)과 다드(C. H. Dodd)도 거의 같은 주장을 하고 있다. 브라운과 다드의 견해는 스몰리와 비슷하므로 생략한다.

---

42 김득중, 『요한의 신학』, 81-82.
43 김득중, 『요한의 신학』, 82.

다섯째, 불트만(Bultmann)의 견해다.

불트만은 이교적인 전설을 끌어들여 엉뚱한 해석을 하였다. 물을 포도주로 변화시키는 모티브는 주신인 디오니수스(Dionysus) 숭배의 전형적인 특징이다. 이 이적은 주신(그리스 술의 신)의 현현이다. 따라서 이 이적이 있었던 날, 곧 1월 5-6일 밤을 디오니수스의 축제일로 잡았다고 했다. 이 영향으로 초대교회가 세례받는 것을 디오니수스의 현현으로 이해하고 기념하는 날이다. 그것을 기념하기 위해 가나의 혼인 잔치가 있었다고 생각하게 되었다고 하는 이해하지 못할 주장을 하고 있다.[44]

이렇게 신학계에서 유명하다고 하는 5명의 신학자들의 주장을 살펴보았다. 이 책을 읽는 독자들도 나름의 깨달음과 느낌이 있을 것이다. 일리가 있는 부분도 있고 맞지 않는 부분도 있다고 본다. 그러나 불트만이라는 신학자의 주장은 저분이 과연 신학자가 맞나 할 정도로 의심이 간다.

필자는 목회자로서 목회자의 안경을 쓰고 표적을 바라보고 싶다. 물을 포도주로 만든 표적은 이 세상에서 있을 수 없는 놀라운 초자연적 사건임은 두말할 필요가 없다.

누가 감히 자연현상을 축소하거나 확대하거나 자기 마음대로 조정할 수 있단 말인가?

양질의 좋은 포도주를 생산해 내려면 많은 시간이 소요된다는 것은 상식이다. 심고, 자라고, 열매 내고, 그 열매를 포도주 틀에 짜서 숙성시키려면 최소한 5년 이상은 걸린다고 봐야 한다. 이런 모든 과정을 생략하고 순식간에 포도주를 만들어 낸 것은 자연을 창조하신 하나님이 아니면 불가능하다. 이 표적의 사건을 통하여 사도 요한이 드러내고자 하는 목적은 그리스도께서 창조주 하나님이 되셔서 모든 만물을 주관하고 계신다는 사실을 나타내려는 것이라고 필자는 보고 있다.

---

44 김득중, 『요한의 신학』, 78.

한 가지 더 이 표적의 사건을 다루면서 독자들에게 과연 무엇을 깨닫게 하고 무엇을 얻게 하려 하는가?

그 영적인 의미를 생각해본다면 본문 말씀에 나와 있는 바대로 물이 포도주로 변화되는 것처럼 변화에 초점이 있다고 본다. 말하자면 생각이 바뀌든가 저들의 메시아관이 바뀌든가 뭔가 변해야 구원의 역사가 일어난다고 사도 요한은 보고 있다. 사실 하나님 나라는 물리적인 나라가 아니다. 영적인 나라다.

영적인 나라가 보이는가?

하나님 나라는 보이지 않는다. 그래서 표적으로서 하나님 나라를 보여준다. 유대인들은 예수를 랍비나 선지자로 보고 있다. 예수님을 하나님의 아들로는 보지 못하는 이유는 율법의 굴레에 눌려 영적인 세계를 보지 못하고 있기 때문이다(요 16:14).[45] 그래서 저들의 메시아에 대한 패러다임이 바뀌기를 바라면서 이 표적의 사건을 다루고 있다.

그런데 요한복음 2:11에 제자들은 표적을 보고 믿었다고 했다. 물론 보고도 믿지 못하는 사람들도 있었을 것이다. 변화는 성령으로 말미암는 믿음과 믿음으로 말미암는 변화다. 그런데 안타깝게도 유대인들뿐만 아니라 현대인들도 여전히 좀처럼 변화되지 않는다. 성령님보다 센 사람들이 많기 때문이다.

이 사건뿐만 아니라 예수의 표적 사건은 대부분 물리적인 변화보다 영적인 변화에 뜻이 있다. 가령, 귀신이 쫓겨나가는 현상은 육신의 변화가 아니고 영적인 변화다

> 내가 성령을 힘입어 귀신을 쫓아낸 것이면 하나님의 나라가 너희에게 임한 것이라고 하였다(마 12:28).

---

45   마 16:14 "이르되 더러는 세례 요한 더러는 엘리야 어떤 이는 예레미야나 선지자 중의 하나라 하나이다."를 참고.

이렇게 성령이 임하여 하나님의 아들을 믿게 되는 순간 믿는 자는 변화되지 않을 수 없다. 그 변화는 영적인 변화이다. 영적인 변화는 육의 생각이 성령의 생각으로 바뀌는 것이다. 예수님의 표적을 본 제자들도 그를 믿으니라고 했다(요 2:11). 이렇게 요한의 문헌은 모든 사건을 성령과 하나님과 관련하여 말하기에 영적인 책이다.

> 성령과 물과 피라 또한 이 셋은 합하여 하나이니라(요일 5:8).

이러한 것처럼 이 말씀에 따르면 삼위 하나님을 말하고 있다. 알렉산드리아의 클레멘트(clement of Alexandria,150-215, 217)는 공관복음서는 역사적인 예수를 다루고 있는 반면 요한복음은 영적인 예수를 다루기에 영적인 복음서라고 하였다.[46]

(2) 두 번째 표적: 왕의 신하의 아들을 고치신 사건(요 4:46-54)

사도 요한은 두 번째 표적(semeion)으로 왕의 신하의 아들을 고친 사건을 다루고 있다(요 4:54). 굳이 두 번째라고 그 순서를 붙일 이유는 없지만 같은 장소에서 한 번 더 행하신 표적이었기 때문에 먼저 행하신 것과 구분하려고 순서를 붙인 것이 아닌가 한다. 사실 하도 많은 표적과 이적을 행하셨기에 일일이 순서를 붙일 필요는 없다고 본다. 그러나 굳이 순서를 붙인 것은 예수님께서 처음 행하시는 표적이라는 뜻에서 의미가 있다.

두 번째라고 순서를 붙인 것도 같은 장소에서 또 행하시는 표적이기에 영적 의미가 있다(요 4:46).

이 영적 의미란 어떤 의미일까?

요한은 이 영적 의미에 포인트를 두고 있는데 이 두 사건 모두 그리스도의 성령으로 말미암는 믿음을 말하고 있다. 믿음은 성령께서 주셔야지 우

---

46   안드레아스 J. 쾨스텐버거, 『요한 신학』, 전광규 역 (서울: 부흥과개혁사, 2015), 45.

리들 스스로 만들어 낼 수 있는 것이 아니다. 우리의 의지로 믿는 것은 성경에서 말하는 믿음이라고 볼 수 없다.

첫 번째 사건에서 제자들이 예수님을 하나님의 아들로 믿었고 두 번째 사건 역시 예수께서 네 아들이 살았다라고 하신 말씀을 그 사람이 믿고 가더니라고 했다. 정말 왕의 신하가 예수께서 하신 말씀을 믿고 갔는데 신기하게도 아들의 열이 떨어진 시간이 예수께서 말씀하신 그 시간과 같았음을 깨닫고 믿게 되었다. 이제 온 집안이 예수님의 말씀 한마디로 병이 고쳐졌다는 사실을 알게 되고 예수님을 믿었다고 했다(요 4:53).[47]

말하자면 왕의 신하는 예수께서 말씀으로 병을 고쳐주셨기에 말씀으로 생명을 주시는 하나님이라는 것을 믿은 것이다. 저들의 믿음에 대해 요한은 따로 성령의 역사로 말미암아 믿게 되었다라는 말은 분명 하지 않았다. 그런데도 요한의 전체 문헌에서 말하는 사건이나, 어떤 표적, 기사나, 이적, 모두 그 배경에 삼위 하나님이 함께 작용하신다는 뜻이 내포되어있다. 예수께서 빌립에게 내가 아버지 안에 아버지께서 내 안에 계시는 줄 알지 못하느냐라고 하신 말씀을 기억하면 좋을 것이다(요 4:10).[48] 성령님은 예수께서 세례받으실 때 임하여 함께 계셔서 함께 역사하시는 하나님이셨다.

사도 요한은 왕의 신하를 살린 사건에서 그의 독자들에게 무엇을 나타내려고 했을까?

그 표적의 목적이 무엇이냐라고한다면, 그것은 그리스도께서 죽게 된 이를 살리고 산자도 죽일 수 있는 생명의 주관자라는 사실을 나타내 보이신 것이다. 인간은 누구나 때가 되면 죽으면서도 영원히 살고자 하는 잠재적인 의식이 있다. 그래서 종교도 생기고 생명이 없는 우상 종교에 빠

---

[47] 요 4:53 "그의 아버지가 예수께서 네 아들이 살아 있다 말씀하신 그 때인 줄 알고 자기와 그 온 집안이 다 믿으니라."를 참고.

[48] 요 14:10 "내가 아버지 안에 거하고 아버지는 내 안에 계신 것을 네가 믿지 아니하느냐 내가 너희에게 이르는 말은 스스로 하는 것이 아니라 아버지께서 내 안에 계셔서 그의 일을 하시는 것이라."를 참고.

지기도 한다. 유대인들도 동일하게 영원한 생명을 원하기 때문에 예수님께서 행하시는 표적 가운데 병고치는 것, 사람 살리는 것에 관심이 많았다. 그런데 예수님은 그러한 유대인들을 보고 너희들이 나를 찾는 것은 표적을 본 까닭이 아니요, 먹는 것에 관심이 많기 때문이라고 하셨다. 관심이 영생이 아니라 먹는 것에 있으면 표적을 보고도 믿지 못하는 것이다(요 6:26).[49] 오늘날도 이런 기복적인 신앙을 가진 이들이 얼마나 많을지 목회자로서 상상해 보면 겁난다.

그리고 이 표적에 대한 영적인 의미라고 한다면 예수께서 지적하신 대로 먹을 것, 즉 육신의 생명보다 영적인 생명에 더 관심을 가져야 한다는 의미로 보고 있다. 왜냐하면, 육신의 생명은 사고, 질병, 재앙, 등 언제든지 죽을 수 있는 환경에 살고 있다. 또 사실 언젠가는 모두 죽는다. 그러기에 믿음으로 영원한 생명을 얻으라는 의미가 크게 있다고 본다.

이런 측면에서 볼 때, 믿음에 대해 제자들이 표적을 보고 믿었든지 또 왕의 신하가 아들의 병을 고쳐주셨기에 믿었든지 비아냥거릴 필요가 없다. 이래서 믿든 저래서 믿든 누구나 어떤 계기가 있어야 믿게 된다. 믿음은 영원한 생명을 불러온다. 그 영원한 생명은 하나님의 아들로부터 온다. 그 생명을 취하기 위해서는 반드시 그 아들의 이름을 믿는 믿음이 필요하다. 이 사실은 정확하고 변함이 없다. 사도 요한은 계속 그리스도의 이름을 진술하고 있다.

(3) 세 번째 표적: 베데스다 연못에서의 치유사건 (요 5:1-16)

사도 요한의 문헌 중에 예수께서 행하신 표적을 계속적으로 다루고 있다.

---

49 요 6:26 "예수께서 대답하여 이르시되 내가 진실로 진실로 너희에게 이르노니 너희가 나를 찾는 것은 표적을 본 까닭이 아니요 떡을 먹고 배부른 까닭이로다."를 참고.

그의 독자들에게 그리스도의 하나님 되심, 즉 인성을 가지신 예수께서 어떻게 신성을 가지셨는가?

그것은 하나님만 하실 수 있는 이적을 행하면 하나님과 동일성을 보여 주는 것이 된다. 이것은 앞의 표적들의 예와 동일하다.

그러면 사도 요한이 이 세 번째 베데스다 연못의 치유사건을 통해 독자들에게 보여 주고자 하는 표적과 영적인 메시지는 무엇인가했을 때 먼저 표적의 목적은 천사가 하늘에서 내려와 물을 동하게 하고 환자를 치유하는 것이 아니다. 예수 그리스도야말로 하늘에서 내려오신 분으로서 환자를 치유하신다. 그는 하늘의 능력을 보여 주는 분이시다.

그리스도는 하나님과 같다는 것을 보여 주신 사건이다. 그가 비록 인간의 육신을 입고 있으나 그의 근본 정체는 하나님과 같으니 그를 그리스도로 믿으라이다. 즉, 유대인들이 하나님을 믿는 것같이 아들도 믿어서 영생을 얻으라는 것이 표적을 보이신 목적이라고 필자는 보고 있다. 요한복음 14:1[50] 예수께서 제자들에게 "하나님을 믿으니 또 나를 믿으라"고 하신 말씀은 곧 나를 하나님과 동등한 이로 보라.라고 말씀하신 것이다.

그리고 이 표적에 대한 영적인 메시지가 무엇인가라고 질문한다면 그것은 물을 움직이게 하는 동력도, 치유하는 능력도, 예수님을 모른다고 할지라도, 심지어 안식일이라 할지라도, 모두 예수 그리스도로 말미암아 다스려진다는 사실을 나타낸 것이라고 본다. 즉, 천사도 아니고, 물의 능력도 아니고, 믿음도, 치유도, 안식일도, 모두 그리스도 안에 있다라는 것을 보여 준 사건이 베데스다 연못의 치유사건이라고 볼 수 있다.

다만 안식일이라는 것이 문제가 될 수 있다.

---

50   요 14:1 "너희는 마음에 근심하지 말라 하나님을 믿으니 또 나를 믿으라."를 참고.

예수께서 왜 하필이면 안식일에 해서는 안 되는 일을 하셨는가?

유대인들 측면에서 볼 때 안식일을 지키라는 하나님의 말씀을 완전히 무시한 것이라고 해서 들고 일어날 것이 뻔한데 왜 잘 알면서도 안식일에 병자를 고치셨는가?

사도 요한의 주장대로 하나님의 아들이라면 더욱 하나님의 말씀을 존중하고 지켜야 할 것이 아닌가?

이런 생각이 자연스럽다. 그러나 예수께서 안식일에 병 고치는 일을 하신 것은 일부러 한 것이고 거기에는 이유가 있다. 그 이유를 두 가지로 생각할 수 있다. 먼저 안식일은 내 것이다는 것이다.

인자는 안식일의 주인이니라 하시니라 (마 12:8).

이 말씀은 안식일에 병자를 고쳤다고 따지는 유대인들에게 주께서 대답하신 말씀이다. 예수께서 안식일의 주인이라면 예수님은 하나님이시다.

하나님께서 안식일의 주인이라면 그가 언제 어디서 무슨 일을 한들 누가 뭐라고 할 수 있겠는가?

하나님께서 하신 일을 인간이 옳다 그르다를 따질 수는 없는 노릇이다. 두 번째 이유로는 안식일을 범하면서까지 한 생명을 살리는 것은 하나님께서 한 생명을 안식일보다 더 소중하게 여기신다는 사실을 보여 준 것이다. 누가복음 14:5에서 **"안식일에 아들이나 소가 우물에 빠지면 안식일이라도 끌어내지 않겠느냐"** 라고 했다.

참고적으로 베데스다에서 병자를 고치신 표적을 필자의 주장과 다른 신학자들의 견해를 살펴보자. 히르쉬(Hirsch)는 38년 동안 고통받은 병자를 이스라엘의 광야 38년 동안의 고통받았던 것과 비교하면서 그 고통을 의미한다고 했다. 베데스다에 있는 다섯 행각은 율법의 다섯 권을 의미한다는 알레고리적으로 해석한 신학자도 있다(신 2:14). 또 터툴리안(Tertullian), 크리소스톰(Chrysostom)은 베데스다 연못의 물을 천사가 휘저음으로써 물이 치유할 수 있는 능력을 갖추게 된다는 사실 때문에 세례 의미를 갖게 된다. 그 물이 세례 주는 물을 뜻할 수도 있다면서 세례와 연관시켜 해석하기도 했다. 블리흐(Bligh)는 연못은 율법을 상징하고 다섯 행각은 모세오경을 상징한다고 했다. 발레그(Balague)는 네가 낫고자 하느냐(요 5:6)라고 예수께서 질문한 것은 초대교회 세례 문답의 한 구절을 반영한 것이다라고 했다.[51]

(4) 네 번째 표적: 오천 명의 무리를 먹이신 사건(요 6:1-15)

오병이어의 표적은 사복음서에서 모두 공통으로 나타나는 사건이다. 그러나 한 사건을 두고 저자들의 보는 시각이 같은 부분이 있는가 하면 다른 부분도 있다. 예를 들어보면 공관복음 저자들은 오병이어 사건을 역사적인 측면에서 다루고 있다. 그러나 요한은 이 사건을 역사적인 측면보다는 영적인 측면에서 유월절과 관련하여 다루고 있다.

> 마침 유대인의 명절인 유월절이 가까운지라(요 6:4).

물론 성경 저자마다 같은 사건이라 하더라도 자기의 독자들에게 전하고자 하는 의도가 약간씩 다를 수가 있다. 왜냐하면, 자기의 복음을 읽는 독자들이 처해있는 형편과 처지가 약간씩 다르기 때문이다. 물론 전해지는 것은 그리스도다. 이런 측면에서 요한도 자기의 독자들에게 그리스도를 전하고자 했다. 그런데 오늘날과 같은 독자들이나 신학자들이 동일한 사건을 다룬 사복음서를 읽고 비교해보니 공관복음과 요한복음이 약간 다른 측면이 있더라라는 사실을 발견하고 나름의 해석을 가하고 있다. 그래도

---

51 김득중, 『요한의 신학』, 90-91.

그 중심은 예수 그리스도다.

　그러면 왜 공관복음 저자들과 달리 사도 요한만이 오병이어의 사건을 유월절과 관련해서 다루고 있을까?

　이 사건을 유월절과 연관시키는 이유는 무엇인가?

　그 이유는 오병이어의 사건이 끝난 이후에 나타난 예수님의 설교에서 드러난다. 요한은 이 사건을 무리의 질문과 예수님의 답변으로서 이 문제를 풀어가고 있다. 먼저 예수께서 무리가 왜 나를 찾는지 그 이유에 대해 말씀하시면서 사람들은 영생보다 먹고 사는 일에만 관심을 가진다고 했다.

　그러나 사람이 떡으로만 살 수 없고 하나님의 입에서 나오는 말씀으로 살아야 한다고 말씀하신 적이 있다(마 4:4).[52] 즉, 영적인 눈을 떠야 산다는 메시지를 던진 것이다. 그러면서 썩을 양식을 위해서 일하지 말고 영생하도록 있는 양식을 위해서 일하라 하신다(요 6:27).[53] 그 일은 나를 믿는 것이고 나를 믿을 때 내가 그 영원한 양식을 준다는 것이다. 여기서 사도 요한은 영생하는 양식을 주시는 이가 누구며 그 양식이 무엇인가를 유월절과 만나를 연관시키고 있다는 사실이다. 만나라면 생명의 떡을 말하고 생명의 떡은 그리스도시다(요6:35).[54]

　다시 말하자면 그리스도가 하늘의 만나요, 생명의 떡이다라는 것이다. 이 사실을 믿는 자에게 영원히 목마르지 않게 하신다라며 생명의 떡되신 그리스도를 진술하고 있다.

　우리가 어린양 되신 그리스도를 유월의 출애굽 사건과 성만찬과 연관시키려는 사도 요한의 저작 의도를 독자로서 이해할 필요가 있다. 성경을 읽어 본 사람이라면 알겠지만 유월절 어린양의 피가 이스라엘을 애굽에서

---

[52] 마 4:4 "예수께서 대답하여 이르시되 기록되었으되 사람이 떡으로만 살 것이 아니요 하나님의 입으로부터 나오는 모든 말씀으로 살 것이라 하였느니라 하시니."를 참고.

[53] 요 6:27 "썩을 양식을 위하여 일하지 말고 영생하도록 있는 양식을 위하여 하라 이 양식은 인자가 너희에게 주리니 인자는 아버지 하나님께서 인치신 자니라."를 참고.

[54] 요 6:35 "예수께서 이르시되 나는 생명의 떡이니 내게 오는 자는 결코 주리지 아니할 터이요 나를 믿는 자는 영원히 목마르지 아니하리라."를 참고.

출애굽하는데 핵심이었다. 어린양을 잡아 그 피를 문설주에 발라 사망의 재앙을 지나가게 하고 구원받은 것과 유월절에 죽임 당하신 예수 그리스도의 십자가 피와 연관된다는 것은 어느 정도 알고 있을 것으로 본다.

이렇게 어린양의 피가 출애굽의 핵심이었다는 사실을 모르는 유대인들은 없다. 그러나 양을 잡은 후 그 고기를 다 먹게 한 의미에 대해서 간과하는 경우가 있다. 어린양의 고기를 먹는 것은 거룩하게 하는 것이다라고 레위기에서 설명한다.

> 그 고기에 접촉하는 모든 자는 거룩할 것이며 그 피가 어떤 옷에든지 묻었으면 묻은 그것을 거룩한 곳에서 빨 것이요 (레 6:27).

하나님께서 어린양의 고기와 접촉하게 하였다. 즉, 먹게 하여 그들의 모든 죄를 사하시고 이스라엘을 거룩하게 하신 후 출애굽을 시키셨다는 사실이다. 거룩은 피가 뿌려져야 하지만 어린양의 고기에 접촉할 때도 거룩해진다.

그래도 유월절 어린양하면 어린양의 피가 먼저 떠오른다. 그 피가 재앙을 피하는 표적이었기 때문이다(출 12:13).[55] 그런데 사도 요한은 그리스도를 유월절과 관련된 어린양의 피를 중요하게 보았지만, 출애굽 후 광야에서 받아먹었던 만나에도 주목하고 있다.

왜 그럴까?

그 이유 역시 예수님의 설교에서 해답을 주고 있다. 예수님은 나는 생명의 떡이니라 하면서 자기 정체성을 밝히신다. 나는-이다, 에고 에이미 (ego-eimi)라는 등식은 출애굽기 3:14과 관련이 있다는 것은 이미 잘 알려져 있다.[56] 이 말씀은 이스라엘 백성들이 하나님이 누구냐고 물으면 뭐라고 답

---

55 출 12:13 "내가 애굽 땅을 칠 때에 그 피가 너희가 사는 집에 있어서 너희를 위하여 표적이 될지라 내가 피를 볼 때에 너희를 넘어가리니 재앙이 너희에게 내려 멸하지 아니하리라."를 참고.
56 출 3:14 "하나님이 모세에게 이르시되 나는 스스로 있는 자이니라 또 이르시되 너는

변하지요라고 모세가 하나님께 물었을 때 하나님이 자기 정체를 밝히신 말씀이다.

>나는 스스로 있는 자니라(출 3:14).

이 말씀과 관련하여 예수께서도 자기 정체를 스스로 밝히신다. 나는 생명의 떡이다. 마치 나는 하나님이다는 말씀과 똑같다. 떡은 세상을 먹여 살리는 주식이다. 사람이든 짐승이든 먹지 않고는 살아갈 수는 없다.

출애굽 백성들이 광야 40년 동안 하나님께서 내려주신 만나를 먹고 살았다. 그 만나가 바로 자기라는 것이다. 아버지께서 내려주신 떡이 바로 나이니 내게로 와서 먹고, 마시며, 주리지 말고, 나를 믿고, 목마르지 말라고 하셨다. 요한은 그리스도를 떡과 포도주로 상징화하면서 유월절(어린양의 피와 고기)과 성만찬(떡과 포도주)을 연결한다.

예수께서는 만찬장에서 내 살과 피를 마시는 자는 영생을 가졌고 마지막 날에 내가 그를 다시 살린다고 하셨다. 또 내 살은 참된 양식이요 내 피는 참된 음료라다라고 천명하셨다(요 6:54).[57] 그뿐만 아니라 나를 먹고 마시는 자, 즉 성찬으로 나를 기념하는 자는 나와 하나가 되는 것이다라고 지극히 중요한 말씀을 하셨다.

>내 살을 먹고 내 피를 마시는 자는 내 안에 거하고 나도 그의 안에 거하나니 (요 6:56).

이스라엘 자손에게 이같이 이르기를 스스로 있는 자가 나를 너희에게 보내셨다 하라."를 참고.

[57] 요 6:54 "내 살을 먹고 내 피를 마시는 자는 영생을 가졌고 마지막 날에 내가 그를 다시 살리리니."를 참고.

성찬은 유월절을 떠올리는 것이고 유월절은 출애굽 어린양을 떠올리는 것이다. 그 피로 사망을 면했고 그 살로 거룩하게 되었다. 바꿔서 말하면 성찬은 유월절을 재현하는 예식이다. 요한은 떡과 예수님의 살을 동일시 하면서 성만찬에서 사용된 포도주와 떡을 그리스도의 십자가에서 찢기신 살과 흘리신 피로 연결한다. 이것을 먹고 마시며 기념할 때 유월절 어린양 의 죽음을 재현하는 것이 된다.

그러면 예수께서 왜 안식 후 첫날 성만찬을 통해 나를 기념하라고 하셨 을까?(눅 22:19; 고전 11:25)

그것은 매일같이 알게 모르게 세상과 짝하며 짓는 죄를 예배하면서 그 리스도의 살과 피로 덮어 거룩을 회복하라는 그리스도의 명령이시다. 그 런데 매주 거룩을 회복하는 중요한 성찬 예식을 매주 실시하지 못하고 있 는 것이 모든 교회의 현실이다. 그것은 루터에 이은 칼빈의 조금은 지나친 종교개혁 영향이라고 볼 수 있다.

그 당시 성찬 예식이 우상화되어 있었던 것은 사실이다. 그렇다고 성찬 예식을 거의 없애다시피 한 것은 지나친 개혁으로 필자는 보고 있다. 물론 말씀과 기도로 거룩해지기도 한다(딤전 4:5).[58] 그렇더라도 성찬 예식은 회 복되어야 한다고 본다. 그리스도께서 괜히 성찬 예식을 제정해 주신 것이 아니다.

(5) 다섯 번째 표적: 물 위를 걸으신 사건(요 6:16-21)

예수께서 오병이어의 기적을 베푸신 후에 무리를 각자 집으로 돌려보내 시고 제자들에게는 갈릴리 호수 건너편으로 가도록 하셨다. 그리고 예수 님은 산으로 기도하러 올라가셨다. 제자들이 배를 이용해 건너편으로 노 를 저어 가는데 갑작스럽게 파도가 심하게 일어나 밤새도록 애쓰며 노를 저었다. 그런데 얼마 전진하지 못하고 마치 헛발질하듯 제자리에서 뱅뱅

---

[58] 딤전 4:5 "하나님의 말씀과 기도로 거룩하여짐이라."를 참고.

맴돌고 있었다. 그때 예수께서 물 위를 걸어오셨다. 제자들은 예수님인지 몰랐다. 혹 유령인가 하여 소리 지르며 소스라치게 놀랐다는 말은 공관복음에만 있다. 이때 예수께서 접근하시며 하시는 말씀은 내니 두려워하지 말라 했다. 전체 말씀의 내용은 공관복음과 비슷하다.

그러면 사도 요한이 어떤 의도를 가지고 공관복음서와 달리 물 위를 걸으시는 사건을 다루고 있느냐 하는 것이다. 포인트는 '나다'이다. 나다(ego-eimi)라고 하는 출애굽기 3:14에 **"나는 스스로 있는 자니라"**고 하시는 말씀은 하나님께서 모세에게 자기 정체성을 밝히시는 말씀이다. 그런데 그리스도께서도 똑같은 말씀을 하셨다. 왜 그렇게 말씀하셨는지 이 사건을 좀 더 깊이 살펴볼 필요가 있다.

요한복음에서는 공관복음보다 비교적 간단하게 기록하고 있다. 공관복음서 기자들의 기록을 볼 때 예수께서 어떤 일을 하실 것 같은 느낌이 든다. 왜냐하면, 제자들에게 배를 타고 건너편으로 가도록 재촉하셨기 때문이다. 갈릴리 호수에 갑자기 풍랑이 일어나는 경우는 드문 일이다. 넓은 바다도 아니고 그리 크지 않은 호수에서 높은 파도가 일어난다는 것은 지정학적으로 볼 때 쉽지 않은 일이다. 그것도 파도 때문에 새벽 3-6시까지 배가 거의 전진하지 못했다는 것 역시 흔한 일이 아니다. 예수께서 제자들에게 보이실 어떤 일과 관련이 있어 보인다. 예수께서 보이실 일이란 바로 물 위를 걸으신 사건이었다. 이 사건을 통해 인간 세계에서는 있을 수 없는 물 위를 걷는 초자연 역사를 그의 제자들에게 보이셨다.

그러면 제자들에게 왜 물 위를 걸으시는 모습을 보이셨는가?

그냥 물 위를 걷고 싶어 걸으신 것이 아니다. 물 위에 있는 나를 보이시며 "나다"(ego-eimi)라고 말씀하시기 위함이었다. 이제 자신이 물 위에 계신 성령님(창 1:2)과 그리고 바다 위를 밟고 계신(욥 9:8) 하나님과 같다는 것을 제자들에게 보여 주실 때가 되어서이다. 물 위에 계신다는 것은 삼위 하나님의 공통사항이다. 즉, 제자들에게 자신이 하나님과 또 성령님과 같다는 것을 의도적으로 보이시기 위해 물 위를 걸어오셨다. 제자들은 유대인들로서 다음과 같은 성경 말씀을 기억하고 있다.

> 땅이 혼돈하고 공허하며 흑암이 깊음 위에 있고 하나님의 영은 수면 위에 운행하시니라(창 1:2).

이 말씀은 성령님께서 물 위에 계신 장면이다. 유대인들이라면 이 말씀을 모르는 사람이 없다. 사실 믿는 사람들이라면 유대인뿐만 아니라 오늘날 일반 성도님들도 잘 아는 성경 구절이다.

> 여호와의 소리가 물 위에 있도다 영광의 하나님이 우렛소리를 내시니 여호와는 많은 물 위에 계시도다(시 29:3).

이 말씀 역시 이스라엘사람들이 좋아하는 말씀이다. 시편 암송을 좋아하는 웬만한 유대인들이라면 잘 알고 있을 구절이다. 이 말씀이 중요한 것은 여호와 하나님께서 물 위에 계신 장면 때문이다.

> 그가 홀로 하늘을 펴시며 바다 물결을 밟으시며(욥 9:8).

이 말씀은 앞의 시편 말씀과 내용이 같다. 이 말씀을 알고 있을 제자들에게 예수께서 물 위를 걸으시는 모습을 보이신 것이다.
보라! 내가 지금 물 위에 있잖는가?
나는 여호와 하나님과 성령 하나님과 같은 아들의 하나님이다라는 것을 나타내신 사건이다. 이것 때문에 배를 타고 게네사렛 호수를 건너게 하셨고 풍랑이 일도록 하셨다. 제자들에게 배에 오르시며 "나다"라고 말씀하시고 보이시기 위해서다. 그러므로 나를 하나님으로 믿으라는 것이다. 이것을 노리면서 사도 요한은 이 표적을 기록하였다.

예수께서 물 위를 걸으시는 사건은 또 다른 영적인 의미가 있다. 성령님처럼 또 하나님처럼 내가 물 위에 있다.

그러므로 내가 같은 하나님이 아닌가?

이런 뜻만 있는 것이 아니라, 한 가지 중요한 의미가 더 있다. 물 위에 있다는 것은 물을 다스린다는 뜻이다. 성령님처럼 수면에 운행하신다(The Spirit of God was hovering over the waters). 물 위에 있다라는 뜻은 물을 관리하고 다스린다는 뜻이다. 물을 관리한다는 것은 물로서 온 우주 안에 살아가는 모든 생명체를 주관하고 있다. 모든 생명을 다스리고 있다는 뜻이다. 욥기 28:25-26에 보면 하나님께서 **"바람의 무게를 정하시고 물의 분량을 정하시며 비 내리는 법칙과 우레의 법칙을 만드셨음이라"**고 했다. 이 말씀은 모든 생명의 주권이 내게 있다라는 뜻이다. 물리적인 생명뿐만 아니라 영원한 생명을 공급하는 이가 바로 나다라는 것을 선포하고 있다.

참고로 유대인들의 회당이 없었던 빌립보에서 사도 바울은 안식일이 되자 강가로 나가서 예배드린 적이 있다. 이 사실을 기억해야 한다(행 16:13).[59]

예배 장소가 어떤 집이든지 아니면 사람들이 모이는 공공장소가 아니라 왜 강가인가?

하나님의 영이 물 위에 계신다라는 사상이 유대인들 마음속 깊이 박혀 있기 때문이다(창 1:2). 즉, 물로서 모든 생명을 다스리는 주권이 하나님께 있다는 신본주의 사상이 유대인들 마음속에 깊이 박혀 있다는 증거다.

예수께서 물 위를 걸으신 사건에 대해 몇몇 신학자들의 견해를 들어보자. 개트너(B. Gaertner)는 유대인들이 유월에 조상들이 홍해를 건넌 것과 광야에서 만나로 배부르게 된 사건이 함께 연결되어 언급되고 있으므로 무리를 먹이신 오병이어 기적과 물 위를 걸으신 사건은 홍해 바다를 무사히 건넌 이적과 광야에서 만나를 먹은 것과 연결 돼서 함께 전해지게 된

---

59 행 16:13 "안식일에 우리가 기도할 곳이 있을까 하여 문 밖 강가에 나가 거기 앉아서 모인 여자들에게 말하는데."를 참고.

것이라고 했다.

길딩(A. Guilding)은 두 개의 상징적 사건, 즉 무리를 먹인 이적과 바다를 잔잔케하고 물 위를 걸은 표적은 복음서 기자에게 있어서 마지막 성찬과 주님의 부활을 상징한다고 주장한다. 물 위를 걸은 이적은 좀 더 구체적으로 십자가와 부활로 말미암은 죽음과 사탄에 대한 승리를 나타내고 있다는 것이다.

키사르(R. Kysar)는 무리를 먹인 사건과 생명의 떡에 관한 설교 중간에 물 위를 걷는 사건이 위치 하고 있는 것에 주목하고 있다. 즉, 두 이적은 하나로 결합 된 형태인데 독자들로 하여금 이스라엘의 출애굽 사건을 기억하게 함이다. 모세가 홍해 바다를 무사히 건너는 것과 물 위를 걸은 사건과 연관시키고 만나 이야기를 생명의 떡 이야기(ego-eimi)를 연결하는 것은 독자적인 표적이라기보다 예수님의 정체를 밝히는 계시적 역할을 하고 있다고 했다.[60]

(6) 여섯 번째 표적: 날 때부터 맹인 된 사람을 고치신 사건(요 9:1-14)

예수께서는 이 땅에 내려오신 목적을 한시도 잊으신 적이 없다. 때를 보시며 이 땅에 오신 목적을 이루시기 위해 순차로 계속 애쓰셨다. 날 때부터 맹인 된 사람을 고치시는 이유도 하나님의 일을 나타내고자 함이었다(요 9:3).[61]

하나님의 일을 나타낸다는 뜻이 무엇인가?

하나님이 보내신 자를 믿게 하는 것이 하나님의 일이다. 예수께서 하나님의 일은 하나님께서 보내신 자를 믿는 것이다라고 하셨다.

---

60 김득중, 『요한의 신학』, 103-104.
61 요 9:3 "예수께서 대답하시되 이 사람이나 그 부모의 죄로 인한 것이 아니라 그에게서 하나님이 하시는 일을 나타내고자 하심이라."를 참고.

> 예수께서 대답하여 이르시되 하나님께서 보내신 이를 믿는 것이 하나님의 일이니라 하시니(요 6:29).

이 말씀에서 강조하는 뜻이 무엇인가?

믿는 것이다. 사도 요한은 그의 복음서에서 그의 독자들에게 예수 그리스도가 오실 그리스도(Messias)시며 하나님의 아들임을 증명하는 것에 최선을 다한다. 그가 이 복음서를 쓰는 목적이기 때문이다(요 30:31). 이 사건을 통해 저자가 나타내고자 하는 표적의 의미를 두 가지로 진술하고 있다.

무엇을 믿도록 하려고 하는가?

첫째, 그리스도는 세상의 빛이라는 것이다 (요 9:5).

이 말씀은 그의 복음서 서두에서 이미 밝힌 바가 있다(요 1:3). 세상의 빛이란 세상에 생명을 주는 것이다. 세상은 어둡기 때문에 죽고 썩는다. 죽고 썩는 곳에 빛이 비치면 새 생명이 움튼다. 그래서 빛이 필요하다. 그리스도가 빛으로 세상에 있음에도 불구하고 세상이 어두운 것은 세상이 그리스도가 빛이라는 사실을 몰라서 믿지 못하기 때문이다.

> 그가 세상에 계셨으며 세상은 그로 말미암아 지은 바 되었으되 세상이 그를 알지 못하였고(요 1:10).

이 말씀과 관련하여 바울은 다음과 같이 말하고 있다.

> 그중에 이 세상의 신이 믿지 아니하는 자들의 마음을 혼미하게 하여 그리스도의 영광의 복음의 광채가 비치지 못하게 함이니 그리스도는 하나님의 형상이니라(고후 4:4).

바울은 그리스도를 하나님의 형상이요, 영광의 광채라고 했다. 그런데 이 세상 신이 그 빛을 막고 있다라고 했다. 사람들은 이 세상 신이 저들의 눈을 가려서 빛을 보지 못하게 한다는 사실을 잘 모르고 있다. 사실 그리스도가 이 땅에 오신 목적이 이 세상 신을 깨트리는 것이었음을 하나님께서 창세기에서부터 밝히신 적이 있다(창 3:15).[62]

둘째, 빛을 보지 못하도록 눈을 가리는 사탄의 세력을 그리스도만이 걷어 낼 수 있다는 사실을 보이신 사건이다.

맹인이 어떻게 스스로 눈을 뜰 수 있다는 말인가?
누군가는 고쳐서 눈을 뜨게 해야만 볼 수 있다.
의사의 수술로 되는가?
아니다.
그러면 누가 고칠 수 있는가?

이 세상에서 인력으로 사탄을 좇아 낼 사람은 없다. 아무리 굿거리를 해서 되는 것이 아니다. 그리스도의 이름으로만 된다. 성경에서의 눈이란 영적인 눈을 말하기 때문이다. 육적인 눈이든 영적인 눈이든 눈을 뜨게 하시는 분은 예수 그리스도시다는 사실을 믿을 때 그때 그 눈이 뜨인다. 요한복음 9:39에 예수님께서 바리새인들에게 내가 심판하러 세상에 왔으니 보지 못하는 자들을 보게 하고 보는 자들은 맹인이 되게 한다라고 하였다. 말하자면 눈을 뜨게 또는 못 뜨게 하시는 분은 그리스도시다라는 것이다. 로마서 9:18에 하나님은 긍휼히 여기거나 또 마음을 강곽하게 하신다는 말씀을 참고할 때 이 사건을 넉넉히 이해할 수 있다.

그러면 이 사건에 영적인 의미가 있다면 무엇인가?

---

62 창 3:15 "내가 너로 여자와 원수가 되게 하고 네 후손도 여자의 후손과 원수가 되게 하리니 여자의 후손은 네 머리를 상하게 할 것이요 너는 그의 발꿈치를 상하게 할 것이니라 하시고."를 참고.

이 사건과 관련하여 그리스도께서 맹인의 눈을 뜨게 하실 때 주변에 바리새인들도 있었다. 이때 예수께서 땅에 침을 뱉어 진흙을 이겨 눈에 바르고 실로암 못에 가서 씻으라고 하셨다. 땅에 침을 뱉어 진흙에 이기는 것은 누가 보든지 더럽다고 생각할 수 있다. 그냥 하시던 대로 말씀으로 고치면 되지 왜 이상한 방법을 쓰시나라고 생각할 수 있다. 그러나 여기에는 영적, 상징적 의미가 담겨있다. 침으로 진흙을 만들어 눈에 붙이고 물로 씻으라 한 것은 사람들의 죄로 인해 저주받아 더러워진 땅에(창 3:17).[63] 예수님의 침을 섞어 물로 씻게 한 것은 그리스도와 더불어 땅의 죄를 해결하고 정화시킨다는 의미가 있다.

특히, 실로암 못에 가서 씻게 한 것은 보냄을 받았다는 뜻이 있다. 그리스도로 말미암아 인간의 죄를 해결하겠다는 암시를 주고 있는 사건이다. 또 물은 생명이고 그 위에 삼위 하나님이 계신다는 사실은 앞서 밝힌 바가 있다. 사도 요한은 이 사실을 밝히고 있으신 예수님의 뜻을 잘 알기 때문에 이 사건을 통해 하나님의 일로 믿게 하고 있다. 즉, 하나님의 보내신 자를 믿게 하는데 이 사건과 연결하고 있다.

그러면 이 사건을 어떻게 보는지 몇몇 신학자들의 견해를 다루어 보자. 기사르(R. Kysar)는 요한이 좋아 하는 문학적 구성으로서 육적 맹인을 고친 이야기는 상징에 지나지 않는다는 것을 서서히 이해하게 해 준다고 했다.

그러면서 고침을 받은 사람이 바리새인들이 어떻게 고침을 받게 되었는가?

이런 질문했을 때 처음에는 예수님을 어떤 사람이라고 했다가 그다음에는 선지자라고 하다가 세 번째, 하나님에게서 오신 분, 마지막에는 주님이라고 고백한 사실을 언급하면서 고침 받은 사람의 영적 눈이 열리는 과정

63　창 3:17 "아담에게 이르시되 네가 네 아내의 말을 듣고 내가 네게 먹지 말라 한 나무의 열매를 먹었은즉, 땅은 너로 말미암아 저주를 받고 너는 네 평생에 수고하여야 그 소산을 먹으리라."를 참고.

을 다루고 있다고 했다.[64]

　브라운(R.E. Brown)은 이 사건은 세례와 관련이 있다고 하였다. 왜냐하면, 물로 눈을 씻었기 때문에 눈이 물로서 세례를 받은 것으로 보고 있다. 그 이유로 물이 치유적 능력이 있다고 보기 때문이다. 요한은 7:38에 예수님이 생명을 주는 물의 근원임을 강조한 바가 있다는 것이고 날 때부터 맹인 된 사람의 육적인 죄와 영적인 죄와 대비시키고 있다고 했다. 말하자면, 인생은 죄 가운데 태어났다는 사상을 나타내고 있으며 보냄을 받은 자로부터 용서를 받게 된다는 사실을 밝히고 있다는 것이다. 즉, 맹인이 눈을 떴다는 것은 그가 믿음을 갖게 되었다는 뜻이다라고 했다.[65]

　다드(C. H. Dodd)는 브라운과 비슷한 생각이다. 물에 눈을 씻음으로 시력을 되찾은 것은 세례에 의해 빛을 되찾은 개종자를 뜻한다고 했다. 그러나 이 해석에 대해 반대의견을 제시한 학자도 있다. 쉬네켄버그(Schnackenburg)는 씻다라는 의미의 헬라어는 "니프테쉬(niptesthi)"(요 9:7,11,15)가 뒤에서 발을 씻는다는 의미로 사용되었기에 세례를 가진 용어가 아니다라고 했다. 그리고 고침을 받은 자가 회당으로부터 축출된 것은 세례를 받아서가 아니고 예수님을 메시아로 고백해서 쫓겨 난것이라고 주장했다. 이것은 요한복음 기자의 본래 의미로 보기는 약하다고 했다.

　쉬나켄버그는 요한복음 저자의 신학적 목적은 기독론적인 것이다라고 했다. 그리스도는 어둠 속에 사로잡혀있는 인류에게 빛을 주러 오신 세상의 빛이시다(요 1:9; 9:39). 또 믿지 않는 유대교의 태도와 방법을 노출시키고 그의 독자들이 기독교 신앙을 고백하는 것을 격려하고자 했다고 한다.[66]

64　김득중,『요한의 신학』(서울: 도서 출판 컨콜디아사, 1994), 104-106.
65　김득중,『요한의 신학』, 107-108.
66　김득중,『요한의 신학』, 108-109.

(7) 일곱 번째 표적: 나사로를 살리신 사건(요 11:1-14)

예수께서 그간 여러가지 표적을 행하시면서 하나님의 일을 해오셨다. 이번 사건처럼 죽었던 나사로를 다시 살리신 것도 마찬가지 하나님의 일이다. 하나님의 일이란 하나님께서 보내신 자를 믿게 하는 것이 하나님의 일이라고 예수께서 직접 말씀하셨다(요 6:29).[67] 그러면서 날 때부터 맹인 된 자의 눈을 뜨게 했다든지, 오병이어로 오천 명을 먹이셨다든지, 물 위를 걸으셨다든지, 물을 포도도 주로 만드셨다든지, 38년 된 병자를 고치셨다든지 등 초자연적인 표적을 행하셨다.

왜?

인간이시면서도 근본이 하나님이신 예수를 그리스도로 믿으라는 것이다(미 5:2).[68] 인간으로서는 도저히 할 수 없는 일을 하시는 것은 예수께서 인간인 동시에 하나님이라는 사실을 보여 준 것이다. 이것이 자기의 독자들에게 믿기를 바랐던 요한의 기록 목적이다. 그런데 무리들의 마음이 풀려서 믿는 자들도 있었지만, 마음이 더 완악해져서 신성 모독으로 예수님을 죽이려고 몰아붙이는 사람들도 있었다(롬 9:18).[69]

이제 일곱 번째 마지막 표적을 보여 주신 것은 죽은 자를 살리는 사건이다. 나사로를 살리신 사건은 공관복음에서는 없는 기록이고 요한복음에만 나타나는 부활 사건이다. 공관복음에서 야이로의 딸을 살리신 것, 나인성 과부의 아들을 살리신 것도 마찬가지 부활 사건이다. 그런데 예수께서 나사로를 부활시킨 것은 공관복음의 사건과는 좀 차이가 있다. 왜냐하면, 나사로가 죽었다는 연락을 받았지만 즉시 가신 것이 아니라 일부러 시간을 지체하여 이틀이나 지난 후 찾아갔다.

---

67   요 6:29 "예수께서 대답하여 이르시되 하나님께서 보내신 이를 믿는 것이 하나님의 일이니라 하시니."를 참고.
68   미 5:2 "베들레헴 에브라다야 너는 유다 족속 중에 작을지라도 이스라엘을 다스릴 자가 네게서 내게로 나올 것이라 그의 근본은 상고에, 영원에 있느니라."를 참고.
69   롬 9:18 "그런즉, 하나님께서 하고자 하시는 자를 긍휼히 여기시고 하고자 하시는 자를 완악하게 하시느니라."를 참고.

또 가시면서 나사로가 이미 죽은 줄 아시면서도 그가 잠들었으니 깨우러 가자라고 하셨다. 여기서 잠들었다는 말씀과 깨우러 가자라고 하신 말씀은 앞으로 인간들이 죽은 후 어떤 상태로 있을 것인가와 어떻게 부활하는지를 암시해 주신 말씀이다. 그러면서 요한은 요한복음 11장 나사로의 부활 사건을 다루면서 예수님의 두 가지 정체성, 즉 기독론을 다루고 있다. 먼저, 요한복음 8:12 말씀을 살펴보자.

> 예수께서 또 말씀하여 이르시되 나는 세상의 빛이니 나를 따르는 자는 어둠에 다니지 아니하고 생명의 빛을 얻으리라 (요 8:12).

이 말씀 "나는 세상의 빛이요 생명의 빛이다"(*ego-eimi*)라고 하는 이 말씀을 요한복음 11:9의 세상의 빛에 대입하고 있다. 나는 세상의 빛이다. 나를 보면 실족하지 않는다. 여기에서 실족(*proskopto*)은 충돌, 부딪힘, 넘어짐인데 충돌하여 죽는 것을 말한다.

> 예수께서 대답하시되 낮이 열두 시간이 아니냐 사람이 낮에 다니면 이 세상의 빛을 보므로 실족하지 아니하고 (요 11:9).

첫째, 이 말씀에 빛은 생명일뿐더러 그 빛으로 죽지 않는다고했다. 이 말씀은 요한복음 11:6 말씀과 똑 같다. "무릇 살아서 나를 믿는 자는 영원히 죽지 않는다"라고 하신다. 그러면서 이 빛 되신 예수께서 이미 죽은 나사로를 깨우러 간다고 하셨다.

> 이 말씀을 하신 후에 또 이르시되 우리 친구 나사로가 잠들었도다 그러나 내가 깨우러 가노라 (요 11:11).

이 빛을 생명에 반영시킨 말씀이다. 빛이 어두움을 물러가게 하듯이 죽은 나사로의 부활과 빛과 연관시키고 있다. 나사로뿐만 아니라 누구든지 그리스도께서 주시는 생명의 빛을 받아야 구원과 부활을 이룰 수 있다는 사실을 보여 준 사건이다. 말하자면 그리스도는 생명의 공급자라는 기독론적 사실을 나타낸 것이다.

둘째, 이 빛은 같은 뱃속에서 나왔지만, 야곱처럼 택함을 받지 못한 에서 계열의 후손들의 구원, 즉 이방인들의 구원을 다룬 욥기 33:30과도 연결된다.

> 그들의 영혼을 구덩이에서 이끌어 생명의 빛을 그들에게 비추려 하심이니라 (욥 33:30).

또 남유다인들의 택함받음과 달리 버림받은 북이스라엘의 변두리 이방 갈릴리지역 사람들의 구원을 다룬 이사야의 예언과도 연결된다.

> 흑암에 행하던 백성이 큰 빛을 보고 사망의 그늘진 땅에 거주하던 자에게 빛이 비치도다 (사 9:2).

이처럼 그리스도의 빛은 이방인들에게도 구원의 소망을 주고 부활의 소망도 주신다. 그리스도의 빛이 비추어지면 누가 되었든지 구원이 되고 부활로 연결된다 (요 6:54).[70] 부활은 영의 몸으로 부활하는 것이기에 하나님의 영광에 참여하는 것이다 (요 11:40).[71]

---

70 요 6:54 "내 살을 먹고 내 피를 마시는 자는 영생을 가졌고 마지막 날에 내가 그를 다시 살리리니."를 참고.
71 요 11:40 "예수께서 이르시되 내 말이 네가 믿으면 하나님의 영광을 보리라 하지 아니하였느냐 하시니."를 참고.

그러나 나사로의 부활은 그리스도의 부활과 또 앞으로 믿는 성도들이 들어갈 영원한 새 하늘과 새 땅에서 필요한 부활과는 차이가 있는 것으로 보고 있다. 나사로는 육으로 부활했을 뿐이다.

그러면 예수께서 왜 나사로를 육으로 부활시켰는가?

> 항상 내 말을 들으시는 줄을 내가 알았나이다 그러나 이 말씀 하옵는 것은 둘러선 무리를 위함이니 곧 아버지께서 나를 보내신 것을 그들로 믿게 하려 함이니이다 (요11:42).

이 말씀처럼 무리들이 부활을 보고 믿도록 하기 위해서였다.

나사로를 영의 몸으로 부활시킬 능력이 없어서가 아니라 육으로 부활시켜야 저들이 육의 눈으로 보고 또 보여야 부활을 믿을 것이 아닌가?

말하자면 부활을 믿도록 상징적으로 보여 준 사건이다. 부활에 대해서는 사도 바울이 말하는 영의 몸으로의 부활도 있다(고전 15:44).[72] 그러므로 여기에서 다 다룰 수는 없다. 그러나 나사로의 육의 부활은 요한계시록 말미의 천년왕국이 시작되는 첫 번째 부활할 사람들과 연결하고 있다고 필자는 보고 있다(계 20:5-6).[73]

셋째, 나사로를 살리기 전 예수께서 마르다에게 "나는 부활이요 생명이다." 에고 에이미(*ego-eimi*)라고 하신 말씀이다(요 11:25).

왜 예수께서 마르다에게 내가 부활이요 생명인 것을 믿으면 죽어도 살고 살아서 믿으면 영원히 죽지 않는다고 말씀하셨을까?

---

72 고전 15:44 "육의 몸으로 심고 신령한 몸으로 다시 살아나나니 육의 몸이 있은즉, 또 영의 몸도 있느니라."를 참고.
73 계 20:5-6 "(그 나머지 죽은 자들은 그 천 년이 차기까지 살지 못하더라) 이는 첫째 부활이라 이 첫째 부활에 참여하는 자들은 복이 있고 거룩하도다 둘째 사망이 그들을 다스리는 권세가 없고 도리어 그들이 하나님과 그리스도의 제사장이 되어 천 년 동안 그리스도와 더불어 왕 노릇 하리라."를 참고.

이것은 믿음의 능력을 말씀하신 것이다. 이것을 네가 믿느냐라고 했을 때 마르다가 대답하기를 주는 그리스도시요, 세상에 오실 하나님의 아들 이십니다라는 신앙고백을 하였다.

마치 베드로의 신앙고백과도 같다.

여기서 죽어도 산다는 말씀이 무슨 뜻인가?

믿음은 곧 부활이요 생명이므로 죽을 수 없고 죽는다면 영원한 불의 심판을 말하는 것이다. 부활의 믿음은 영생이고 영생은 영원한 하나님 나라에서 하나님의 영광을 보며 사는 것이다.

2. 요한서신의 기독론

요한복음에서의 기독론은 예수 그리스도 그는 누구신가, 즉 그리스도의 정체성을 정확히 밝히는 것이다. 요한의 독자들이 유대인들일 수도 있고 헬라에 흩어져 사는 디아스포라 유대인들일 수도 있다. 또는 헬라 지역의 이방인일 수도 있다. 더 나아가 오늘날 전 인류를 대상으로 예수 그리스도를 모르는 사람들에게 그리스도의 정체를 밝혔다고 본다.

그렇다면 요한서신에 기독론은 어떤가?

요한서신에서는 독자들이나 성도들이 이미 그리스도의 정체를 알고 있었다. 그러므로 요한서신은 이단적이고 분파적인 기독론을 퍼트리는 사람들, 즉 그리스도를 자기들 편리한 대로 해석하고 왜곡하여 전파하는 거짓 이단들에 대항하여 쓰인 책이다. 요한서신을 쓸 때는 영지주의자들도 많은 활동을 하고 있었던 시기였다. 이단의 활동도 그렇지만 그리스도를 잘 알지 못하고 믿는 신자들은 예나 지금이나 항상 있다. 이단들은 마치 떡보다 떡의 부스러기를 노리듯이 기독교에서 떨어져나오도록 부추기는 사람들이라고 보면 좋겠다.

요한서신에서 이단의 근거가 되는 말씀을 보면 다음과 같다.

> 내가 너희에게 쓰는 것은 너희가 진리를 알지 못하기 때문이 아니라 알기 때문이요 또 모든 거짓은 진리에서 나지 않기 때문이라. 거짓말하는 자가 누구냐 예수께서 그리스도이심을 부인하는 자가 아니냐 아버지와 아들을 부인하는 그가 적그리스도니(요일 2:21-22).

이 말씀에 의하면 성도들 서로가 아는 진리. 즉 예수 그리스도를 이미 잘 알고 있었다는 사실이 나타난다. 즉, 그리스도를 오해하거나 왜곡하는 거짓말에 속아 그리스도를 부인하고 떠난 분파주의자들에 대해서 말하는 것이 아니다. 오히려 남아있는 자들을 떠나가지 않도록 보호하기 위한 것이다. 떠나지 아니한 성도들에 대해 그리스도를 다시 심어주어 확신을 주고 흔들림 없도록 격려하고 있다.

그리고 요한이서에서도 미혹하는 자 또는 적그리스도를 말하고 있다(요이 1:7).[74] 그러면서 요한은 저들과 인사조차 하지 말라고 했다. 요한삼서에서는 디오드레베라고 하는 자를 지적하고 있으나 그가 이단이라고 하는 증거는 확실하지 않다. 요한이 이렇게 이단에 대해 주의를 주고 있다. 그러나 저들과 멀리하지 않으면 마치 이슬비에 옷 젖듯 넘어가기 쉽다(요이 1:10).[75]

기독론은 요한복음에서나 요한서신에 크게 다르지 않다. 왜냐하면, 그리스도는 한 분이신 하나님의 아들이기 때문이다. 그렇지만 수신자들의 형편과 처지에 따라 약간 달리 표현되기도 한다. 요한서신에서 그리스도의 메시아 되심과 하나님의 아들 되심은 여전히 변함이 없다. 그러면 요한

---

74 요이 1:7 "미혹하는 자가 세상에 많이 나왔나니 이는 예수 그리스도께서 육체로 오심을 부인하는 자라 이런 자가 미혹하는 자요 적그리스도니."를 참고.
75 요이 1:10 "누구든지 이 교훈을 가지지 않고 너희에게 나아가거든 그를 집에 들이지도 말고 인사도 하지 말라."를 참고.

서신에서의 기독론을 살펴보자. 다음과 같이 다섯 가지로 나타낸 것이 요한서신에서 기독론이 되는 셈이다.

1) 생명의 말씀으로 나타나신 그리스도(요일 1:1)

요한일서의 시작은 태초부터 있는 생명의 말씀에 관하여로 시작한다. 태초란 말은 요한복음의 기독론에서 이미 다루었기에 생략하기로 한다. 단지 사용된 언어나 논지의 방식으로 볼 때 요한서신의 저자는 요한복음 저자와 같다라는 생각이 들기에 충분하다. 다만 요한서신 서두에서 태초부터 있는 말씀과 생명이라는 언어의 이중적 표현만 요한복음과 다를 뿐이다. 그렇더라도 그리스도는 말씀이신 하나님과 동등하시며 빛을 비추어 생명을 주시는 생명의 공급자로서의 기독론을 말하고 있다. 그러므로 그리스도를 생명과 말씀이라는 이중적인 뜻으로 사용된 것은 전혀 이상할 것이 없다.

그러면 왜 이중적인 기독론을 말하고 있는가?

한 생명이 구원되는 과정을 살펴보면 이해가 쉽다. 먼저 말씀이 살아서 독자의 마음에 잘 박힌 못처럼 심어지면 그 말씀 한마디로 회개가 일어나고 죄인임을 고백하게 된다. 고백 후 그리스도를 구주로 영접하여 새 생명을 얻게 된다. 새 생명이란 캄캄한 어둠 속에서 헤매는 것 같은 인간의 마음속에 복음의 밝은 빛이 비추어져 하나님의 형상이 새겨지는 것이다. 그 결과로 지식에까지 새롭게 된다(골 3:10).[76] 즉, 말씀으로 인해 새로운 생명이 탄생 되는 것이다. 그러기에 그리스도는 말씀이요 생명이시다라고 요한은 진술하고 있다.

사도 요한은 성도들이 말씀이요 생명이신 그리스도를 만나고 체험한 바를 알고 있다. 그래서 독자들에게 이단적인 기독론이 어떤 문제가 있는지

---

[76] 골 3:10 "새 사람을 입었으니 이는 자기를 창조하신 이의 형상을 따라 지식에까지 새롭게 하심을 입은 자니라."를 참고.

지적하고 있다.

가령, 그리스도는 하나님의 아들이 아니라고 하는 자들, 예수는 우리가 잘 알던바 전적으로 인간이었는데 어떻게 인간이 하나님이 될 수 있는가 하는 자들, 이런 이단자들의 그리스도 부인에 대해 현혹에 빠지지 말 것을 당부한다. 처음 그리스도께서 이 땅에 가지고 온 생명은 빛이고 말씀이고 영원한 것이다. 그리스도는 영원 전부터 하나님과 함께 계셨다(요일 1:2)[77] 라고 하며 독자들을 일깨우고 있다.

특히, 제자 중 사도 요한은 나이가 제일 어렸던 막내 제자였다. 그래서 예수님의 사랑을 더 많이 받은 측면이 있다. 그리고 그리스도와 3년씩이나 함께 동거동락하며 배웠다.

그런 이유로 그리스도에게서 들은바, 눈으로 본바, 만진 바라고 하는 말이 얼마나 실감이 나고 실제적인가?

그렇더라도 역사적인 예수만을 지칭하는 말은 아니다. 그리스도가 살아계신 하나님의 아들임을 포괄적으로 나타내는 진술이다. 그만큼 생명이요, 말씀이신 그리스도라고 해도 결코 과장되었다거나 틀리지 않는다.

2) 대언자 되신 그리스도(요일 2:1)

대언자라는 이미지는 요한복음에서 보혜사 성령님이시다. 그리고 미래적이다. 분명히 예수께서 세례받으실 때 성령님께서 임하여 그리스도와 함께 계셨고 현재도 역사하고 계셨다. 그런데도 예수께서 내가 보내실 성령이라고 하신다.

이렇게 미래적으로 말씀하신 이유는 무엇인가?

---

[77] 요일 1:2 "이 생명이 나타내신 바 된지라 이 영원한 생명을 우리가 보았고 증언하여 너희에게 전하노니 이는 아버지와 함께 계시다가 우리에게 나타내신 바 된 이시니라." 를 참고.

> 보혜사 곧 아버지께서 내 이름으로 보내실 성령 그가 너희에게 모든 것을 가르치고 내가 너희에게 말한 모든 것을 생각나게 하리라(요 14:26).

사실 성령께서 예수님 안에 계셨다. 그리스도와 더불어 역사하셨다.

빌립이 아버지를 내게 보여 주시면 좋겠나이다고 예수께 요구했을 때 내가 아버지 안에 아버지는 내 안에 계신 것을 믿지 못하느냐라고 대답하셨다(요 14:10).[78] 이처럼 성령도 내 안에 나는 성령 안에 계신다고 말하는 것과 마찬가지다. 사실 영은 근본이 하나며 사람 같은 물질이 아니기에 하나, 둘 이렇게 나누어지지 않는다. 그래서 사도 요한은 그리스도나 성령님을 같은 개념으로 말하고 있다. 하지만 현재 그리스도께서는 육신으로 계시기 때문에 마치 다른 것처럼 표현할 뿐이다. 그래서 성령을 미래적으로 보낸다고 말할 수밖에 없었다.

이렇듯 사도 요한은 천국을 경험한 적이 있어서 그런지 마치 영의 세계를 잘 아는 것처럼 그리스도를 대언자(parakletos) 되신 성령으로 말씀하고 있다(요일 2:1).[79] 사실 인간의 지식으로 영이신 하나님을 말할 때 이해하기 어려운 신비한 측면이 있어서 표현이 어려울 수밖에 없다. 또 표현된 언어가 그리스도를 제대로 나타내는지에 대해서도 한계가 있다. 이해하기가 어렵더라도 사도 요한이 말하는 그리스도는 보혜사(parakletos) 시고 대언자시며 성령님은 진리의 영이다라고 하는 말씀을 그대로 받아들일 수밖에 없다.

에스겔 37장에서 하나님은 에스겔에게 마른 뼈를 향하여 대언(naba)하라고 하셨다. 에스겔은 그 명령을 따라 하나님을 대신하여 명령하였다. 에스겔은 선지자요 그리스도가 아니다. 스스로 말한 명령이 아니고 여호와

---

[78] 요 14:10 "내가 아버지 안에 거하고 아버지는 내 안에 계신 것을 네가 믿지 아니하느냐 내가 너희에게 이르는 말은 스스로 하는 것이 아니라 아버지께서 내 안에 계셔서 그의 일을 하시는 것이라."를 참고.

[79] 요일 2:1 "나의 자녀들아 내가 이것을 너희에게 씀은 너희로 죄를 범하지 않게 하려 함이라 만일 누가 죄를 범하여도 아버지 앞에서 우리에게 대언자가 있으니 곧 의로우신 예수 그리스도시라."를 참고.

로부터 받아 대언한 것이다. 같은 대언이라도 어딘가로부터 받아 대언하는 것과 그리스도처럼 스스로 직접 성도를 위하여 변호 또는 대언하는 것은 다르다. 대언이란 나를 대신하여 누군가가 변호해 주는 것이다. 그래서 대언자를 변호사. 돕는자, 조종자, 중보자, 또는 보혜사라고 한다.

보혜사와 관련하여 예수께서 하신 말씀을 한번 보자.

> 내가 아버지께 구하겠으니 그가 또 다른 보혜사를 너희에게 주사 영원토록 너희와 함께 있게 하리니 (요 14:16).

여기서 다른 보혜사란 미래 어느 시점에 보내실 성령님을 뜻하는 것으로 보인다. 그런데 문맥상 다른 보혜사라고 말할 때는 자신도 이미 대언자 보혜사다라는 뜻이 전제되어있다. 그렇다면 그리스도는 대언자 보혜사이고 성령님 또한 또 다른 보혜사요 대언자가 되는 것이다. 그리스도는 성령을 진리의 영이라고 했다. 진리는 그리스도를 뜻한다고 이해하고 있다(요 14:17). 이렇게 그리스도도 성령도 하나님 안에서 같은 영으로 나타내고 있는 말씀이라고 여겨진다.

다만 그리스도께서 승천하신 후 임하신 성령님과 관련하여 한 가지 집고 넘어가야 할 것이 있다. 그리스도께서 세례받으실 때 "임하신 성령님과 예수 승천 후 제자들에게 임하신 성령님은 한 성령님이신가?"라고 할 때 한 성령님이시다. 세례 때 임하신 성령님은 예수님께서 육신으로 오셨기에 그의 사명을 돕도록 임하신 성령이셨다. 그리스도 승천 이후에 임하신 성령님은 그리스도의 공백을 메우고 이 세상에서 영원히 함께하시며 인간들의 구원을 도우실 임마누엘의 하나님으로 임하셨다. 그리스도의 약속대로 그리스도께서 보내신 성령님은 보혜사시고 대언자며 진리의 영이시다.

그러면 요한서신에 대언자라는 성령님 이미지를 왜 그리스도라고 말하고 있는가?(요일 2:1).[80]

그것은 함께 돕는 영이시요, 보혜사요 같은 영이기 때문이다. 요한은 예수께서 세례받고 올라오실 때 그리스도 위에 불로 임하였던 성령님을 본 적이 있다. 그리고 자기 머리 위에도 불로 임한 성령님을 경험했던 사람이다. 그리고 요한서신을 쓸 때도 여전히 성령님은 요한과 함께하셨다. 요한뿐만 아니라 오늘날 예수 그리스도를 믿는 사람은 누구든지 성령이 임하여 계시지 않은 사람이 없다. 다만 영이시기에 보이지 않을 뿐이다. 그리스도를 구주로 모신 사람은 성령을 선물로 받아서 우리 속에 임하여 계신다(행 2:38).[81]

그렇다면 하나님은 어디 계시는가?

어디든지 계시며 우리를 성전 삼고 계신다. 성경에 하나님을 여러 가지 형태의 영으로 언급되었다 해도 표현을 달리했을 뿐 피조 된 영외에 영의 본질은 하나다. 하나님은 사람처럼 육신이 없으시기에 한 사람 두 사람 이렇게 말할 수가 없다. 한 분 하나님, 이렇게 말하면 된다. 삼위 하나님은 한 분 하나님이시다. 다만 한 분 하나님이시라도 역할이 다르게 나타나기에 표현만 달리했을 뿐이다.

이 문제에 대해 존스톤(Johnston)과 페테리(De la Petterie)는 비슷한 견해를 보인다. 요한은 성령을 보혜사와 동일시함으로써 하나님의 구원사의 두 단계를 구분하려 했다고 주장한다. 그리스도의 활동이 끝나고 이어서 성령의 활동이 시작되므로 후자가 전자에 종속되는 셈이라고 했다. 이 경우 예수님은 첫 번째 보혜사이며 성령은 두 번째 보혜사라고 하였다. 그리고 또 하나는 예수께서 떠나가셨다가 보혜사의 다른 형태로 다시 제자들에게

---

80 요일 2:1 "나의 자녀들아 내가 이것을 너희에게 씀은 너희로 죄를 범하지 않게 하려 함이라 만일 누가 죄를 범하여도 아버지 앞에서 우리에게 대언자가 있으니 곧 의로우신 예수 그리스도시라."를 참고.

81 행 2:38 "베드로가 이르되 너희가 회개하여 각각 예수 그리스도의 이름으로 세례를 받고 죄 사함을 받으라 그리하면 성령의 선물을 받으리니."를 참고.

나타나 그들 가운데 내재하는 것이라고 했다. 결국, 예수님과 보혜사는 같은 셈이며 보혜사는 예수님의 제2 자아로 이해된다고 하였다.[82]

브라운(Raynold E. Brown)은 인격화 된 지혜가 보혜사 개념의 배경을 이루고 있다고 하였다. 지혜가 선택된 하나님의 백성들에게 내재하시며 은사를 제공해 주신다며 보혜사의 두 가지 역할에 대해 말하고 있다. 하나는 제자들에 대한 역할이고 다른 하나는 세상에 대한 역할이라고 했다. 제자들에 대한 역할은 믿는 제자들 가운데 거하며 모든 것을 생각나게 하고 가르치신다는 것이다(요 14:26). 그리고 성도를 모든 진리의 길로 인도한다는 것이다(요 16:13). 세상에 대한 역할은 불신자들에 관한 것으로 사람들이 보혜사를 알지도 못하고 인식하지도 못한다라고 하면서 그들의 죄와 의와 심판에 대해 세상이 잘못되었음을 증명할 것이라고 했다(요 16:8-11).[83] 필자도 위의 신학자들과 같은 견해를 가지고 있다.

3) 화목 제물이신 그리스도(요일 2:2)

이스라엘에서의 제사는 어떤 제사가 되었든지 죄 사함 때문에 드려진다는 것은 이미 잘 알려진 사실이다. 특히 5대 제사 중 화목제는 하나님과 화목하고자 할 때 또는 하나님과 친밀한 교제를 원할 때 화목 제물을 드린다. 이때의 제물은 어린양으로 드려진다. 어린양 되신 그리스도는 제6장 5)에서 다루었기 때문에 생략하기로 한다.

하지만 제사는 피가 핵심이다. 그 양의 피를 제단에 뿌릴 때 하나님의 진노가 풀리며 죄가 사해진다. 이렇게 하나님과 사람 사이의 화목을 위해 그리스도께서 십자가에 피 흘리시며 희생된 것같이 어린양의 이미지는 항상 죄를 대신한 그 값이 된다.

---

82 김득중, 『요한의 신학』, 298-300.
83 김득중, 『요한의 신학』, 304-306.

사도 요한은 죄를 위한 화목 제물이 요한 교회의 성도들뿐만 아니라 온 세상의 죄를 위한 화목 제물인 것을 확대해 말씀하고 있다(요일 2:2; 4:4).

> 그는 우리 죄를 위한 화목 제물이니 우리만 위할 뿐 아니요, 온 세상의 죄를 위하심이라(요일 2:2).

또한, 하나님은 십자가의 피로 하늘의 것들이나 땅의 것들이 자기와 화목하게 되기를 기뻐하셨다고 했다. 바울은 다음과 같이 말하였다.

> 그의 십자가의 피로 화평을 이루사 만물 곧 땅에 있는 것들이나 하늘에 있는 것들이 그로 말미암아 자기와 화목하게 되기를 기뻐하심이라(골 1:20).

그러나 그리스도를 왜곡하는 이단자들이 어떤 거짓 교훈으로 적그리스도가 되었는지 그 성격을 규정하기는 어렵다. 안드레아스 J. 쾨스텐버거는(Andreas J. Kostenberger) 요한일서에서 거짓 교훈의 성격을 확신 있게 지적하기란 불가능하다고 했다. 그리피스(Griffith)도 분리주의자들의 교리에 대한 가장 명백한 증거는 예수가 메시아임을 부인하는 것이라는 정도로만 언급하고 있다.[84]

필자는 적그리스도에 대한 요한의 이단 규정은 그가 언급한 그대로 예수의 그리스도이심을 부인하고 아버지와 아들을 부인하는 거짓 집단으로 보는 것이 합당하다고 본다(요일 2:22).[85] 왜냐하면, 저들이 그리스도를 이미 알고 있었다는 것과, 죄를 지어 사탄에 빠졌다는 것과(요일 3:8), 서로 사랑하지 아니하였다는 것과(요일 3:10), 또 재물을 가지고 있으면서 형제를 돕지 아니하였다는 사실로 볼 때(요일 3:17) 그렇다. 거짓 교훈으로 인해

---

[84] 안드레아스 J. 쾨스텐버거, 『요한 신학』, 105-107.
[85] 요일 2:22 "거짓말하는 자가 누구냐 예수께서 그리스도이심을 부인하는 자가 아니냐 아버지와 아들을 부인하는 그가 적그리스도니."를 참고.

저들의 믿음이 변질되었다고 보인다. 믿음이 변질된 결과 사랑도 식고 마음마저 냉랭해졌다라고 이해된다. 마음이 차가워지면 사랑은 온데간데없어지고 자기들의 이익을 챙기기에 급급한 천박한 집단으로 전락하는 것은 어제 오늘의 일이 아니다. 특히 오늘날의 이단들도 마찬가지다. 성도들에 대한 헌금 강요와 드려진 헌금을 갈취하는 것으로 소문이 나 있다. 이런 이단들의 행태는 요한 시대나 오늘날의 시대나 다 똑같다.

4) 인성을 가지신 그리스도(요일 4:2)

하나님께서 영이시고 그의 아들도 영이라는 사실은 성도라면 모르지 않는다.

영이신 그리스도께서 어떻게 육신이 되어 이 땅에 오셨는가 할 때에(요 1:14),[86] 성령으로 잉태된 것부터 신비에 속한 일이라 설명이 되지 않는다. 단지 나타난 현상을 보고 아는 것이고 믿는 것이다. 그러한 측면서 그리스도를 바라볼 때 그분의 어린 시절은 보통 사람처럼 인성만 보이셨다. 사실 인간들과 똑같은 보통 사람이셨다.

그러나 세례받으시고, 성령님이 임하시고, 그의 공생애 기간 기적을 행하심으로 보통 사람에게 있을 수 없는 신성을 지니신 하나님의 아들로서 등장하신 것이다. 우리는 그의 신성을 이적으로 증거하시는 역사를 볼 뿐이다. 그리고 그 사실을 보면서 믿고 못 믿는 것은 각자의 소관에 속한다. 제자로서 이런 사실을 옆에서 보았고, 알았고, 믿었던, 사도 요한은 그리스도의 신성보다 인성을 진술하고 있다. 그리고 예수 그리스도의 인성을 기준으로 기독교와 이단을 구별한다.

그러면 왜 그렇게 하는가?

---

86   요 1:14 "말씀이 육신이 되어 우리 가운데 거하시매 우리가 그의 영광을 보니 아버지의 독생자의 영광이요 은혜와 진리가 충만하더라."를 참고.

그것은 그 당시 영지주의자들 때문이었다. 사실 영지주의자들도 예수 그리스도를 믿는 그룹들이었다. 단지 저들이 그리스도를 이해하는 부분이 달랐을 뿐이다. 특히, 영지주의자 게린투스라는 알렉산드리아의 사람은 예수께서 세례받으실 때 그리스도가 비둘기 모양으로 강림하셨다가 마지막에는 그리스도가 예수를 떠나갔다고 주장한다. 그리스도는 영적인 존재였기에 고난으로부터 자유로웠다고 주장한다.[87]

바꿔서 말하면 처음부터 그리스도께서 신성과 인성이 있으셨는데 나중에는 신성이 떠나가서 인성만 남은 그리스도였다는 것이다. 왜냐하면, 신성이 있으신 분이 어떻게 죽을 수가 있는가 그럴 수 없다는 것이다. 말하자면 요한이 말한 인간이면서 하나님이신 그리스도 예수를 부인한 것이다. 영지주의자들의 이와 같은 주장은 그리스도를 순수 인간으로 보지 않았다.

하나님의 아들이 어찌 인간이 될 수 있다는 말인가라는 것이 저들의 주장인 셈이다. 얼핏 듣기로는 그럴듯하고 그리스도를 높여주는 듯하여 오해할 수 있다. 그러나 저들의 주장대로 그리스도가 신성만 있고 인성이 없는 그리스도라면 십자가에서 피를 흘릴 수가 없다. 피는 인성이 있어야만 흘릴 수 있다.

인성을 가지신 그리스도의 피여야 구원에 능력이 있게 된다(히 9:22).[88] 그리고 또 인성만 있고 신성이 없는 보통 인간이라면 스스로의 부활은 불가능하다. 부활은 신적인 능력이 있어야 하기 때문이다. 그리고 이레니우스의 주장을 덧붙이자면 이단들이 새로운 신학을 만들어 죄의 중대함을 무력화시키고 육신은 죄를 범했다고 해도 영혼은 깨끗하니 죄와 상관없다는 식의 이원론을 내세웠다고 한다. 그리고 새로운 도덕을 과시하고 자기들이 불의한 행동을 하면서도 하나님과 교제하고 있다라고 주장했다고 한다.[89]

---

87 변종길, 『요한일이삼서의 설교』, 30-31.
88 히 9:22 "율법을 따라 거의 모든 물건이 피로써 정결하게 되나니 피흘림이 없은즉, 사함이 없느니라."를 참고.
89 안드레아스 J. 쾨스텐버거, 『요한 신학』, 107-108.

그러나 필자가 보기에 그리스도가 인성을 가지고 이 세상에 오신 것은 구약성경에 이미 예언되어 있었다는 사실과 관련하여 생각해야 한다고 본다. 창세기 3:15에도 하나님께서 여자의 후손과 사탄의 후손을 언급하신 적이 있다. 여자의 후손이란 남자 없이, 즉 죄 없이 오실 그리스도를 뜻한다. 또 이사야 선지자는 이사야 7:14에서 분명 보라 처녀가 잉태하여 아들을 낳을 것이라고도 했다. 이렇게 낳은 아들에 대해 사도 요한은 요한복음 1:14에 말씀이 육신이 되매라고 했다.

여기서 말씀은 의인화된 언어로하나님을 일 컷기도 하고 그리스도를 일컷기도 한다. 그러니까 신성과 인성이 합해진 것을 말하는 것이다. 즉, 구약의 예언이 성취되었음을 선포한 것이다.

이렇게 그리스도께서 인간의 육신을 입고 오셔야 할 분명한 이유는 유월절의 어린양이 되셔서 십자가에 매달려 피를 흘리셔야 했기 때문이다. 그 피가 생명의 표적이 되어 이스라엘을 사망에서 구원하였듯이(출 12:13) 그 피가 죄 때문에 어둠과 사망에 빠져 있는 온 인류를 구원하는 생명의 표적이 되어야 하기 때문이다(요일 2:2).[90]

저 이단들의 주장대로 예수께서 인성이 없으신 신성만 있는 분이라면 어찌 인성으로부터 나오는 피를 흘릴 수 있다는 말인가?

그리고 피 없이 어찌 인간들의 죄를 속량할 수 있다는 말인가?

그리되면 구원론에서 큰 오류가 발생하게 된다. 그러기에 요한은 이단들을 골라내는 방법 중 하나로 예수 그리스도의 인성을 시인하는가 부인하는가로서 기독교와 이단을 구별하도록 하도록 하였다. 놀라운 지혜라고 본다.

---

90   요일 2:2 "그는 우리 죄를 위한 화목 제물이니 우리만 위할 뿐 아니요 온 세상의 죄를 위하심이라."를 참고.

5) 물과 피로 임하신 그리스도(요일 5:6)

요한일서에서의 기독론은 요한일서 5:6이 중요한 구절이다.

> 이는 물과 피로 임하신 이시니 곧 예수 그리스도시라 물로만 아니요 물과 피로 임하셨고 증언하는 이는 성령이시니 성령은 진리니라(요일 5:6).

사도 요한은 예수 그리스도의 십자가 죽으심에 대해 물과 피를 언급함으로써 인류의 죄 사함을 위하여 이 땅에 오신 것이 사실이었음을 진술하고 있다. 물과 피를 쏟으셨다는 것은 인간으로서 죽으셨다는 사실을 증명하는 것이다. 사도 요한은 제자로서 십자가 옆에서 예수 그리스도의 죽으심을 직접 목격하였다. 한 군인이 옆구리를 찌르자 물과 피가 쏟아져 내렸던 것을 보고 기록한 것이다. 그러므로 그리스도께서 인간으로 죽으신 것은 확실하다(요 19:34).[91]

다른 복음서에는 없는 물과 피 이야기를 사도 요한이 추가한 것은 영지주의자들 때문이었다. 영지주의자들은 그리스도의 가현설(docetism)을 주장하고 있었던 터였다. 저들의 주장대로 가현설이 맞는다면 육신이 아니기에 죽어도 물과 피가 나오지 말아야 한다. 가현설이란 그리스도가 인간처럼 보이나 참 인간의 육신이 아니고 천상의 존재로 보는 것이다. 그러니 죽어도 물과 피가 나오면 오히려 이상하게 되는 것이다. 또 죽는 존재도 못 된다.

만약 저들의 말이 사실이라면 그리스도께서 어찌 인간의 죄를 대속할 수 있다는 말인가?

실제로 초대 교회 때 교부 중 한 사람이었던 바실리데스(Basilides, A.D. 117-138, 활동 기간)는 베드로나 마태의 제자였다는 설도 있다. 그는 예수님께서 신적인 존재였기 때문에 사람들에 의해 십자가에서 죽음을 당할 수

---

[91] 요 19:34 "그 중 한 군인이 창으로 옆구리를 찌르니 곧 피와 물이 나오더라."를 참고.

없다고 했다. 실제로 십자가에 못 박힌 사람은 구레네 사람 시몬이었다고 주장했다.[92]

이 주장으로 인하여 나중에 교회로부터 이단자로 정죄 되었다. 이런 사례에서 보듯이 사도 요한은 그 시대 이러저러한 영지주의자들의 주장을 반박하기 위하여 증언하는 이는 자기가 아니라 진리의 성령이라고 못 박고 있다.

사도 요한은 이렇게 죄 사함은 물과 피로 임하신 예수 그리스도의 죽으심으로부터 해결된다는 사실을 선포함으로써 그의 독자들에게 잘못된 기독론을 일깨우고 있다. 그 당시 영지주의자들이 주장하는 가현설을 반박하기 위한 측면이 강하다. 인간의 죄 문제는 이스라엘만의 문제도 아니다. 온 인류가 해결 받아야 할 가장 큰 문제이다. 이 문제처럼 중요한 일은 인간사에 없다. 그러므로 영생은 그냥 얻어지는 것이 아니다. 죄의 값은 사망이듯이 반드시 죽음으로 대가가 지급되어야 한다.

그런데 그 해결 방법이 인간 세계에 없다는 것이 문제가 아니었던가?

철학 또는 종교로 해결이 되는가?

레위기에 나타난 어린양의 희생 제사 제도까지 하나님께 제물을 드려 인간의 죄를 해결 받으려 했던 이스라엘도 임시방편이었다.

그러나 하나님의 원래 계획은 제사 제도가 근본 목적이 아니었다. 어린양 되신 예수 그리스도로 희생 제물이 되게 하는 것이었다. 그래서 이삭을 대신한 어린양으로부터 유월절 어린양 또 제사를 통한 어린양까지 모두 죄를 위해 대신 죽게 할 그리스도의 예표였다. 이제 때가 되어 그리스도를 제물 삼아 단번의 제사로 인간의 모든 죄를 근본적으로 해결 받도록 하셨다. 그 계획을 창세기의 아브라함을 통해 먼저 보여 주셨다.

하나님께서는 이삭을 번제로 드리라고 하셨지만, 아브라함의 뒤편에 어린양을 미리 준비해 놓으셨다. 숲속에 뿔이 풀에 걸려 있던 어린양으로 이삭을 대신하여 번제를 드리도록 한 것이 유월절 어린양 되신 예수 그리스도를 통

---

92   김득중, 『요한의 신학』, 142,.

한 인류 대속의 예표였다는 사실을 안타깝게도 이스라엘이 이해하지 못하고 있었다(창 22:13).[93]

그래서 사도 요한은 이 예표와 관련하여 유대인들이나 그의 독자들을 깨닫게 하려고 그 예표가 어린양 되신 그리스도의 물과 피다라고 증언한 것이다. 그 피를 흘리시려 임하신 분이 바로 예수 그리스도라고 선포하고 있다. 요한복음 1:14에서도 "말씀이 육신이 되어 우리 가운데 거하셨다"라고 한 것이 바로 그 뜻이다. 이 말씀도 분명 반영지주의적 선언임이 틀림없다.

그런데 그냥 피로 임하신 그리스도라고 해도 되는데 왜 물과 피로 임하셨다고 했을까?

그 부분에 포인트가 있다. 여기서 물은 육신의 생명이다.

사람은 그의 몸 안에 절반이 물이고 절반은 피로서 조화를 잘 이루고 있다라고 미드라쉬에서 말하고 있다.[94] 물이 생명이듯이 그 물 위에 성령님께서 운행하고 계시고(창 1:2) 생수 되신 여호와 하나님께서 그 위에 계신다(렘 2:13; 시 29:3; 욥 9:8)[95]라는 것은 하나님 손안에 모든 생명이 있다는 것과 그리스도께서 흘리신 물 위에도 하나님이 함께하셨다는 것을 나타낸 것이다. 이것은 하나님께서 그리스도를 인간으로 내려보내셨다는 증거가 되기도 한다. 영지주의자들이 주장하는 것처럼 그리스도가 참 인간이 아니었다면 물과 피로 임하셨다고 말할 필요가 없다.

또 요한복음 19:28에서 십자가에서 죽으시기 전 **"내가 목마르다"**라는 말씀을 진술하고 있다. 그것 또한 인간으로 죽으시는 그리스도의 인성을 강조하기 위한 것으로 보인다. 불이 하나님의 출현을 상징적으로 나타내듯이 물도 동일하게 하나님을 상징적으로 나타내는 뜻이 있다. 그래서 물과 피라는 말은 하나님과 그 아들의 사역이 함께 이루어졌다는 증거도 된다.

93　창 22:13 "이에 아브라함이 그의 종들에게로 돌아가서 함께 떠나 브엘세바에 이르러 거기 거주하였더라."를 참고.
94　김득중, 『요한의 신학』, 140-141.
95　욥 9:8 "그가 홀로 하늘을 펴시며 바다 물결을 밟으시며."를 참고.

3. 요한계시록의 기독론

요한복음, 서신서, 요한계시록의 저자가 사도 요한이기에 요한계시록의 기독론도 그리스도가 누구인가 그 정체성을 나타내고 있다. 다만 독자들의 형편과 처지에 따라 그리스도가 달리 표현되고 또 독자들에 대한 그분의 역할에 따라 언어적 표현이 달라질 수 있다. 요한계시록에서는 그리스도를 9가지 형태로 언급하고 있는데 주로 심판과 관련되어 나타난다. 이 9가지 형태가 요한계시록의 기독론이 되는 셈이다.

1) 인자(계 1:13)

인자라는 말은 그 사람의 아들이라는 말이다. 인자란 그리스도께서 자신의 메시야 됨을 표현한 말이라고 김세윤 박사는 그의 저서『그 사람의 아들 - 하나님의 아들』이라는 책에서 주장했다. 그 이유로 요한복음 1:51과 창세기 28:12, 사무엘하 7:12ff의 연관성을 주장한 스몰리(S.S.Smalley)와 도드(C. H. Dodd)와 견해를 같이하면서 인자가 메시아의 호칭임을 주장했다.[96] 이것은 몇몇 신학자들의 견해다. 그렇지만 인자를 설명한 자료가 200페이지 가까이 되어 사실 복잡하다.

필자는 그보다 간략하고 이해가 보다 더 쉽게 되기를 바라고 있다. 요한복음 1:51에서 사도 요한이 예수님을 보고 하나님의 아들, 이스라엘의 임금이라고 자기의 신앙을 고백했던 나다나엘에게 예수께서 응답하신 말씀이 창세기 28:12이었다.

왜 예수께서 야곱의 사닥다리, 술람(*sullam*) 꿈과 자신을 연관시키고 있을까?

---

96 김세윤,『그 사람의 아들-하나님의 아들』(서울: 도서출판 엠마오, 1992), 145-151.

> 꿈에 본즉 사닥다리가 땅 위에 서 있는데 그 꼭대기가 하늘에 닿았고 또 본즉 하나님의 사자들이 그 위에서 오르락내리락 하고(창 28:12).

이 말씀을 예수께서 인용하신 것은 창세기 28:14 말씀 때문이었다. **"네 자손이 땅의 티끌 같이 되어 네가 서쪽과 동쪽과 북쪽과 남쪽으로 퍼져나갈지며 땅의 모든 족속이 너와 네 자손으로 말미암아 복을 받으리라"**(창 28:14)고 하는 하나님의 음성이 사닥다리 위에서 야곱에게 들렸기 때문이었다. 말하자면 야곱의 육적 후손인 자기를 통하여 온 인류가 복을 받는 그 꿈이 이루어진다는 사실을 밝힌 것이다. 사도 요한은 그리스도께서 인용하신 이 말씀을 소개하며 얼마나 정교하게 예수께서 야곱의 후손이 틀림이 없는지 그의 인자 되심을 설명하고 있다. 다시 말하면 그 사람의 아들 곧 인자는 야곱의 후손인 자기라는 것이다.

첨언하자면 바울도 갈라디아서 3:16에서 아브라함의 자손은 오직 한 사람 그리스도라고 밝혔다.

> 이 약속들은 아브라함과 그 자손에게 말씀하신 것인데 여럿을 가리켜 그 자손들이라 하지 아니하시고 오직 한 사람을 가리켜 네 자손이라 하셨으니 곧 그리스도라 (갈 3:16).

이 말씀을 생각해보면 인자된 그리스도가 아브라함과 이삭과 야곱의 후손인 것이 맞지 않는가?

그리고 예수님께서 인용한 사닥다리 꿈의 예를 들어 말씀하신 그 사닥다리, 술람의 기능을 생각해보면 그 뜻이 풀린다. 사닥다리가 하늘에 닿았다고 했다. 곧 자신이 하늘과 땅을 연결하는 사닥다리같이 중보자 역할이라는 것이라는 것이다. 이 사실을 미리 나다나엘에게 말씀해 주신 것이다. 그리고 정말 자기 십자가의 피로서 하늘과 땅을 연결하셨다. 사도 바울은 에베소서에서 하늘과 땅에 있는 것이 그리스도로 통일되었다고 했다(엡1:10).

그런데 나다나엘뿐만 아니라 예수님의 제자들은 그리스도의 십자가가 하늘과 땅을 연결하는 사닥다리였다는 사실을 성령을 받고서야 깨닫게 되었다. 사도 요한도 예수님의 제자로서 그 사실을 잘 알았기에 자기 독자들에게 야곱의 꿈과 그리스도와 연관시킨 이유를 인자로서 설명한다. 즉, 그리스도가 야곱의 후손으로 이 땅에 등장하였기에 인자였고 그 예언을 성취한 인자였기에 인자로서 그리스도, 즉 메시아 됨을 설명한 것이라고 본다.

사도 요한은 그리스도를 나타내는 기독론적인 칭호로 하나님의 아들(요 11:27), 또는 아들(요 8:36), 메시아(요 1:41), 이스라엘 임금(요 1:49), 그리스도(요 4:29) 등 여러 가지 칭호를 사용했다.

그러면 인자, 안트로포스(*anthro-pos*)라는 칭호를 메시아와 동일한 기독론적인 칭호로 보아야 하는가라고 했을 때 앞서 설명한 바도 있고 또 예수님 스스로 자신을 인자라고 즐겨 쓰셨기 때문에 동일하다고 보아야 한다. 인자는 공관복음에서 70여 회를 사용했고 요한복음에서 13회를 요한계시록에서는 3회 사용했다.

인자란 사람의 아들이라는 뜻이지만(one like a son of man) 복음서에서 예수님의 인자 사용 방법을 보면 사람의 아들보다는 하나님의 아들 개념으로 인자를 사용했다고 보인다. 그래서 인자를 기독론적인 호칭으로 보아야 하는 것은 옳다. 그러나 사람의 아들이라는 본래의 뜻으로 성도들이 이해할 때 오해의 소지는 있다. 그래도 그것 역시 옳다. 그리스도는 사람의 아들이면서 하나님의 아들이시기 때문이다. 그래서 예수 그리스도를 인성과 신성을 동시에 겸비하신 그리스도로 신학자들은 말하고 있다. 그리고 앞에서 간편하게 설명한 바대로 필자도 동의하고 있다.

인자 개념은 예수께서 자신을 대변할 때 즐겨 쓰셨지만, 사실은 인자라는 말의 구약적 근거가 있기에 인자를 즐겨 사용하신 것으로 이해되어 진다. 에스겔(겔 1:26)⁹⁷에 보면 에스겔이 하늘 보좌의 형상 위에 있는 한 사람의 모양 같은 이, 즉 인자 같은 이라고 했다. 보좌 위에 계신 이라면 하나님 우편에 계신 그리스도를 말하고 있다(계 22:3).⁹⁸ 또 다니엘(단 7:13)⁹⁹ 선지자도 마찬가지 하늘 구름을 타고 있는 모습이 인자와 같은 이라고 했다. 그렇다면 하늘 구름을 타고 승천하셨던 그리스도가 또다시 하늘 구름 타고 오시는 재림 예수를 연상시키기에 충분하다(행 1:18).

사도 요한 역시 성령에 이끌리어 일곱 별을 붙잡고 일곱 금 촛대 사이에 계셨던 인자와 같은 이를 보았다고 했다. 에스겔이나 다니엘이 본 그 인자를 사도 요한도 보았다는 사실이다. 그러므로 인자를 하나님의 아들이나 또는 아들과 마찬가지로 그리스도의 칭호, 즉 메시아의 칭호로 보는 것은 타당하다고 본다.

2) 일곱 별과 일곱 금 촛대를 운행하시는 그리스도(계 2:1)

요한복음과 달리 요한계시록에서는 그의 독자들에게 예수 그리스도를 독특한 방법으로 표현하며 진술하고 있다. 요한계시록이 심판의 책이듯이 요한계시록에서의 기독론은 마치 심판하시는 이의 모습을 상상해보면 잘 알 수 있다. 힘없이 당해야만 했던 어린양 되신 그리스도가 아니라 이제는 심판의 주로서 힘 있고, 당당하고, 위엄 있는 모습으로 심판하시는 그리스도를 아주 실감 나게 표현하고 있다. 사도 요한의 계시록은 그리스도로부터 들은 계시와 성령으로 말미암아 천국의 환상을 보고 그대로 기록한 것이다. 따라서 요한계시록의 기독론은 심판하실 그리스도를 사실적으로 나타낸 표현이라고 보면 좋겠다.

---

97 겔 1:26 "그 머리 위에 있는 궁창 위에 보좌의 형상이 있는데 그 모양이 남보석 같고 그 보좌의 형상 위에 한 형상이 있어 사람의 모양 같더라."를 참고.
98 계 22:3 "다시 저주가 없으며 하나님과 그 어린양의 보좌가 그 가운데에 있으리니 그의 종들이 그를 섬기며."를 참고.
99 단 7:13 "내가 또 밤 환상 중에 보니 인자 같은 이가 하늘 구름을 타고 와서 옛적부터 항상 계신 이에게 나아가 그 앞으로 인도되매."를 참고.

요한계시록 1:20에서 그리스도를 일곱 별과 일곱 금 촛대 사이를 운행하시는 분으로 진술하고 있다. 여기서 두 가지로 나누어 생각해야 한다.

첫째, 오른손에 붙잡고 계신 별([헬] *aster*, [영] star)은 욥기 22:12과 관련된다. 욥은 별의 높음을 하나님의 높음처럼 말하고 있다. 또 고린도전서 15:41에 바울은 빛나는 별의 영광을 말하고 있다. 이런 별을 그리스도께서 붙잡고 계신다고 말하고 있다. 숫자 일곱(*hepta*)에 대해 고대 문헌에서는 성취된 기간, 완전히 완성된 기간을 상징한다. 또한, 바빌론 문학에서의 칠(*kissatu*)은 완전, 충만, 전체라는 뜻으로 쓰였다.[100] 히브리 문학에서도 같은 방식으로 쓰였다. 그렇다면 칠은 완전 수이며 충만 또 전체라는 의미가 있다고 보아야 한다.

둘째, 요한계시록 2:1에서는 일곱 별과 일곱 금 촛대의 비밀을 밝히고 있다.

> 네가 본 것은 내 오른손의 일곱 별의 비밀과 또 일곱 금 촛대라 일곱 별은 일곱 교회의 사자요 일곱 촛대는 일곱 교회니라(계 2:1).

여기서 그리스도를 일곱 별을 붙잡고 일곱 교회 사이를 거니시는 이라고 했다. 별인 교회의 목회자를 별만큼 높이 여겼고 금 촛대로 보는 주의 몸 된 교회를 왕처럼 귀하게 여겼다는 사실이다. 그리고 아시아의 일곱 교회를 그 지역의 교회로만 보지 않고 세상 모든 교회와 목회자들을 지칭한 말씀이라고 보아야 한다. 왜냐하면, 다니엘 2:35에 그리스도를 상징하는 손대지 아니한 뜨인 돌이 우상을 쳐서 가루로 만들어버리고 온 세상에 가득하였다고 예언되었기 때문이다.

---

100 강병도, 『호크마 주석: 요한계시록』 (서울: 기독지혜사, 1993), 193.

사도 요한은 자기 독자들에게 이런 교회와 목회자 사이를 운행하시는 그리스도께서 교회에서 일어나는 구원의 역사에 간섭하신다. 구원받은 성도들의 거룩을 유지하는 사명을 잘 감당하도록 깊숙이 관여하고 계신다. 이 사실을 예언된 말씀과 관련하여 일곱 별과 금 촛대로 나타낸 것이다. 그리스도는 온 우주에 충만하고 완전한 영이시므로 그가 세우신 교회를(마 16:18)[101] 모르는 체하고 그냥 놔두는 분이 아니라 그의 특별한 관리영역에 두고 계신다는 것을 나타낸 것이다.

혹 믿는 자들이 예수 그리스도는 십자가에서 죽으시고 부활하셨고 승천하셨기에 마치 이 세상에 계시지 않는 분인 것처럼 생각할 수 있다. 그러나 그리스도는 부활로서 그의 근본이신 영으로 승귀하셨고 처음부터 끝까지 그가 세우신 교회를 사랑하며 돌보고 계시는 그리스도시다(요 3:1).[102] 별은 우주의 행성 중 제일 높은 곳에서 빛을 발하는 행성으로 과학자들은 보고 있다. 세상 사람들도 역시 그와 같이 인식하고 있다. 여기에서 교회를 별이라고 한 것은 세상 사람들의 시각과 달리 죄악이 관영한 세상에서 가장 높은 처소 가장 거룩한 처소로 보고 계시다는 증거다.

다니엘이 그리스도를 상징하는 돌이 우상을 치고 온 세상에 가득한 것처럼 하였다(단 2:35).[103] 온 세상에 가득한 교회를 운행하시는 그리스도이시기에 전 세계에 흩어져있는 교회와 목회자들을 향해 마지막 때에 성령이 교회들에 하시는 말씀을 듣고 돌이키라 하셨다. 지금도 이렇게 외치시는 그리스도의 말씀에 귀를 기울여야 한다. 그래야 그리스도께서 심판하실 때 구원을 받을 수 있다.

---

[101] 마 16:18 "또 내가 네게 이르노니 너는 베드로라 내가 이 반석 위에 내 교회를 세우리니 음부의 권세가 이기지 못하리라."를 참고.

[102] 요 13:1 "유월 전에 예수께서 자기가 세상을 떠나 아버지께로 돌아가실 때가 이른 줄 아시고 세상에 있는 자기 사람들을 사랑하시되 끝까지 사랑하시니라."를 참고.

[103] 단 2:35 "그 때에 쇠와 진흙과 놋과 은과 금이 다 부서져 여름 타작 마당의 겨 같이 되어 바람에 불려 간 곳이 없었고 우상을 친 돌은 태산을 이루어 온 세계에 가득하였나이다."를 참고.

3) 알파와 오메가 되신 그리스도(계 2:8)

사도 요한은 요한계시록에서 자기의 독자들에게 그리스도를 알파와 오메가, 즉 처음이요 마지막이라는 칭호를 사용하였다. 이 알파와 오메가는 단순한 것 같지만 단순하지가 않다. 창세기의 태초, 즉 시작과 관련되어 있고 요한계시록의 마지막 심판과 관련되어 붙여진 칭호이다. 창조주로서 시작하게 하신 이와 요한계시록의 기독론이니까 끝의 주인공이라는 사실을 부각시키기 위해 저자가 그리스도를 알파와 오메가라고 하지 않았겠나라는 생각을 할 수도 있다.

그렇지만 시작과 끝으로 그치는 것이 아니라 그분이 창조하신 온 우주 만물에 대한 통치와 주권을 가지신 분으로서 마무리까지 정리하신다는 사실을 나타내는 칭호이다. 그러니까 그리스도의 근본을 말하는 뜻도 있다. 세상에 존재하는 생명체든 무생물체든 아니 그 어느 것이든지 시작과 끝은 다 있다. 이 세상도 마찬가지로 시작과 종말은 있다.

이 말을 바꿔서 말하면 어떤 것의 시작이든 시작하게 하는 그 무엇이 있어야 한다. 그 무엇이 바로 그리스도라는 것이다. 그러므로 그 중심에 그리스도가 시작과 종말의 주인으로 계신다. 만약 시작과 끝이 존재하지 않는 무엇인가가 있다면 그것은 영원뿐이다. 그런데 그리스도는 영원하신 분이시기도 하다.

창세기의 태초와 관련해서는 요한복음의 서두에서 이미 설명했기에 생략하기로 한다. 그래도 마지막 심판과 관련해서는 설명이 필요하다. 먼저 그리스도께서 심판의 주인이신 사실을 이사야 선지자가 이사야 44:6 또는 이사야 48:12에서 미리 밝힌 바가 있다.

> 이스라엘의 왕인 여호와, 이스라엘의 구원자인 만군의 여호와가 이같이 말하노라 나는 처음이요 나는 마지막이라 나 외에 다른 신이 없느니라(사 44:6).

이 말씀 가운데 이사야는 만군의 여호와가 구원자요, 처음이요 마지막이라고 했다. 처음이라는 뜻은 그리스도로 말미암아 모든 것이 시작되었다는 뜻이다. 즉, 창조의 시작, 모든 생물의 시작, 인간의 시작, 가정의 시작, 사랑의 시작, 죄의 시작, 형벌의 시작, 죽음의 시작, 구원의 시작 등 모든 시작은 여호와 하나님이시요, 그리스도시다.

이렇게 모든 시작이 그리스도시면서 마지막 또한 그리스도시다. 왜냐하면, 여호와 하나님께서 심판의 주이신 것을 신구약 성경에서 158번이나 말씀하셨기 때문에 당연한 것이다. 여호와께서는 그 심판을 아들에게 맡기셨다.

> 아버지께서 아무도 심판하지 아니하시고 심판을 다 아들에게 맡기셨으니(요 5:22).

이 말씀은 그리스도께서 그의 제자들에게도 하신 말씀이다. 사도 요한이 이를 듣고 기억하였다가 기록한 것이다. 그리고 그리스도께서 요한계시록 2:8 사도 요한에게 서머나 교회에 편지하라고 하시면서 자기를 처음이요 마지막이라고 하셨다. 즉, 나는 처음 시작의 하나님이면서 마지막 심판의 하나님이기도 하다라는 사실을 사도 요한에게 계시하신 것이다. 그리고 사도 요한은 그 사실을 온 세계에 전하고 있다.

4) 검을 가지신 그리스도(계 2:12)

사도 요한은 계시록에서 그의 독자들에게 그리스도는 검을 가지신 분이다라고 묘사한다. 검, 롬파이아(*rhomphaia*)는 고대 트라키아인들의 투창 또는 검을 의미한다. 그리고 70인역에서 230회나 나타나는데 모두 검으로 번역했다. 검은 심판의 도구다. 좌우의 날선 검(계 2:12; 히 4:12)이라고도 했다. 즉, 검의 파괴력을 말하고 있는 듯하다. 내 입의 검(계 2:16)이라고도 했는데 말씀으로 심판하시기에 말씀의 능력을 나타낸 것으로 보인다. 이런 검을 그리스도께서 가지고 계시다. 따라서 그리스도께서 심판의 주가 되는 것은 당연하다.

하나님께서는 우상으로 인하여 자기 백성들의 죄악이 관영해지면 이웃 나라를 일으켜 칼로서 심판하시곤 하셨다. 전쟁에서의 칼은 무자비하다. 적의 군인만 죽이는 것이 아니라 남녀노소 구분할 것 없이 아무에게나 마구 휘둘러댄다. 그것은 예나 지금이나 마찬가지로 전쟁의 속성이다. 베드로도 칼을 휘둘러 말고의 귀를 벤 적이 있다. 그것은 심판의 칼이 아니고 분노의 칼을 휘두른 것이었다.

참고로 마태는 3장에서 그리스도는 칼보다 도끼를 들고 열매 없는 나무를 찍어 불에 던지는 분이라고 했다. 또 키를 들고 타작마당에서 소작을 까불러서 알곡과 쭉정이를 골라내어 알곡은 곳간에 쭉정이는 불 속에 집어넣는 분으로 묘사하였다. 즉, 심판의 주로 나타낸 것이다(마 3:12).[104] 그뿐만 아니라 하나님께서는 심판의 도구로 칼, 도끼, 키뿐만 아니라 자연을 재앙의 도구로 불러서 쏟기도 하신다.

오늘날 자연 재앙이 이산화탄소를 많이 발생시켜 기후를 변화시키고 기후변화로 인해 자연 재앙이 일어나는 것으로 과학계는 보고 있다. 사실 그런 측면이 없지 않다. 그러나 하나님은 자연의 법칙조차도 하나님께서 만들어 세우셨다.

> 바람의 무게를 정하시며 물의 분량을 정하시며, 비 내리는 법칙을 정하시고 비구름의 길과 우레의 법칙을 만드셨음이라(욥 28:26).

이 말씀을 보면 하나님께서 온 우주 만물을 다스리시는 하나님인 것을 나타낸 것은 물론이다. 온 우주 만물을 자연 재앙으로 얼마든지 심판하시

---

[104] 마 3:12 "손에 키를 들고 자기의 타작 마당을 정하게 하사 알곡은 모아 곳간에 들이고 쭉정이는 꺼지지 않는 불에 태우시리라."를 참고.

기도 하신다는 사실을 보여 주고 있다. 이미 창세기 노아 때의 대홍수를 통하여 지구를 한번 심판하신 적도 있다. 그런데 무지한 인간들은 여전히 하나님께서 심판의 하나님이신 줄 모르고 있다. 그뿐만 아니라 최후 심판 때는 순식간에 불로 화하게 하실 수도 있는 하나님이신 것을 여전히 모르고 있다(벧후 3:7).[105] 심판당한 후에는 아무리 후회해봐야 모두 헛될 뿐이다. 인간은 하나님 앞에 교만을 버리고 겸손하게 돌아와야 한다.

이렇게 그리스도께서는 물리적으로 심판하기도 하지만 심판의 근거는 항상 말씀이다. 말씀을 벗어나 죄악이 관영하면 심판은 면제되지 않는다. 특히, 구약성경 사사기에 나타난 여러 사건이 이 사실을 잘 대변해 주고 있다. 그들은 자기 소견에 옳은 대로 했다고 하지만 자기 소견은 항상 하나님의 말씀과 거리가 멀다. 하나님의 생각과 사람의 생각이 다르기 때문이다(사 55:8).[106]

그래서 바울은 물리적인 심판에 앞서 영적 심판의 검을 말하고 있다. 바로 성령의 검이다. 에베소서 6:17 말씀에서 **"구원의 투구와 성령의 검 곧 하나님의 말씀을 가지라"** 라고 했다. 검을 성령의 검이라고 했다. 그리고 곧바로 하나님의 말씀이라고 했다. 그 말씀을 가지라고 했는데 우리에게 하신 말씀이다. 검은 곧 하나님의 말씀이며 심판의 기준이 된다. 믿는 자라면 베드로처럼 물리적인 칼을 휘둘러 상대방의 귀를 떨어뜨리는 실수는 범하지 말아야 한다. 그대신 말씀의 검을 휘둘러 상대방의 귀나 마음을 찔러 쪼개서 회개에 이르도록 해야 한다.

---

[105] 벧후 3:7 "이제 하늘과 땅은 그 동일한 말씀으로 불사르기 위하여 보호하신 바 되어 경건하지 아니한 사람들의 심판과 멸망의 날까지 보존하여 두신 것이니라."를 참고.
[106] 사 55:8 "이는 내 생각이 너희의 생각과 다르며 내 길은 너희의 길과 다름이니라 여호와의 말씀이니라."를 참고.

5) 일곱 영과 일곱 별을 가지신 그리스도(계 3:1)

앞서 2)에서 일곱 별과 일곱 금 촛대 사이를 다니시는 그리스도를 다루었기 때문에 이곳에서는 일곱 영에 대해서만 생각해보기로 하자.

사도 요한이 요한계시록에서 그리스도를 왜 일곱 영이라고 했는가?

오히려 그의 독자들에게 혼란을 주는 것이 아닌가?

이런 생각을 할 수 있다. 그러나 그것은 순전히 근동 문화를 고려하지 않는 것이다. 한국에 이단으로 지목되어 구원파 중의 한 지류로 남아 있고 서울 도봉구에 소재하는 녹산교회가 있다. 그곳의 교주가 자신은 하나님의 일곱 영 중에 하나라고 했다. 이 말은 영의 개념을 잘 모르고 한 말이다. 영은 하나, 둘, 일곱, 등 숫자대로 존재하는 영이 아니다. 영은 근본이 하나다. 물론 피조 된 영을 말하는 것이 아니다. 단지 표현을 그리했을 뿐이다.

그러면 왜 일곱 영이라고 했는가?

근동 문화로 이해하는 일곱은 앞서 2)에서 설명한 대로 완전한, 충만한, 뜻으로 일곱이다. 그러니까 일곱 영은 사람들의 생각에 무엇이 부족한 것 같은 그런 영이 아니다. 충만하고 완전한 영이시다. 그런 뜻으로 일곱 영을 말했다. 특히 『호크마 주석』에서는 일곱 영에 대해 성령을 뜻한다고 말했다.[107]

그리고 일곱 영과 관련하여 한 가지 더 생각하고 넘어갈 것이 있다. 사도 요한이 일곱 영을 일곱 등불과 관련지어 말씀하고 있다는 사실이다. 아예 일곱 영을 요한계시록 4:5에서는 일곱 등불과 동일시하였다.

> 보좌로부터 번개와 음성과 우렛소리가 나고 보좌 앞에 켠 등불 일곱이 있으니 이는 하나님의 일곱 영이라(계 4:5).

---

[107] 강병도, 『호크마 주석: 요한계시록』, 259.

앞에서 말한 일곱 영은 성령을 일컫는다고 했다.

그런데 사도 요한은 어떻게 해서 일곱 영과 일곱 등불을 동일하게 말하고 있는가?

불은 출애굽기 3:2에 여호와께서 불꽃 가운데 모세에게 나타나셨기 때문에 불은 성경에서 하나님 임재의 상징으로 사용된다. 모세나 이스라엘 백성들은 시내산 꼭대기에 하나님께서 임재하실 때 동반된 연기나 불이 타오르는 모습을 자주 보곤 하였다. 그뿐만 아니라 이스라엘은 광야 40년 동안 불과 구름 기둥을 항상 보고 살았다(출 40:38).[108] 그래서 불의 하나님은 저들에게 아주 익숙하다.

사도 요한은 그의 독자들에게 그 불을 상기시키고 있는 것이다. 그런데 불은 모세에게 나타나셨던 하나님만을 상징하는 것이 아니고 성령도 그리고 그리스도도 상기시킨다.

왜냐하면, 성령님께서도 오순 다락방에 불로 120명의 머리 위에 임하여 계시지 않았던가?

그리고 부활하신 그리스도께서 바울에게 밝은 빛으로 나타나지 않으셨던가?

등불은 하나님 임재의 상징이다. 그래서 일곱 등잔, 일곱 등불로 나타내는 숫자는 그 숫자가 크든 작든 의미가 없다. 불은 불일 뿐이다. 일곱 영 일곱 등잔이 같다고 하는 것은 완전하신 하나님을 불의 하나님으로 나타내는 것뿐이다. 그 불이 성소에서 어두운 내부를 밝히는 일곱 촛대의 등잔으로 쓰였다. 불은 인간들의 어두운 마음을 밝혀주기에 영혼의 등불이라고도 했다(잠 20:27)[109] 일곱 영 일곱 등불은 완전하신 하나님 또는 그리스도를 상징한다. 잠언 6:23에서는 등불을 하나님의 명령이요, 법이라고 하

---

108 출 40:38 "낮에는 여호와의 구름이 성막 위에 있고 밤에는 불이 그 구름 가운데에 있음을 이스라엘의 온 족속이 그 모든 행진하는 길에서 그들의 눈으로 보았더라." 를 참고.

109 잠 20:27 "사람의 영혼은 여호와의 등불이라 사람의 깊은 속을 살피느니라."를 참고.

였고 또 생명의 길이라고 했다.

6) 열쇠를 가지신 그리스도(계 3:7)

사도 요한은 예수 그리스도의 제자였던 시절에 예수님께로부터 천국 열쇠를 수여 받은 적이있다.

> 내가 천국 열쇠를 네게 주리니 네가 땅에서 무엇이든지 매면 하늘에서도 매일 것이요 네가 땅에서 무엇이든지 풀면 하늘에서도 풀리리라 하시고(마 16:19).

제자들의 대표로 베드로가 천국 열쇠를 받은 것 같이 오해할 수 있다. 사실 가톨릭에서는 베드로를 첫 번째 교황으로 보고 있다. 그 열쇠는 교황에서 교황으로 전수되어 계속 수여되는 것으로 지금까지 오해하고 있다. 그러나 베드로(Petros)는 반석, 돌이라는 뜻으로 교회를 뜻한다.

그렇다고 로마 가톨릭만 교회인가?

예수님의 몸 된 모든 교회를 말하는 것이다(마 16:18).[110] 이단을 제외한 모든 교회다. 그러므로 천국 열쇠는 그의 모든 제자에게 주신 것이다. 천국의 확장성 때문이다. 그때만의 제자들뿐만 아니라 오늘날도 앞으로도 그리스도의 제자가 될 사람들 모두에게 주신 것이다. 당연히 물리적인 열쇠([헬] *kleis*, [영] a key)가 아니라 영적인 열쇠이기 때문이다.

고대 근동에서는 하늘이 문으로 닫혀있으며 특정한 신들이 그 열쇠를 가지고 있다가 필요할 때마다 열고닫는 다는 사상이 퍼져있었다.

누가 되었든지 천국 문을 여닫는 권세라면 대단한 권세가 아닌가?

---

[110] 마 16:18 "또 내가 네게 이르노니 너는 베드로라 내가 이 반석 위에 내 교회를 세우리니 음부의 권세가 이기지 못하리라."를 참고.

곧 그리스도의 제자들은 그리스도와 같은 권한을 가진 것이다. 정말 그러냐며 의심하는 사람들도 있을지 모른다. 그러나 사실이고 한 영혼을 구원하는 데 있어서 그리스도나, 그의 제자나, 오늘날의 제자나, 구분할 필요가 없다. 그런 의미에서 천국 열쇠를 주신 것이다.

사도 요한은 제자 시절에 들었던 말씀을 생각하면서 그의 독자들에게 그리스도가 천국 열쇠를 가지고 천국 문을 통제하시는 분이라고 진술한 것은 전혀 이상하지 않다. 왜냐하면, 열쇠는 출입문을 여닫을 때 쓰이는 도구이기에 권한을 말하는 것이다. 그리스도께서 천국을 들어가게도 또 들어가지 못하게도 하는 권세를 가지셨다. 사실적으로 열쇠를 가지셨다는 것이다.

그뿐만 아니라 요한계시록 1:18에 천국 열쇠가 아니라 사망과 음부의 열쇠도 가지셨다고 했다. 요한계시록 3:7에서는 이사야 선지자가 예언했던 다윗의 집 열쇠를 인용하기도 했다.

> 내가 또 다윗의 집의 열쇠를 그의 어깨에 두리니 그가 열면 닫을 자가 없겠고 닫으면 열 자가 없으리라(사 22:22).

이 말씀은 장차 오실 메시아가 천국 열쇠를 가지게 될 것을 이사야가 예고한 예언의 말씀이다. 다윗의 집이나 다윗의 후손이란 말은 오실 메시아를 뜻하고 있다는 사실은 유대인들이라면 누구나 다 잘 알고 있는 사실이다(사 11:1, 10). 사도 요한은 천국 열쇠를 가진 그리스도라는 사실을 자기 독자들에게 강조함으로써 천국을 소망을 그리스도에게 두도록 진술했다고 본다.

7) 아멘과 충성된 증인이신 그리스도(계 3:14)

부흥회 때나 설교 시간에 아멘을 유도하는 목회자들이 가끔 있다. 거기에 동조하여 아무 때나 '아멘 아멘'을 연발하는 성도들이 있어서 듣기에 민망할 때가 종종 있다. 아멘(*amen*)은 동사적 형용사로서 히브리어 '아만'에서 유래했다고 한다. 뜻은 진실로, 확실히, 그러하다라는 뜻이다. 증거되는 말씀이 하나님의 말씀이고 진실하다고 동의가 되어질 때 아멘하여 하나님께 영광 돌리게 되는 것이다(고후 1:20).[111]

유대교 회당에서는 아멘하여 아멘 한 것을 자신의 것으로 삼는다고 한다. 또 다른 한편, 이사야 65:16에 아멘의 하나님, 진리의 하나님이라고 했다. 하나님의 명칭이나 하나님의 속성을 드러내는 측면이기도 하다.[112]

사도 요한은 그의 독자들에게 이 두 가지 측면을 진술하고 싶었을 것이다. 그리스도가 왜 아멘(*amen*)이시고 충성, 피스토스(*pistos*) 된 증인이신가?(계 3:14)

아멘은 진실로 확실하다이고 충성은 신뢰하고 믿을 만하다라는 뜻이다. 사도 요한은 그리스도를 몸소 체험한 제자이다. 그리스도와 함께 3년 동안이나 동고동락하면서 기적의 역사를 보았고 천국 복음을 들었다. 그리스도께서 얼마나 하나님 나라의 진실하고 충성스러운 증인이신지를 잘 보았고 잘 알았다. 왜냐하면, 성경에 메시아가 이 땅에서의 하실 일이 예언되었기 때문이다. 그리스도라면 성경의 예언을 반드시 성취해야 한다(요 19:28).[113]

성경의 예언을 이루기 위해 내가 목마르다는 말씀까지 하고 또 다 이루었다는 말씀을 하고 죽으셨다(요 19:30).[114] 즉, 메시아로서 예언의 말씀들을 신실하게 모두 시행하셨다는 뜻이다. 그러기에 그리스도를 아멘이고 신실한 증인으로 진술하고 있다. 증인이란 보지 않고 증인이 될 수가 없

---

111 고후 1:20 "하나님의 약속은 얼마든지 그리스도 안에서 예가 되니 그런즉, 그로 말미암아 우리가 아멘 하여 하나님께 영광을 돌리게 되느니라."를 참고.
112 사 65:16 "이러므로 땅에서 자기를 위하여 복을 구하는 자는 진리의 하나님을 향하여 복을 구할 것이요 땅에서 맹세하는 자는 진리의 하나님으로 맹세하리니 이는 이전 환난이 잊어졌고 내 눈 앞에 숨겨졌음이라."를 참고.
113 요 19:28 "그 후에 예수께서 모든 일이 이미 이루어진 줄 아시고 성경을 응하게 하려 하사 이르시되 내가 목마르다 하시니."를 참고.
114 요 19:30 "예수께서 신 포도주를 받으신 후에 이르시되 다 이루었다 하시고 머리를 숙이니 영혼이 떠나가시니라."를 참고.

다. 그리스도는 영원 전부터 하나님과 함께 계셨던 분이고 영원한 세계에서 내려오신 분이다. 당연히 그 나라에 관한 한 충성된 증인이 되실 수 있다. 예수님은 하나님 나라를 보았고 사도 요한은 하나님 나라를 이루시는 것을 보았다.

무엇보다도 예수께서 행하셨던 기적의 역사를 인하여 자신의 그리스도 되심을 증거로 삼으셨다. 인간으로서는 할 수 없는 일을 하셔서 자신이 하나님이신 것을 보여 주었다. 빌립이 예수께 아버지를 보여 주면 좋겠다고 하였다.

예수께서 빌립아 네가 나와 이렇게 오래 있었는데 왜 그리 믿지 못하느냐?

정 믿지 못하겠거든 내가 하는 그 일로 인하여 나를 믿으라고 하였다(요 14:11). 빌립이 보았던 그 일이란 예수께서 행하셨던 기적의 역사를 말한다. 이렇게 예수님께서는 자신이 하나님 나라의 충성되고 진실한 그리스도이신 것을 보이시고 증언하셨다. 따라서 사도 요한은 그를 아멘이고 충성된 증인이라고 한 것이다. 사실 옆에서 보았기에 그가 하신 일은 항상 진리였다. 그래서 그분을 아멘이고 충성된 증인으로 진술하고 있다.

8) 보좌에 앉으신 이(계 5:1)

보좌란 천국 보좌를 말한다. 즉, 하나님과 어린양의 보좌를 말한다(계 22:3).[115] 그러니까 심판자의 이미지다. 보좌, 드로노스(*thronos*)란 드라오(앉다 놓다)라는 말에서 유래되었다고 하는데 의미는 왕좌이다. 70인역에서 보좌, 드로노스를 영광의 보좌(삼상 2:8), 왕의 보좌(왕상 9:5), 여호와의 보좌(대상 29:23)라고 번역했다. 신약성경에 62회나 나오는 거로 봐서 하나님

---

[115] 계 22:3 "다시 저주가 없으며 하나님과 그 어린양의 보좌가 그 가운데에 있으리니 그의 종들이 그를 섬기며."를 참고.

의 보좌를 여러 가지의 뜻으로 언급했다고 본다. 이 보좌가 요한계시록에서 심판의 보좌로 나타나는 것은 요한계시록이 심판의 책이기 때문이다.

그런데 그 보좌에 앉으신 이의 손에 두루마리가 들려져 있다. 그래서 사도 요한은 이 보좌에 앉으신 어린양을 심판의 주로 또 두루마리의 인을 떼실 이로 보았다. 인의 재앙, 나팔 재앙, 대접 재앙 중 첫 번째 인의 재앙에서 모든 인간의 행위가 담겨있는 두루마리, 즉 생명의 책대로 심판하실 것이다. 예수께서는 어린양의 희생적 이미지에서 이제 심판의 권세를 가지신 재판관의 엄위하신 이미지를 나타내신다. 예수님을 이제 심판의 주로 나타내고 있는 말씀은 성경 곳곳에 200번 이상 기록되어있다. 시편 98:9 한 구절만 예로 들어보자,

> 그가 땅을 심판하러 임하실 것임이로다 그가 의로 세계를 판단하시며 공평으로 그의 백성을 심판하시리로다 (시 98:9).

이 말씀은 그리스도께서 그의 백성들을 의롭게 심판하신다는 것이다. 불신자들은 이미 심판을 받았다(요 3:18).[116] 불신자들을 더 이상 심판할 필요가 없다. 의로 심판한다는 것은 그리스도를 정말 믿음으로 받아들이고 그리스도의 말씀대로 살았는가를 판단한다는 것이다. 하도 가짜 그리스도인들이 많기 때문이다.

마태복음 7:23에 불법을 행한 그리스도인들이 그리스도로부터 쫓겨나가지 않던가?

성도들이 어떻게 믿음의 삶을 살았나 벌거벗은 것같이 드러난다고 했다(히 4:12). 의롭게 상급의 심판을 하실 것이고 혹 부끄러운 구원을 받는 성도들도 있을 것이다. 혹은 안식에 들어갈 약속을 받았더라도 이르지 못할

---

[116] 요 3:18 "그를 믿는 자는 심판을 받지 아니하는 것이요 믿지 아니하는 자는 하나님의 독생자의 이름을 믿지 아니하므로 벌써 심판을 받은 것이니라."를 참고.

자가 있다고 하였다(히 4:1).[117] 이런 불행한 일을 당하는 경우가 없도록 보좌에 앉으신 이를 두려워해야 한다. 하나님은 공평의 하나님이다. 믿는 자는 모두 똑같이 구원하신다. 그렇지만 상급의 차등은 둘 것이다. 열심히 믿은 자와 대충 어영부영 믿은 자를 똑같이 대우한다면 그것이 곧 불공평이다. 불공평은 세상에나 있는 것이지 하나님 나라에 있는 것이 아니다.

그리고 그리스도는 앉아 계시는 모습을 보이신 것만이 아니라 스데반이 돌에 맞아 죽을 때 그리스도께서 하나님 우편에 서신 것을 보았다고도 했다(행 7:56).[118] 사도 요한도 계시록 1:13-16에서 그리스도의 서 계신 모습을 보았다고 했다. 그의 찬란하고 엄위한 모습을 보자마자 그의 발 앞에 죽은 자처럼 엎드러졌다고도 했다. 그리스도께서는 보좌에 앉기도 하시고 서서 손에 별을 잡고 촛대 사이를 거닐기도 하시는 모습을 보여 주셨다. 이 말씀을 근거로 볼 때 사도 요한뿐만 아니라 성도들은 모두 천국에서 삼위 하나님을 만나기도 하고 보게도 될 것이다.

9) 죽임당한 어린양(계 5:6)

요한계시록에 나타난 어린양이 그리스도를 상징한다는 것은 유대인들만이 아니라 오늘날 기독교인들이라도 잘 아는 사실이다. 요한복음 1장에서 세례 요한이 오신 메시아를 하나님의 어린양(요 1:29)이라고 한 것은 세례 요한의 진술만이 아니다. 구약성경으로 거슬러 올라가 보면 하나님께서 아브라함의 믿음을 시험하시기 위해 이삭을 번제로 드리라고 하셨을 때 벌써 번제로 드릴 어린양을 준비하신 것이 그 대표적 예이다(창 22:13).[119] 이때 이삭

---

117 히 4:1 "그러므로 우리는 두려워할지니 그의 안식에 들어갈 약속이 남아 있을지라도 너희 중에는 혹 이르지 못할 자가 있을까 함이라."를 참고.
118 행 7:56 "말하되 보라 하늘이 열리고 인자가 하나님 우편에 서신 것을 보노라 한 대."를 참고.
119 창 22:13 "아브라함이 눈을 들어 살펴본즉, 한 숫양이 뒤에 있는데 뿔이 수풀에 걸려 있는지라 아브라함이 가서 그 숫양을 가져다가 아들을 대신하여 번제로 드렸더라."

을 위해 대신 죽은 어린양은 한 가정의 구원을 위한 어린양이셨다. 그러나 유월절 어린양은 한 민족을 구원하는 어린양이었다. 그리고 십자가에서 죽으신 하나님의 어린양은 온 인류 모든 인간의 구원을 위해 대신 죽어야 하는 메시아셨다.

이렇게 구원의 예표가 된 어린양이 이제는 이삭 한 가정을 위한 죽음이 아니라 이스라엘 한 민족 전체를 구원하기 위해 죽임당한 어린양으로 희생되어서 출애굽 유월절을 만들어 내셨다(출 12:21-28).

그때 흘린 양의 피가 이스라엘의 각 가정 좌우 인방에 뿌려지게 된 결과 이 피를 본 죽음의 사자가 그 가정을 넘어가 구원이 되게 하지 않았던가?

이때의 어린양은 한 민족 구원을 위한 예표로 나타난다. 그러다가 이제는 인류 전체의 구원을 위해 고난받는 종으로서 도살장에 끌려가는 어린양이 되어 십자가에 달리셨다. 이제는 예표가 아니라 대속을 완성하는 어린양으로 인류 위에 나타나셨다(사 53:7; 요 1:29).[120]

이 예표와 대속의 완성 모두 희생적 이미지다. 죽임당한 어린양은 레위기에서 잘 나타난 바대로 이스라엘의 속죄를 위해 언제나 대신 죽임을 당해야 하는 희생 제물이었다. 그러나 그리스도의 단 번의 제사로 번거로운 모든 짐승의 제사를 사라지게 하셨다(히 10:18).[121] 이렇게 어린양은 이스라엘만의 어린양이 아니고 세상의 모든 죄를 위한 대속 제물이 되셨다(요일 2:2).[122] 예수 그리스도는 이렇게 죽임당한 어린양이 되어 구약의 예언을 모두 이루고 대속의 완성을 이루셨다. 이것이 요한계시록에서 사도 요한의 기독론이고 자기의 모든 독자를 위한 기독론이다.

를 참고.
120 요 1:29 "이튿날 요한이 예수께서 자기에게 나아오심을 보고 이르되 보라 세상 죄를 지고 가는 하나님의 어린양이로다."를 참고.
121 히 10:18 "이것들을 사하셨은즉, 다시 죄를 위하여 제사 드릴 것이 없느니라."를 참고.
122 요일 2:2 "그는 우리 죄를 위한 화목 제물이니 우리만 위할 뿐 아니요 온 세상의 죄를 위하심이라."를 참고.

제7장

요한의 성령론

사도 요한은 공관복음과 사도행전 그리고 바울서신에 나타나 있는 성령의 역사하심과 은사에 대한 기록을 그의 복음에서는 나타내지 않는다. 그렇지만 예수님께서 말씀하신 바를 인용하시면서 성령의 특성을 진술하고 있다. 그리고 예수님께서 십자가를 져야 할 마지막 시점에서 임마누엘로 오실 성령님의 하실 일과 내가 아버지 이름으로 보내게 될 성령을 언급하고 있다. 그러니까 요한의 복음에는 많은 기적의 역사 또 많은 표적이 나타나도 예수님의 역할과 성령의 역할을 따로 구분하여 기록하고 있지 않다.

사도 요한이 언급한 성령(*pneuma*)은 바람, 호흡, 생명, 그리고 영으로 번역되어 있다. 영은 영어로 Holy Spirit이다. 요한은 예수님께서 말씀하신 바대로 바람 같은 성령을 말하고 있다.

> 바람이 임의로 불매 네가 그 소리는 들어도 어디서 와서 어디로 가는지 알지 못하나니 성령으로 난 사람도 다 그러하니라 (요 3:8).

이 말씀에서 성령으로 난 사람은 다 바람 같다고 했지만 바람이란 개념을 사실 이해하기란 쉽지 않다.

바람은 보이지도 않지만 임의로 불지 않는가?

창세기 2:7에서 처음 사람에게 생기를 그 코에 불어 넣었다고 했다. 생(生)은 살아있는이란 뜻이고 기(氣)는 히브리어 네샤마(*neshamah*)를 쓰고 있다. 루아흐와 같은 개념이다. 영어로는 breath 호흡이다. 루아흐는 헬라어 프뉴마와도 같이 쓰인다. 마치 성령으로 생명을 불어넣어 호흡시키기는 것처럼 바람 또는 공기를 주입했다는 식으로 사용되었다. 바람은 어느 특정 지역이나 특정한 곳에 머무르지 않고 어디에나 다 있다. 바람 같은 성령이란 하나님같이 편재하시는 성령이다. 그렇더라도 바람처럼 어디서 오고 어디로 가는지 모를 성령님의 특성을 말하고 있다.

요한은 이처럼 바람 같은 성령만을 말씀하고 있지 않다. 또 다른 성령도 말씀하고 있다.

> 나를 믿는 자는 성경에 이름같이 그 배에서 생수의 강이 흘러나오리라 하시니, 이는 그를 믿는 자들이 받을 성령을 가리켜 말씀하신 것이라 (요 7:38-39).

이 말씀에서 성령을 생수로도 말하고 있다. 물이 부족한 이스라엘에서 생수는 없어서는 안 될 필수적인 생명이다. 하나님께서는 에레미아 2:13에서 자신을 생수의 근원이라고 말씀하셨다.[1]

어디 이스라엘뿐인가?

물을 필요로 하지 않는 곳이 어딘가?

육의 생명이 붙어있는 그 어떤 생명체도 물은 필수적이다. 창세기 1:2에서 하나님의 영은 수면에 운행하신다고도 했다.

예수님은 무엇을 말씀하시려고 생수의 강을 말씀하셨을까?

성령님은 물로서 모든 생명을 주관하신다는 뜻이 아닌가?

물이 육신의 생명을 유지하는데 필수적이듯이 영의 생명을 유지하는데도 성령이 필수적임을 말하고 있는 것이다.

성령은 영육의 생명뿐만 아니라 많은 기적의 역사에도 관여하신다.

---

1 렘 2:13 "내 백성이 두 가지 악을 행하였나니 곧 그들이 생수의 근원 되는 나를 버린 것과 스스로 웅덩이를 판 것인데 그것은 그 물을 가두지 못할 터진 웅덩이들이니라."를 참고.

예수께서 수많은 기적을 베푸셨는데 왜 성령님의 역사라고 말하지 않는가?

그 이유는 그리스도께서 대언자요(*parakletos*), 보혜사(*parakletos*)라고 요한은 보고 있기 때문이다. 요한복음 14:16의 말씀이 이를 잘 대변해 준다.

> 내가 아버지께 구하겠으니 그가 또 다른 보혜사를 너희에게 주사 영원토록 너희와 함께 있게 하리니(요 14:16).

이 말씀에 따르면 아버지께 구하여 영원토록 함께 하실 또 다른 보혜사, 즉 현재의 보혜사로 계신 그리스도 말고 영원히 임마누엘의 하나님 되실 보혜사 성령을 미래의 어느 시점에 너희들에게 보내겠다. 나를 대신해서 보내 주겠다고 하시는 말씀이다. 이 말씀을 역으로 생각해보면 현재 예수님 자신이 보혜사로 있다라는 뜻이 된다.

사실 사도 요한은 세례 요한이 예수께 세례를 베풀 때 비둘기 형상 같은 불이 예수님 위에 임하셨던 성령을 보았다. 그 성령님은 예수께로부터 떠나가지 아니하였다. 예수님 안에 내재하여 함께하셨다. 기적의 역사를 베푸시는 것이 곧 그 증거가 된다. 요한복음 1:18에서는 그리스도를 하나님의 품속(*kolpos*)에 있는 독생(*monogenes*)하신 하나님이라는 표현을 썼다. 여기서 콜포스는 가슴에 포개진 상태를 말한다. 하나님과 그리스도, 그리스도와 성령님과도 마찬가지이다. 이 사실을 잘 이해하고 있던 사도 요한은 굳이 그리스도께서 하시는 일을 성령의 일과 그리스도의 일로 구분하고 있지 않다. 그래서 사도 요한은 예수님을 대언자요, 보혜사로 보고 있다(요일 2:1).[2]

---

2   요일 2:1 "나의 자녀들아 내가 이것을 너희에게 씀은 너희로 죄를 범하지 않게 하려 함이라 만일 누가 죄를 범하여도 아버지 앞에서 우리에게 대언자가 있으니 곧 의로우신 예수 그리스도시라."를 참고.

그런데 요한복음 16:7에서 사도 요한은 예수께서 하신 말씀을 인용하면서 **"내가 떠나가는 것이 너희들에게 유익하다"**라고 했다. 제자들에게 왜 그리 말씀을 하셨는지 깊이 생각해보아야 한다. 나는 현재 육신으로 있는 보혜사다. 하지만 시간과 공간의 제약을 받아서 성령처럼 활동할 수가 없다. 그러나 또 다른 보혜사 되신 성령께서는 영이시기에 시간과 공간의 제약을 받지 않고 활동하실 수 있다. 그러한 이유로 너희뿐만 아니라 인간들에게는 성령께서 임하는 것이 훨씬 더 유익하다라는 말씀을 하신 것이다.

여기에서 그리스도와 성령을 구분하고 있는 것을 보면 육신으로 있는 보혜사는 떠나가고 영으로 있는 보혜사가 와야 한다는 뜻으로 말씀하신 것이다. 마치 보혜사의 교대식 같은 방식으로 진술하고 있다. 하나님은 본질상 한 분이고 한 영이시다. 하시는 역할에 있어 마치 서로 다른 것처럼 달리 표현되고 있을 뿐이다.

1. 성령의 역할(요 14:26; 15:26; 16:8,13)

필자는 성경에 대해 무지했을 때 성령께서 하시는 일이란 은사에 국한된 일만 하시는 분인 줄만 알았다. 로마서 12장, 고린도전서 12장에서 볼 때 성령의 하시는 일이 마치 은사를 주도적으로 행사하시는 성령같이 보였기 때문이다. 그러나 성령님은 성도들의 은사적인 측면에서 특별한 은총으로 은혜만을 베푸시는 성령님이 아니셨다. 이제 사도 요한이 언급하고 있는 성령의 역할을 몇 가지로 살펴보자.

첫째, 요한복음 14:26 말씀이다.

> 보혜사 곧 아버지께서 내 이름으로 보내실 성령 그가 너희에게 모든 것을 가르치고 내가 너희에게 말한 모든 것을 생각나게 하리라(요 14:26).

이 말씀에 예수께서 보혜사를 보내시는 이유를 언급하고 있다. 예수께서 하신 말씀을 가르치고 모든 것을 생각나게 한다고 했다. 제자들이 복음을 가르치고 전할 때, 즉 선생의 입장에 있을 때 곤란하지 않게 성령께서 대신 말하는 것같이 한다는 것이다. 출애굽기 4:12, 골로새서 4:6, 또 마태복음 10:20에 **"말하는 이는 너희가 아니라 너희 속에서 말씀하시는 이, 곧 너희 아버지의 성령이시니라"**라고 했다. 이 말씀은 오늘날 복음을 전하는 모든 성도들이나, 선교사나, 목회자들에게 꼭 필요한 말씀이 아닌가 한다.

둘째, 요한복음 15:26 말씀이다.

> 내가 아버지께로부터 너희에게 보낼 보혜사 곧 아버지께로부터 나오시는 진리의 성령이 오실 때에 그가 나를 증언하실 것이요(요 15:26).

이 말씀은 성령께서 오시면 그리스도를 증언한다고 하신다. 즉, 복음을 전하는 자와 듣는 자의 마음은 풀어주셔서 그리스도를 인정하고 복음을 쉽게 받아들여 믿도록 역사하신다는 것이다. 아무리 하나님의 말씀이라고 해도 마음이 굳어진 상태라면 마음에 들어올 리가 없다. 그래서 하나님은 에스겔 36:26을 통해 새 영을 너희 속에 두고 육신의 굳어진 마음을 제하고 부드러운 마음을 줄 것이라고 약속하셨다.

그리고 예수님께서 보내시겠다고 한 그 성령님께서 정말 사도행전 2:2 이하의 말씀대로 임하시지 않았는가?

셋째, 요한복음 16:4 말씀이다.

> 오직 너희에게 이 말을 한 것은 너희로 그 때를 당하면 내가 너희에게 말한 이것을 기억나게 하려 함이요 처음부터 이 말을 하지 아니한 것은 내가 너희와 함께 있었음이라(요 16:4).

이 말씀 중에 그때는 제자들이 복음 전하다가 실족하거나 해를 당할 수 있을 때를 말한다. 즉, 그리스도와 함께하면서 제자들이 전도나 복음을 가르치는 때가 아니다. 그리스도께서 부활 승천하신 후의 어떤 시점에서 제자들이 곤란한 함정에 빠져 어렵게 될 때 성령님께서 도우셔서 벗어나게 하신다는 것이다. 또 그리스도께서 하신 말씀을 생각나게 함으로 믿음을 지키도록 하신다는 것이 성령님을 보내시는 이유다. 앞서 진술된 요한복음 14:26의 가르침과 생각나게 한다고 한 말씀과 중복되는 것같이 보인다. 하지만 전자는 가르침에 초점이 있고 후자는 말씀에 대한 기억을 소생시켜 어려움에서 벗어나게 하는데 초점이 있다고 보여진다.

넷째, 요한복음 16:7 말씀이다.

> 그러나 내가 너희에게 실상을 말하노니 내가 떠나가는 것이 너희에게 유익이라 내가 떠나가지 아니하면 보혜사가 너희에게로 오시지 아니할 것이요 가면 내가 그를 너희에게로 보내리니(요 16:7).

이 말씀 가운데 유익하다는 뜻은 예수께서는 아직 땅에 육체로 계시는 보혜사이므로 활동에 제약이 있다는 것이다. 그러나 주께서 보내시는 성령은 영이시기에 아무 제약 없이 언제 어디서 어떤 능력이라도 행사하실 수 있다. 그러기에 제자들뿐만 아니라 모든 인간에게는 영이신 성령이 오셔야 구원받기에 유익하고 또 받은 구원을 유지하는 데에도 도움이 된다는 것이다.

다섯째, 요한복음 16:8 말씀이다.

> 그가 와서 죄에 대하여, 의에 대하여, 심판에 대하여 세상을 책망하시리라 (요 16:8).

이 말씀을 보면 성령께서 이 땅에 오시는 이유 중의 하나는 곳곳에서 살아가는 사람들에 대해 책망하고 회개에 이르도록 돕는다는 것이다. 말하자면 어떤 집회나 모임에서 말씀을 깨닫게 하시므로 회개하도록 이끄시는 것을 말한다. 선한 일이나 옳은 일을 행해야 할 때 용기를 주셔서 그 일을 하도록 부추기기도 하신다. 또 세상에 잘못된 일이 많고 그 일로 심판받게 된다는 사실을 깨닫게 하신다. 그래서 모두 하나님께로 돌아오도록 그 길을 바꾸신다는 것이다.

여섯째, 요한복음 16:13 말씀이다.

> 그러나 진리의 성령이 오시면 그가 너희를 모든 진리 가운데로 인도하시리니 그가 스스로 말하지 않고 오직 들은 것을 말하며 장래 일을 너희에게 알리시리라 (요 16:13).

성령이 오시는 이유는 사람들을 그리스도께 인도하여 그리스도를 알게 하고 믿게 하신다는 것이다. 그리고 장래의 일을 알게 하신다는 것이다. 장래의 일이란 천국 소망이다. 즉, 세상의 소망이 아니라 천국에 대해 소망을 갖고 천국을 사모하도록 역사하신다는 것이다. 이 정도가 사도 요한이 나타내는 성령의 사역을 구체적으로 언급한 것이다. 모두 그리스도와 관련하여 구원에 초점이 맞추어져 있다.

위의 말씀들과 별도로, 요한복음 20:22에서 말씀하시고 있는 성령을 받으라는 이 말씀은 조금 다른 문제이다. 예수님이 살아생전에 말씀하셨던 성령이 아니다.

> 이 말씀을 하시고 그들을 향하사 숨을 내쉬며 이르시되 성령을 받으라 (요 20:22).

이 말씀은 예수께서 죽었다가 3일 만에 부활하시고 제자들 앞에 나타나셔서 하신 말씀이다. 그러니까 예수께서 육신으로 계실 때 임하였던 성령을 말하며 그 성령을 받으라는 것이 아니다. 왜냐하면, 예수께서 이미 죽음에서 부활하여 육을 벗어나 영의 몸이 되셨기 때문이다. 그러므로 여기서 숨을 내쉬며 성령을 받으라 하신 말씀은 나로 말미암아 보내게 되는 성령, 즉 내가 곧 승천할 것이고 지상에 없을 때 보내시는 성령을 받아야 한다는 의미로 하신 말씀이다.

이렇게 몇 가지로 나누어 성령의 역할을 언급했다. 복음을 전하는 자나 가르침을 받는 자들에게 성령충만이 필요하다. 왜냐하면, 그리스도의 복음을 전하는 것도 받아드리는 것도 모두 성령의 역사이기 때문이다. 복음을 받아드리도록 회개로서 굳어진 마음을 먼저 풀어내는 것도 성령께서 하시는 일이다. 구원은 인간이 아무리 말을 잘한다고 해도 그 말로 되는 것이 아니다. 그리스도를 알게 하고, 그리스도를 믿게 하고, 하나님의 자녀로 천국을 상속받도록 저들에게 구원의 길을 열어주는 것이 성령님의 역할임을 나타내 주고 있다.

2. 구약의 성령(겔 36:25-27)

구약성경에 나타난 성령은 수면에 운행하시는 하나님의 영으로 처음 등장하신다(창 1:2).[3] 수면에 운행하신다는 것은 물로서 하나님 창조 세계의 모든 생명체를 주관하시는 하나님을 뜻한다. 물을 다스리시는 하나님은 성령뿐만 아니라 여호와 하나님도(욥 9:8),[4] 또 예수 그리스도도 물 위에 계

---

3 창 1:2 "땅이 혼돈하고 공허하며 흑암이 깊음 위에 있고 하나님의 영은 수면 위에 운행하시니라."를 참고.
4 욥 9:8 "그가 홀로 하늘을 펴시며 바다 물결을 밟으시며."를 참고 .

신(마 14:24),[5] 하나님으로 나타나신 적이 있다. 성령은 하나님 창조 세계의 모든 생명을 살리시고 보존하시는 하나님이시다.

두 번째로 나타난 성령은 에스겔에서 새 영이라고 하셨다(겔 36:25-27). 여기에서 25절은 우상 등 더러운 것을 씻기시는 영으로, 26절은 굳은 마음을 제하고 부드러운 마음을 바꾸시는 영으로, 27절은 말씀을 지키게 하는 영으로 표현되어있다. 또 에스겔 47장에서는 성령을 물로써 나타내시고 두 번째 아담이신 그리스도처럼 살리시는 영으로 진술하고 있다(고전 15:45).[6] 그리고 수많은 영혼을 살리셨다.

이처럼 성령은 살리는 영이시기에 하나님은 에스겔 선지자에게 성령으로 상징되는 강물이 흐르는 곳곳마다 강이든, 바다든, 어디든, 모든 것이 살 것이라는 예언을 하게 하신 적이 있다(겔 47:9).[7] 사도 요한은 그의 복음서 7:38-39에서 그 배에서 생수의 강이 흘러나오는데 이 물은 믿는 자들이 받을 성령이라고 했다. 창세기 처음에 하나님의 이름이 엘로힘(*Elohim*), 즉 신들이라는 복수 형태로 되어 있다는 사실을 생각할 때 삼위 하나님은 물로서 모든 생명을 다스리시고 주관하신다는 것은 당연하다.

스프로울(R.C. Sproul)은 『성령의 신비』라는 책에서 성령은 물로서 모든 생명을 주관하신다고 했다. 공중의 새들, 바다의 물고기, 산과 들의 온갖 짐승들, 땅속의 곤충들을 비롯해 나무 한 그루 풀 한 포기가 자라는 것까지 일일이 이른 비 늦은 비로 저들의 생명을 간섭하신다고 했다.

그러면 공중의 새 한 마리보다 하나님의 형상을 닮은 사람의 생명을 소홀히 다루실까?

---

5 마 14:25 "밤 사경에 예수께서 바다 위로 걸어서 제자들에게 오시니."를 참고.
6 고전 15:45 "기록된 바 첫 사람 아담은 생령이 되었다 함과 같이 마지막 아담은 살려 주는 영이 되었나니."를 참고.
7 겔 47:9 "이 강물이 이르는 곳마다 번성하는 모든 생물이 살고 또 고기가 심히 많으리니 이 물이 흘러 들어가므로 바닷물이 되살아나겠고 이 강이 이르는 각처에 모든 것이 살 것이며."를 참고.

그렇지 않다. 성령님께서는 모든 생물체를 돌보신다. 온 인류의 거듭난 신자들은 물론 불신자들까지 포함해서 모든 생명 위에 성령의 일반은총과 특별은총으로 역사하고 계신다라고 했다.[8] 그러니까 온 우주 만물에 운행하시면서 생명체 및 무생물체까지도 모두 성령 안에서 다스리고 계신다고 보면 좋겠다.

그런데 이렇게 모든 생명을 다스리시는 성령이 구약성경에 자주 등장하지 않으신다. 모세나, 삼손, 사무엘이나, 다윗 같은 특정한 사람들에게 필요할 때마다 간간이 등장하셨던 성령을 하나님은 모든 만민에게 부어주시겠다는 약속을 하셨다(욜 2:28).[9] 그리고 이사야에서는 오실 메시아 위에 임하실 성령을 다양하게 묘사했다(사 11:2).[10] 여호와의 영, 지혜의 영, 총명의 영, 모략의 영, 재능의 영, 지식의 영, 여호와를 경외하는 영이라고 했다. 즉, 물로서 생명만 주관하시는 성령이 아니라 성령의 다양한 역할을 미리 말씀하신 것이다.

그러면 성령을 부어주시겠다는 시점이 언제인가?

그날이다. 요엘서에서 그날은 여호와의 날을 말한다. 여호와의 날이란 심판의 날이다. 하나님께서 창세 전에 작정하시고 메시아를 보내겠다고 하신 것은 이스라엘이 바라던 대로 정치적인 다윗 왕국의 회복이 아니라 그리스도를 통한 복음으로 심판하시겠다는 것이다. 심판하시는 날이 바로 여호와의 날이다. 사도 요한은 그리스도의 복음을 받아들이지 않는 사람들은 벌써 심판을 받은 것이다라고 선포한 적이 있다(요 3:18).[11] 사실 그리스도의 복음을 들었다고 하더라도 받아들이지 않고 거절한 사람들은 결과

---

8 R. C. 스프룰. 『성령의 신비』, 김진우 역(서울: 생명의말씀사, 1995), 80-88.
9 욜 2:28 "그 후에 내가 내 영을 만민에게 부어 주리니 너희 자녀들이 장래 일을 말할 것이며 너희 늙은이는 꿈을 꾸며 너희 젊은이는 이상을 볼 것이며."를 참고.
10 사 11:2 "그의 위에 여호와의 영 곧 지혜와 총명의 영이요 모략과 재능의 영이요 지식과 여호와를 경외하는 영이 강림하시리니."를 참고.
11 요 3:18 "그를 믿는 자는 심판을 받지 아니하는 것이요 믿지 아니하는 자는 하나님의 독생자의 이름을 믿지 아니하므로 벌써 심판을 받은 것이니라."를 참고.

적으로 요엘의 예언대로 심판의 날이 되는 셈이다.

3. 신약의 성령(행 1:4; 2:2-3)

신약의 성령은 구약 선지자들의 예언을 이루시려고 예수께서 부활 승천하시면서 예루살렘을 떠나지 말고 아버지의 약속하신 것을 기다리라고 당부하신 때부터 시작된다(행 1:4).[12] 왜냐하면, 주의 말씀에 따라 마가 다락방에서 기도하며 약속하신 성령을 기다리던 제자들에게 바람과 불로서 임하셨기 때문이다. 불같은 성령이 임하시자 제자들은 방언을 구사하기 시작했다. 성령은 구약 시대뿐만 아니라 신약 시대에도 동일하게 무엇이든 살리시는 영으로 등장하셨다.

성령께서 제자들에게 방언을 하게 하신 것도 방언으로 하나님의 큰일을 말하여 디아스포라 유대인들을 살리는 일이셨다. 그런데 오순절을 지키기 위해 예루살렘에 모였던 16개국의 디아스포라 유대인들은 이 일을 두고 일제히 제자들이 새 술에 취했다고 조롱했다(행 2:13).[13] 이에 대해 베드로는 하나님께서 만민에게 내 영을 부어주리라고 약속하셨던 요엘 2:28 말씀이 성취된 것이라고 선포했다. 약속하신 성령의 강림은 요엘뿐만 아니라 성경 여러 곳에 예언되어있다. 그러니까 어느 날 갑자기 하늘에서 감 떨어지듯 임하신 성령이 아니라는 것이다. 창세 전부터 오셔서 인치기로 작정하신 영이시다(엡 1:13).[14]

---

[12] 행 1:4 "사도와 함께 모이사 그들에게 분부하여 이르시되 예루살렘을 떠나지 말고 내게서 들은 바 아버지께서 약속하신 것을 기다리라."를 참고.
[13] 행 2:13 "또 어떤 이들은 조롱하여 이르되 그들이 새 술에 취하였다 하더라."를 참고
[14] 엡 1:13 "그 안에서 너희도 진리의 말씀 곧 너희의 구원의 복음을 듣고 그 안에서 또한 믿어 약속의 성령으로 인치심을 받았으니."를 참고.

구약 시대에 필요할 때 간헐적으로 임하셨다가 임무를 다하신 후에는 스스로 철수하셨던 성령은 이제 항상 함께하시는 임마누엘의 하나님으로는 임하신 것이다. 마태는 그의 복음서 1:22-23에서 선지자가 하신 말씀을 이루려고 이사야 7:14 의 말씀을 예로 들며 그 말씀이 성취된 것이라고 선포했다. 그러면서 임마누엘의 해석을 덧붙였는데 하나님이 우리와 함께 계시다 함이라라고 했다. 정말 그리스도께서 육으로 임하신 이후 이사야의 예언대로 성령께서 그 위에 임하셔서 함께하셨다(마 3:16).[15]

이 말씀을 알고 있었고 현장을 보았던 사도 요한은 아버지께서 내 이름으로 보내실 성령이라는 말씀으로 기록하고 있다(요 14:26).[16] 그러니까 자기의 십자가와 부활 승천 이후 임마누엘을 내 이름으로 보내겠다는 말씀을 미리 하신 것이다. 이같이 임하신 성령님의 하실 일은 성경 곳곳, 즉 바울서신에 많이 나타나지만, 요한복음에서는 적게 나타난다. 이제 '요한복음의 성령론'에서보다 더 자세히 다루도록 하겠다.

4. 요한복음의 성령론(요 14:16; 16:8)

사도 요한은 그의 복음에서 성령에 대해 언급하고 있는 것은 우주 만물을 창조하신 성령도 아니요, 하나님의 창조 세계를 다스리는 성령도 아니요, 물로서 모든 생명을 주관하시는 성령도 아니요, 우주적인 입장에서 일반 은총으로 역사하시는 성령을 말하기보다 사도 요한이 언급하고 있는 성령은 그리스도와 함께하시는 성령이다. 그리고 성령님의 단독 사역을 나타내지 않고 있다. 다만 예수께서 보내실 또 다른 보혜사로서 앞으로 하

15　마 3:16 "예수께서 세례를 받으시고 곧 물에서 올라오실새 하늘이 열리고 하나님의 성령이 비둘기 같이 내려 자기 위에 임하심을 보시더니."를 참고.

16　요 14:26 "보혜사 곧 아버지께서 내 이름으로 보내실 성령 그가 너희에게 모든 것을 가르치고 내가 너희에게 말한 모든 것을 생각나게 하리라."를 참고.

실 일과 역할을 언급하고 있을 뿐이다(요 14:16).

> 내가 아버지께 구하겠으니 그가 또 다른 보혜사를 너희에게 주사 영원토록 너희와 함께 있게 하리니(요 14:16).

여기에서 이 말씀이 중요한 것은 영원토록 함께하시는 성령님을 보내신다는 말씀이다. 영원히 함께하실 임마누엘의 하나님은 현재로서 그리스도가 대신하고 있지만, 그리스도의 승천 후 보내지는 또 다른 보혜사는 이 세상에서 떠나지 아니하고 영원히 함께하시며 많은 역할을 하신다고 했다.

스스로 의인으로 생각하며 회개할 줄 모르는 유대인들에게 회개도 하게 하실 것이다. 또 디아스포라 유대인들에게도 마찬가지로 하나님께 돌아오도록 역사하실 것이다. 그리고 죄로 물들어 있는 이방인들과 온 인류를 책망하시고 깨닫게 하사 구원하실 것이다. 각각 저들의 개별적인 구원을 위해 일반 은총뿐만 아니라 특별한 은총도 베푸실 것이라는 사실을 진술하고 있다(요일 2:2).[17]

영원히 인간들과 함께하시면서 임마누엘의 성령으로서 그리스도의 구원 역사를 확장시키신다. 굳어진 인생들의 마음을 만져 회개에 이르도록 하고 그리스도를 인정하도록 도우신다(요 16:8),[18] 이렇게 구원을 완성시키실 성령의 역할을 사도 요한은 여러 이름으로 진술하고 있다.

---

17 요일 2:2 "그는 우리 죄를 위한 화목 제물이니 우리만 위할 뿐 아니요 온 세상의 죄를 위하심이라."를 참고.
18 요 16:8 "그가 와서 죄에 대하여, 의에 대하여, 심판에 대하여 세상을 책망하시리라."를 참고.

1) 거듭나게 하시는 성령(요 3:5-6; 6:63)

사도 요한은 그의 복음서에서 니고데모에게 거듭나게 하시는 성령을 진술하고 있다.

거듭난다는 말이 무슨 뜻인가?

거듭은 아노덴(Anothen)으로 위로부터, 처음부터, 새로이라는 뜻을 담고 있다. 난다는 말은 겐나오(gennao) 로 ~의 아버지가 되다라는 뜻이다. 양부모에게 모두 쓰인다. 그렇다면 문맥상 위로부터란 난다라는 뜻으로 본다고 할 때 육적인 낳음을 말하기보다 영적인 낳음, 즉 하나님의 은혜로 새롭게 되는 영적인 출생으로 이해하면 좋을듯하다. 그래서 요한은 성령으로 거듭나야 한다고 했다. 성령으로 거듭나지 않고는 하나님 나라에 들어갈 자가 없다고 했다.

성령은 살리는 영으로서 이 땅에 오셨다. 요한복음 6:63에 "**살리는 것은 영이니 육은 무익하니라 내가 너희에게 이른 말은 영이요 생명이요**"라고 하신 예수님의 말씀을 인용했다. 성령님은 영으로 낳고 영을 살리신다. 그래서 요한은 성령을 거듭나게 하시는 성령이라고 한 것이다.

그런데 성령의 단독 사역보다는 물과 성령으로 거듭나야 한다고 말씀하셨다(요 3:5).[19]

왜 물과 성령이라고 했을까?

이에 대한 해석은 신학자들마다 다를 수 있다. 그렇더라도 요한복음 7:38-39에서는 생수로 표현된 성령을 말하고 있어서 성령이라는 말을 반복적으로 사용하고자 한 것이 아닌가라고 생각할 수도 있다. 그러나 예레미야 2:13에 나타난 말씀을 보면 물은 생수의 근원 되신 여호와 하나님을 가르키고 있다(렘 2:13).

---

19 요 3:5 "예수께서 대답하시되 진실로 진실로 네게 이르노니 사람이 물과 성령으로 나지 아니하면 하나님의 나라에 들어갈 수 없느니라."를 참고.

그렇다면 거듭나게 하시는 구원의 역사는 표현만 다를 뿐 한 분 하나님의 은혜로 되는 것임을 배제할 수가 없다. 예수님께서 니고데모에게 말한 다시 난다는 것은 육의 문제가 아니라 영의 문제를 말하고 있기 때문에 영으로 난 것은 영이라고 한 것이다(요 3:6). 영으로 영을 낳아야지 영으로 육을 낳은 것은 특별 케이스이기에 예수 그리스도 한 분으로 족해야 한다.

영과 육은 본질이 다르지 않는가?

베드로는 그의 서신 베드로전서 1:9에서 "믿음의 결국은 영혼 구원"이라고 했다. 영혼을 살린다는 측면에서 요한과 같은 맥락을 취하고 있다. 그래서 요한의 복음은 영적인 말씀이요, 영의 복음이요, 살리는 복음이다.

2) 가르치고 생각나게 하시는 성령(요 14:26)

가르치고 생각나게 하시는 성령이란 앞서 성령의 역할에서 말한 바가 있다. 성령의 사람이 아니고서는 인간들이 나름 똑똑한 것 같아도 사실 어리석기 그지없다. 가르친다는 것, 생각나게 한다는 것은 모두 살리는 일이다. 성령님은 그리스도의 말씀을 들었던 사람들의 기억을 되살려서 죄에서 또는 죽음에서 벗어나게 하신다.

예수님께서 그의 제자들에게 가르쳤던 말씀들을 지금 시대처럼 일일이 녹음했다면 모를까 3년 동안이나 들은 말씀을 어떻게 일일이 다 기억한단 말인가?

일일이 기억하기란 불가능할지도 모른다. 그런데 그 들은 말씀을 성령께서 생각나게 하사 가르치도록 하신다는 것이다.

놀라운 성령님이 아니신가?

필자는 한번 설교문을 잘 작성한 다음 살펴보고 또 살펴보아도 잘 된 것 같아 강단에 서서 기분 좋게 설교하려고 했다. 그런데 갑자기 설교문이 한 구절도 제대로 보이지 않아 크게 당황한 나머지 횡설수설했던 경험을 가지고 있다. 설교가 끝난 다음 성도들 보기에 미안해서 쥐구멍이라도 있으면 들어가고 싶은 심정이었다. 성령님을 의지하지 않고 설교문을 의지한 교만이 큰 낭패를 보게 된 결과가 되었다. 신학교에서 가르칠 때나 또 설교할 때 준비한 말씀이나 묵상한 성경 말씀을 성령님께서 생각나게 하지 않으면 결코 가르침이 될 수 없다는 사실을 절감하고 있다. 그래서 필자는 일마다 때마다 항상 성령님의 도우심을 구하며 받고 있다.

마태는 그의 복음서 10:20에서 "**말하는 이는 너희가 아니라 너희 속에서 말씀하시는 자 곧 너희 아버지의 성령이시니라**"라고 했다. 그렇다면 복음 전파는 전적으로 성령님의 역사로 이루어지는 것이지 인력으로 되는 것이 아니다. 바울은 고린도전서 2:4에서 "**내 말과 내 전도함이 지혜의 권하는 말로 하지 아니하고 다만 성령의 나타남과 능력으로 하여**"라고 했다. 내 지혜와 내 능력으로 전도했다면 인본주의적으로 한 것이고 결과가 없는 것이 당연하다. 만약 결과가 있다면 임시적이거나 가짜일 뿐이다. 복음이 전해지거나 받아들여지는 것은 반드시 살리시는 성령님의 역사로 되는 것이다(고전 2:5).[20]

3) 회개케 하시는 성령(요 16:8)

사람이 죄를 가지고서는 결코 하나님 앞에 설 수 없다. 불신자들은 말할 것도 없고 예수 믿어 구원받은 자라고 하더라도 죄를 가지고는 여전히 하나님 앞에 설 수 없다. 그래서 회개가 필요하다. 회개란 이미 구원받은 자가 죄에 빠졌을 때 그 죄를 하나님께 자백하고 그 죄에서 돌이킴, 즉 헤어나오는 것을 말한다. 일종의 방향 전환이고 돌이킴이다. 이 돌이킴을 성령님께서 간섭하신다. 살리시는 성령님이시기에 죄로부터 또는 어둠으로부터 살려내신다.

---

20 고전 2:5 "너희 믿음이 사람의 지혜에 있지 아니하고 다만 하나님의 능력에 있게 하려 하였노라."를 참고.

성령님께서 깨닫게 하지 않으시면 어떻게 그 죄에서 다시 살아나겠는가?

사람들은 성령이 아니시면 어떤 죄에 빠져있는지조차 모를 수밖에 없다. 솔로몬은 잠언 4:19에서 "**악인의 길은 어둠 같아서 그가 걸려 넘어져도 그것이 무엇인지 깨닫지 못하느니라**"라고 했다.

악인이 어둠 속에 있다면 무엇 때문에 넘어졌는지 어찌 알 수 있다는 말인가?

그러나 성령님은 그 죄를 책망하심으로 정신 바짝 차리도록 하게 하신다(요 16:8). 그래도 깨닫지 못한다면 하나님의 긍휼함을 받기로 예정되어 있지 않을 때라고 밖에 달리 설명할 방도가 없다(롬 9:18).[21]

예수께서 바리새인들에게 화 있을진저 서기관과 바리새인들이여라고 저주하신 적이 있다(마 23:13).

왜 저들을 저주하셨을까?

회개할 줄 모르기에 회개하라고 지적하시는 말씀이다. 그런데도 바리새인들은 자신들은 아브라함의 후손들로서 이미 의인이고 천국 백성들이라고 생각하고 있었다.

자신들이 죄 속에 있다고 상상조차 하지 않고 있는데 어찌 성령의 도우심이 필요하겠는가?

같은 바리새인이었던 바울처럼 성령을 받은 적이 없기에 그들은 어둠 속에 있으면서도 어둠 속에 있는지조차 모르고 있었다(사 6:9). 그렇더라도 하나님은 요엘로 예언하게 하신바 그 약속을 이루도록 만민에게 성령을 부어주셨다(요엘 2:28).[22]

성령을 부어 주신 날이 오순절이 아니었던가?

21　롬 9:18 "그런즉 하나님께서 하고자 하시는 자를 긍휼히 여기시고 하고자 하시는 자를 완악하게 하시느니라."를 참고.
22　요엘 2:28 "그 후에 내가 내 영을 만민에게 부어 주리니 너희 자녀들이 장래 일을 말할 것이며 너희 늙은이는 꿈을 꾸며 너희 젊은이는 이상을 볼 것이며."를 참고.

베드로가 성령의 불을 받고 성령 충만하여 주의 복음을 전파했을 때 하루에 삼천 명씩 회개하고 주께 돌아왔다. 성령은 회개하게 하는 영이시며 살리시는 영이시다. 요한은 성령이 오면 죄에 대해, 의에 대해, 심판에 대해 세상을 책망하신다고 했다(요 16:8). 그 책망을 받을 때 회개가 일어나고 그 죄로부터 돌이켜 살게 되는 것이다.

4) 그리스도께로 인도하는 성령(요 16:13)

요한은 성령님을 그리스도께로 인도하시는 영이라고 진술했다.
누구를 인도하고 왜 인도한단 말인가?
불신자 신자 할 것 없이 그리스도가 필요한 사람들을 살려내려고 그리스도께로 인도하신다.
성령은 살리시는 영이 아닌가?(요 6:63).
성령을 따라 그리스도께로 인도받는 사람은 하나님의 긍휼하심을 받고 그리스도의 은혜를 힘입어 죄에서 어둠에서 살아나는 사람들이다(롬 9:18). 그뿐만 아니라 성령은 그리스도를 증거하여 인치시는 영이시기도 하다(엡 1:13). 바울은 성령이 아니고는 누구든지 예수를 주시라 할 수 없다고 하였다(고전 12:3).[23] 즉, 예수님을 알고, 예수님을 영접하고, 예수님을 믿게 하시는 이가 바로 성령인 것이다.

---

23 고전 12:3 "그러므로 내가 너희에게 알리노니 하나님의 영으로 말하는 자는 누구든지 예수를 저주할 자라 하지 아니하고 또 성령으로 아니하고는 누구든지 예수를 주시라 할 수 없느니라."를 참고.

5. 요한서신의 성령론(요일 2:1; 5:6)

요한서신에 나타나는 성령 역시 요한복음에서처럼 역할은 같다. 하지만 성령을 그리스도로 보는 것처럼 대언자, 즉 보혜사 성령으로 보는 시각이 요한서신의 성령론이다. 요한일서 2:1이 대표적인 말씀이다.

> 나의 자녀들아 내가 이것을 너희에게 씀은 너희로 죄를 범하지 않게 하려 함이라 만일 누가 죄를 범하여도 아버지 앞에서 우리에게 대언자가 있으니 곧 의로우신 예수 그리스도시라(요일 2:1).

여기서 그리스도를 대언자(*paracleitos*), 보혜사(*paracleitos*)로 보고 있다. 한글로 볼 때 말이 다르지만 원어로 보면 같다. 파라클레토스는 보혜사 성령을 뜻한다. 그러나 그리스도도 또 다른 보혜사다(요 14:16).[24] 보혜사란 변호하고 돕는다는 뜻으로 결국 살리기 위해서 변호하는 것이다.

요한은 그리스도를 왜 보혜사라고 호칭하고 있는가?

하나님 앞에서 대언해 주시는 이로서 파라클레토스를 말하고 있다. 대언은 요한복음에서 살리시는 영으로서 성령을 말하고 있고 요한서신에서도 마찬가지 보혜사는 살리는 영으로 나타나고 있다. 그러니까 죄를 범하지 않게 막는 것도 또 혹시 죄를 지어도 회개하게 하시는 영은 곧 성령이시다. 그러므로 요한복음의 성령과 요한서신의 성령은 결과적으로 살리시는 영으로서 역할이 같다(요 6:63). 그렇지만 몇 가지 측면에서 달리 표현되어 있기도 하다.

---

24   요 14:16 "내가 아버지께 구하겠으니 그가 또 다른 보혜사를 너희에게 주사 영원토록 너희와 함께 있게 하리니."를 참고.

첫째, 요한서신의 성령은 내주하시는 성령으로 말하고 있다.

> 그의 계명을 지키는 자는 주 안에 거하고 주는 그의 안에 거하시나니 우리에게 주신 성령으로 말미암아 그가 우리 안에 거하시는 줄을 우리가 아느니라(요일 3:24).

이 말씀에 따르면 마치 요한복음 15:7 말씀처럼 **"너희가 내 안에 내 말이 너희 안에 거하면 무엇이든지 원하는 대로 구하라 그리하면 이루리라"** 는 말씀이 떠오른다. 그렇더라도 성령님께서 내주하시는 영이라면 우리 속에서 우리를 선으로 인도하시기 위해 내주하시는 것은 틀림없다. 그렇다면 성령의 인도를 받아야 한다. 인도를 받게 되면 영의 삶을 살게 될 것이고 거절하면 육의 삶을 살게 될 것이다.

둘째, 사도 요한은 요한서신에서 성령님을 진리로 언급하고 있다.

> 이는 물과 피로 임하신 이시니 곧 예수 그리스도시라 물로만 아니요 물과 피로 임하셨고 증언하는 이는 성령이시니 성령은 진리니라(요일 5:6).

이 말씀에 따르면 그리스도가 물과 피로 임하셨다고 증거하시는 이는 성령이고 성령은 진리라고 한다. 진리(*aletheia*)는 히브리어로 에메트다. 구약에서 126회 나오고 그중 85회는 알레데이아로 번역했다. 알레데이아는 아멘이요, 신실한의라는 뜻을 나타내고 있다. 주로 그리스도에게 사용되는 언어다. 그리스도께서 내가 길이요 진리라고 말씀하셨듯이(요 14:6).[25] 사도 요한은 성령도 진리로 언급하고 있다. 보혜사나 그리스도나 살리시는 영인 것은 마찬가지기 때문에 그럴 것이다. 요한이 파라클레토

---

25 요 14:6 "예수께서 이르시되 내가 곧 길이요 진리요 생명이니 나로 말미암지 않고는 아버지께로 올 자가 없느니라."를 참고.

스를 그리스도로 언급한 것이나 성령을 진리로 언급한 것은 같은 이치다 (요일 2:1).[26]

그러면 사도 요한은 요한서신에서 왜 성령을 진리로 또 그리스도를 보혜사로 구분 없이 호칭하는가?

이것을 『호크마 주석』에서는 사도행전 16:7 말씀을 예로 들면서 성령을 예수의 영으로 말씀하고 있어서 그렇다고 해석하고 있다.[27] 그런데 다른 성경 구절 가운데에서도 나타나고 있다. 가령, 로마서 8:9에서는 하나님의 영으로, 빌립보서 1:19에서는 예수 그리스도의 성령으로, 요한복음 14:16에서는 또 다른 보혜사로, 언급되어있다. 사실 하나님 안에서는 그리스도의 영이나 하나님의 성령이나 구분이 없다. 그리고 구별할 필요도 없다.

성령의 특징으로 예를 든 바람(요 3:8)을 어떻게 하나, 둘 이렇게 나누어 말할 수 있다는 말인가?

그럴 수 없다. 그래서 영은 하나이고 하나님도 한 분이시다.

셋째, 사도 요한은 요한일서 5:8에서 성령님을 삼위 하나님으로 언급하고 있다.

> 성령과 물과 피라 또한 이 셋은 합하여 하나이니라(요일 5:8).

이 말씀에 물리적으로 셋을 합하여 하나다라고 하는 것은 아니다. 왜냐하면, 물리적으로 하나는 개별적이고 독립적이다. 그리고 개별적인 것을 합한다고 해서 합해지지 않는다. 그러나 영이신 하나님을 말한다고 할 때 영은 분리될 수도 없고 원래 하나다.

---

26 요일 2:1 "나의 자녀들아 내가 이것을 너희에게 씀은 너희로 죄를 범하지 않게 하려 함이라 만일 누가 죄를 범하여도 아버지 앞에서 우리에게 대언자가 있으니 곧 의로우신 예수 그리스도시라."를 참고.
27 강병도, 『호크마 주석: 요한일서』(서울: 기독지혜사, 1993), 31.

물은 생수의 근원 되신 하나님을 말하고 있지않는가?(렘 2:13).[28]
피는 그리스도를 말하지 않는가?

성령과 물과 피는 삼위 하나님을 뜻하는 것이다. 터툴리안이 삼위라는 개념을 처음 도입하여 한 하나님을 말하고 있다지만, 원래 영이신 하나님은 나눌 수도 없고 나누어지지도 않고 그저 한 분이시다. 역할에 따라 이름만 달리할 뿐이다. 어찌보면 유한한 지식으로 무한한 진리를 이해하려고 하는 것 같아 어리석은 것이 아닌가 하는 생각도 든다.

마치 하나님은 세 위치에서 각각 다른 역할을 하시며 존재하는 것처럼 성경에 나타나 있어서 삼위 하나님이라고 하지만, 필자는 바울이나 사도 요한이 그랬던 것처럼 한 하나님이시니 그리스도, 성령, 하나님을 구분 없이 호칭해도 되지 않겠는가라고 생각 되어진다. 그렇더라도 사도 요한은 성령을 그의 서신에서 상황에 따라 몇 가지로 나누어 설명하고 있다.

1) 기름 부으시는 성령 (요일 2:20, 27)

기름을 붓는다는 말이 성경에 간간이 등장한다. 기름은 거룩하신 하나님께서 부으시는 것이므로 신성하고 거룩하다. 때에 따라 기름 부음은 안수로 대신 되기도 한다. 모세는 후계자 여호수아에게 안수하여 성령을 충만하게 한 적이 있다(신 34:9).[29]

그러면 하나님은 사람을 쓰실 때 왜 기름을 부으시는가?

일종의 임명장과 같은 것이다. 기름을 쉐멘(*shemen*)이라고 한다. 뜻은 기름짐이고, 풍성이고, 번성의 뜻이 있다. 기름을 붓는다, 크리스마(*chrisma*)

---

[28] 렘 2:13 "내 백성이 두 가지 악을 행하였나니 곧 그들이 생수의 근원되는 나를 버린 것과 스스로 웅덩이를 판 것인데 그것은 그 물을 가두지 못할 터진 웅덩이들이니라." 를 참고.

[29] 신 34:9 "모세가 눈의 아들 여호수아에게 안수하였으므로 그에게 지혜의 영이 충만하니 이스라엘 자손이 여호와께서 모세에게 명령하신 대로 여호수아의 말을 순종하였더라." 를 참고.

는 기름을 바르거나 문지른다는 히브리어 마쉬아흐(*mashiach*)의 역어이다. 기름을 바르거나 붓는다는 것은 성령을 충만하게 하는 거룩한 예식이다. 기름은 기름짐과 번성의 뜻만 있는 것이 아니고 불을 일으키는 재료로도 쓰이기에 성령과 관련 되어진다. 요한일서 2:20에서 "**거룩하신 자에게서 기름 부음을 받고 모든 것을 아느니라**"라고 했다. 모든 것을 알게 된다는 것은 가르치고 생각나게 하시는 성령께서 하시는 일이다(요 14:26).

어떻든 기름 부음 받은 자는 하나님의 일을 하려고 구별된 자이기에 성령을 받은 자다. 사람이든, 국민이든, 나라든, 살려서 번성케 하는 일을 해야 한다. 사울은 비록 하나님의 기름 부음을 받았지만 죄를 짓는 등 하나님의 일에 적합하지 않아 중도 탈락시키신다. 그러나 다윗은 하나님의 기름 부음을 받고 하나님의 일에 적합하게 쓰임 받아 이스라엘을 번성하게 했다. 물론 다윗도 득죄 한 일이 있었지만, 성령을 거두지 마시라고 요를 적실 정도로 눈물을 흘리며 간절히 회개했기에(시 51:11).[30] 하나님은 그를 용서하셨다. 하나님은 사울에게도 회개할 기회를 주셨으나 회개하지 않아 성령을 거두셨고 대신 악령을 보내셨다(삼상 16:14).[31]

예나 지금이나 주의 종들은 성령의 기름 부음을 받은 자들로서 성령으로 죽은 영혼들을 살리고 번성시켜야 한다. 그것이 하나님의 일일진대 살리기보다 분별없이 죽이는 일에 앞장서는 경우도 없지 않다. 바울은 디모데에게 안수하여 하나님의 은사를 불일듯하게 하려 하였다(딤후 1:6).

이것이 하나님의 심정을 대변하고 있는 말씀이 아닌가?

오늘날 주의 종으로 안수받은 목회자들 역시 성령의 은사가 풍성하여 죽어 있는 많은 영혼들을 살려내야 한다. 그리스도께서도 살리시는 영으로 이 땅에 오셨다고 바울은 강변하고 있다(고전 15:45) 그리스도도 성령님

---

30 시 51:11 "나를 주 앞에서 쫓아내지 마시며 주의 성령을 내게서 거두지 마소서."를 참고.
31 삼상 16:14 "여호와의 영이 사울에게서 떠나고 여호와께서 부리시는 악령이 그를 번뇌하게 한지라."를 참고.

도 살리시는 영으로 이 땅에 오셨다(요 6:63).

2) 하나님의 영(요일 4:2)

하나님의 영은 성령을 말하고 있지만(창 1:2) 사도 요한은 영을 다 믿지 말고 오직 영들이 하나님께 속해있나 분별하라고 했다. 그 이유는 시대가 바뀌어 미혹의 영, 거짓 영, 적 그리스도의 영이 많기 때문이다.

사람이 어떻게 영을 분별할 수 있단 말인가라고 겁먹을 필요는 없다. 왜냐하면, 분별의 영 되신 성령님이 함께할 때 분별이 되기 때문이다. 고린도전서 2:13에 신령한 일은 신령한 것으로 분별되느니라라고 했다. 분별을 못 하도록 막는 악한 영은 분명 혼란을 주어 하나님과 멀어지도록 육적인 것들에게 관심을 갖게 할 것이다(고후 4:4).

그러나 하나님의 영은 분명 하나님과 가까워지도록 영적인 일들로 인도할 것이다. 예수님을 믿고 성령을 받은 성도들이라면 최소한 선과 악은 분별할 수 있어야 한다. 문제는 분별이 되었다면 분별 된 대로 움직여야 하는데 사람들의 정에 끌려 악에 빠지는 경우가 종종 있다. 어떻든 성경에 성령이 다양한 영으로 표기되어있지만 하나같이 하나님의 영이고 성령을 말한다. 천사처럼 피조 된 영들 이외의 영은 하나다. 단지 영의 이름에 따라 그 하시는 역할이 다르게 나타날 뿐이다.

3) 진리의 영(요일 4:6; 5:6)

진리의 영은 성령의 또 다른 표현이다. 사도행전 16:7 말씀에 사도 바울이 비두니아로 가고자 할 때 예수의 영이 허락지 아니하시느니라라는 말씀이 나타난다. 이 말씀 역시 성령을 달리 표현한 것이다. 예수의 영이나 성령은 하나지만 그 하시는 역할에 따라 영을 달리 표현된 그런 경우다.

성령을 진리라 할 때도 마찬가지로 그리스도의 말씀과 관련하여 쓰인다.

사탄은 그리스도의 말씀인지, 사람의 말인지, 거짓말인지, 비슷한 말로 혼란을 주어 분별에 애로를 겪게 하는 경우가 많다(고후 4:4). 이단들이 쓰는 수법이다. 즉, 본질을 흐리고 호도해서 비본질이 본질인 것처럼 속임수를 쓸 때 미혹의 영, 거짓 영이 작용하는 때이다. 본질을 바로 알게 되려면 진리의 영이 필요하게 된다. 진리는 예수 그리스도를 지칭하기도 하지만 성령으로 지칭되기도 한다(요일 5:6).[32]

그러면 어느 때 성령을 진리라고 하는가?

그리스도의 말씀이 확실하게 그리스도의 말씀이 되도록 증언이 필요할 때 성령은 말씀이신 그리스도께로 인도하시기에 성령을 진리하고 한다(요 16:13). 하나님은 하나님의 말씀을 할 때 성령을 한량없이 부어주신다고 했다(요 3:34).[33] 만약 하나님의 말씀을 전하는 자가 하나님의 말씀을 전한다고 하면서 자기 이야기를 하나님의 말씀처럼 한다면 하나님은 결코 성령을 부어주시지 않는다. 그러면 그 말이 재미난 이야기로 들을 수는 있어도 하나님의 말씀으로 듣지는 못한다. 성령께서 감동해야 하나님의 말씀으로 들리기 때문이다.

여기서 하나님의 말씀을 전한다고 하는 목회자나 설교자들이 명심해야 할 것은 성경 말씀을 포함해 하나님의 말씀을 할 때만 성령께서 진리의 영이 되셔서 하나님의 말씀을 깨닫게 하신다는 사실이다. 마태복음 10:20에서는 **"말하는 이는 너희가 아니라 너희 속에서 말씀하시는 자 곧 아버지의 성령이시니라"**라는 말씀을 하시고 있다. 진리의 영이신 성령님은 하나님의 말씀을 전할 때만 역사하신다.

---

[32] 요일 5:6 "이는 물과 피로 임하신 이시니 곧 예수 그리스도시라 물로만 아니요 물과 피로 임하셨고 증언하는 이는 성령이시니 성령은 진리니라."를 참고.

[33] 요 3:34 "하나님이 보내신 이는 하나님의 말씀을 하나니 이는 하나님이 성령을 한량없이 주심이니라."를 참고.

4) 그의 성령(요일 4:13)

그의 성령이란 예수의 성령도 되고 하나님 아버지의 성령도 된다. 사실 사도 요한은 예수 그리스도나, 하나님이나, 성령님이나, 구별 없이 같은 호칭을 쓰고 있다. 마태복음 10:20 에서 성령을 아버지의 성령이라고 한 것도 같은 맥락이다. 그의 성령이란 하나님의 성령, 그리스도의 성령이라고 해도 되는 성령님이 우리 속에 거하신다고 했다. 그러기에 우리가 우리 안에 성령님이 계시는 줄을 안다고 했다. 성령은 깨닫게 하시는 영이므로 우리가 영적인 일들을 깨닫게 된다. 하지만 아무리 예수 그리스도를 믿어도 도무지 영적인 깨달음을 느끼지 못하는 성도들이 꽤 많다.

이를 어찌 해석해야 좋단 말인가?

사실 그런 성도들은 하나님의 말씀을 듣지 못하고 사람의 이야기, 즉 인본주의 적인 말들을 하나님의 말씀으로 잘 못 들어서 그럴 수도 있다고 본다. 하나님의 말씀, 그리스도의 말씀에는 반듯이 성령께서 개입하셔서 역사하신다. 성령은 깨닫게도 하시고 생각나게도 하신다.

왜인가?

영혼을 살려야 하기 때문이다. 그리스도도 살리시는 영이시다(고전 15:45).[34]

---

34 고전 15:45 "기록된 바 첫 사람 아담은 생령이 되었다 함과 같이 마지막 아담은 살려주는 영이 되었나니."를 참고.

6. 요한계시록의 성령론(계 1:10; 2:7,11)

요한계시록에서 나타나는 성령은 사도 요한을 감동하여 천국의 현상들을 보게 하는 성령이시다(계 1:10).[35] 이 말씀 가운데 귀가 열려서 하나님의 음성을 들었을 뿐만 아니라 눈도 열려 보는 것이 있었다. 그 본 것은 천국에 계신 그리스도의 모습이었다. 에스겔과 다니엘이 본 모습과도 흡사하다. 사도 바울도 천국에 이끌리어 삼층천을 본 적이 있다(고후 12:2).[36]

그런데 그리스도께서 사도 요한에게 계시로 음성을 들려주시면서 하시는 말씀이 특이하다. 내가 하는 말을 교회들에게 전하라가 아니고 성령이 교회들에게 하시는 말씀을 들으라고 하셨다(계 2:7, 11, 17, 29; 3:6, 13, 22). 아시아 일곱 교회에 똑같은 방식으로 그리스도께서 사도 요한에게 말씀하셨다. 그런데 성령이 하시는 말씀을 교회들은 들어야 한다는 것이다.

이 말씀을 어떻게 이해해야 하는가?

사도 요한은 요한서신에서 그랬듯이 그리스도와 성령을 같이 호칭한 것과 같은 맥락이라고 보여진다.

필자는 그리스도께서 하나님과 성령과 함께 하나 되어 있는 것을 본 것이 아닌가라고 보고 있다. 마치 예수께서 내가 아버지 안에 아버지가 내 안에 계신 것을 네가 믿지 아니하느냐라고 빌립에게 하신 말씀처럼(요 14:10).[37] 내가 성령 안에 성령이 내 안에 계신 것처럼 말씀하시는 것이 아닌가 한다.

---

35 계 1:10 "주의 날에 내가 성령에 감동되어 내 뒤에서 나는 나팔 소리 같은 큰음성을 들으니."를 참고.

36 고후 12:2 "내가 그리스도 안에 있는 한 사람을 아노니 그는 십사 년 전에 셋째 하늘에 이끌려 간 자라 (그가 몸 안에 있었는지 몸 밖에 있었는지 나는 모르거니와 하나님은 아시느니라)."를 참고.

37 요 14:11 "내가 아버지 안에 거하고 아버지께서 내 안에 계심을 믿으라 그렇지 못하겠거든 행하는 그 일로 말미암아 나를 믿으라."를 참고.

요한복음에서 사도 요한은 마치 그리스도와 임무 교대를 하기 위해 강림하신 것처럼 성령을 말씀하셨다. 요한서신에서는 그리스도와 진리의 성령을 같이 말씀하셨다. 요한계시록에서는 그리스도와 성령을 구분 없이 말씀하고 계신다. 요한의 성령론은 그리스도나, 하나님이나, 성령이나, 한 분 하나님으로 말하고 있는 것이 특징이 아닌가 한다. 그러나 요한복음이나 요한서신에는 없는 성령의 이름이 나타난다. 이를 살펴보도록 하자.

1) 하나님의 일곱 영(계 3:1; 4:5; 5:5)

성경 가운데 요한계시록에만 등장하는 하나님의 일곱 영이라는 개념을 어떻게 이해해야 하는가?

앞에서 살펴보았듯이 영은 피조 된 영들처럼 여러 영이 아니다. 하나님의 영은 하나다. 단지 표현만 달리했을 뿐이므로 복잡하게 생각할 필요가 없다. 하나님의 일곱 영이란 성령을 말하고 있다. 단지 사도 요한이 계시록에서 아시아 일곱 교회와 일곱 교회의 사자로 표현되는 일곱 별 또 일곱 교회로 표현되는 일곱 금 촛대와 관련하여 일곱 영이라고 했을 뿐이다 (계 1:20).[38] 요한계시록 2:1에서와 같이 그리스도를 일곱 별을 붙잡고 일곱 금 촛대 사이를 다니시는 이라고 한 것처럼 요한계시록 3:1에서도 하나님의 일곱 영과 예수 그리스도를 동일하게 호칭하고 있다. 사도 요한이 아시아 일곱 교회들만을 언급하며 회개를 선포했지만, 일곱이 상징하는 뜻으로 볼 때 요한계시록은 전 세계 모든 교회들에게 경고하는 회개의 메시지가 아닌가 한다. 다시 말하자면 전 세계 모든 교회에게 하나님의 성령으로 책망하시며 회개를 촉구한 것이다.

---

[38] 계 1:20 "네가 본 것은 내 오른손의 일곱 별의 비밀과 또 일곱 금 촛대라 일곱 별은 일곱 교회의 사자요 일곱 촛대는 일곱 교회니라."를 참고.

회개란 개인은 물론 나라마다 각각의 모든 교회가 다시 살아나기를 바라는데서 회개가 아닌가?

사실 일곱이란 유대인들에게 완전 수, 충만한 수로 상징되고 있다. 예를 들어, 7일이라는 창세기의 창조 역사가 그렇고, 레위기에서 제사 때 완전한 정화를 위해 제단 앞에 일곱 번 피뿌리게 하는 것도 그렇고(레 16:14), 엘리사가 수넴여인의 죽은 아들을 살릴 때 완전히 살았다는 의미로 일곱 번 재채기 한 것도 그렇고(왕하 4:35), 우상에게 절하지 않고 하나님만을 섬겼던 온전하고 깨끗한 7천 명을 남겨놓았다는 말씀이 그렇다(왕상 19:18).

이처럼 성경에는 완전수 7과 관련된 구절들이 많다. 유대인들뿐만 아니라 중·근동 지역의 바빌로니아인들도 일곱이라는 킷 사투(*kissatu*)는 충만, 완전, 전체라는 뜻으로 사용하고 있다. 아무래도 그리스도의 계시로 언급된 일곱이기에 성경과 관련되어 있음은 두말할 필요가 없다. 요한계시록은 모든 신약성경 가운데 7이란 숫자를 가장 많이 사용하고 있는 책이다. 일곱 교회, 일곱 별, 일곱 금촛대, 일곱 영, 일곱 인, 일곱 뿔, 일곱 눈, 일곱 천사, 일곱 재앙 등 이렇게 일곱이라는 수의 실제적 의미보다 완전, 충만이라는 의미를 고려할 때 하나님의 종말론적 실현을 나타내며 요한계시록이 성경 마지막 책이므로 하나님의 일곱 영, 즉 하나님의 성령으로 하나님 사역의 완성을 말씀하시는 것이 아닌가 한다.

2) 예언의 영 (계 19:10)

예언이란 프로페테이아(*propheteia*), 즉 예언의 은사, 예언자의 언급, 예언자의 역사를 뜻한다.

왜 예언하시는가?

생명을 살리기 위함이다. 예언은 사람이 하는 것 같아도 사람이 하는 것이 아니라 하나님의 선택받은 자가 하나님의 계시에 의해 예언하는 것이므로 하나님이 하시는 것이다. 그러므로 그 예언은 반드시 이루어진다. 예언이라고 다 예언이 아닌 것은 그 예언이 이루어지는지 그렇지 않은지에 따라 예언한 자는 참 선지자가 되기도 하고 거짓 선지자가 되기도 한다(렘 28:9).³⁹ 그런데 요한계시록 19:10에서는 선지자의 예언을 말하는 것이 아니고 예수의 증언을 말하고 있다. 그 말씀을 예언의 영이라고 했다. 예수의 증언 곧 예수의 말씀은 참되신 하나님의 말씀이고(계 19:9) 진리이다.

예수님의 증언이라면 진리의 영이 우리 속에서 예수님의 말씀이라고 증거하지 않겠는가?

예수의 영이나 예언의 영이나 진리의 영이나 사실은 마찬가지다. 영은 하나님의 영으로 하나이기 때문이다. 그리고 성령은 요한복음에서나, 요한서신에서나, 요한계시록에서 동일하며 역할은 살리시는 영이다. 에스겔 47:9에서 그 강물이 흐르는 곳곳마다 무엇이든 다 살아난다고 했다. 강에 흐르면 강의 고기가 살고 바다에 흐르면 바다가 되살아나고 시내에 흐르면 나무들이 살아난다. 사도 요한은 성령 시대가 오면 성경에 이름과 같이 그 배에서 생수의 강이 흘러나와 모든 것을 살린다고 진술하고 있다.

생수는 여호와 하나님과 성령을 뜻하고 있지 않는가?(렘 2:13; 요 7:38-39)

---

39 렘 28:9 "평화를 예언하는 선지자는 그 예언자의 말이 응한 후에야 그가 진실로 여호와께서 보내신 선지자로 인정 받게 되리라."를 참고.

제8장

요한의 구원론

구원이란 개념을 확실하게 정리해 놓으면 믿음에 큰 도움이 된다. 문제는 그 개념이 성도들이나 독자들이나 처해있는 상황에 따라 의미가 달라질 수 있다는 것이다. 원어에 있어서 구원이란 말이 593번이나 나타나지만 어원을 따라 개념을 정리하려면 참으로 복잡해진다. 그러나 확실한 것 한 가지는 구원이란 상황변화이다. 구약성경에서 말하는 구원은 육적인 구원의 뜻이 포함되었다. 그러나 신약에서는 육적인 구원보다 영적인 구원을 말한다.

베드로는 베드로전서 1:9에 **"믿음의 결국 곧 영혼 구원이다"**라고 했다. 그러므로 성경에서 말하는 구원은 영적인 구원을 말한다. 왜냐하면, 하나님께서 영이시고 하나님나라도 영의 나라이기 때문이다. 그렇더라도 바울은 골로새서 3:10에 하나님의 형상이 마음속에 새롭게 형성되는 것을 말했고 사도 요한은 요한복음 1:12에서 하나님의 자녀 되는 권세를 말했다. 표현만 다를 뿐 결론은 영혼구원이다. 이런 관점을 가지고 요한의 구원론을 살펴보겠다.

1. 요한복음의 구원론(요 1:12; 3:16)

앞의 6장에서 요한의 기독론을 중요하게 다루었다. 기독론을 다루게 되는 이유는 우리가 믿는 믿음의 대상을 보다 더 확실하게 하기 위함이다. 그리스도가 누군지 확실히 알고 믿지 않으면 구원론이 내 것이 될 수 없다. 내 것이 된다 하더라도 쉽게 흔들릴 수 있다. 그래서 그리스도 그는 누구인가가 기독론의 핵심이었다. 그런데 기독론을 오해하거나 투명하지 못하게 아는 사람들 가운데 이단으로 빠진 사람들이 참으로 많다. 한국만 하더라도 흘리는 정보에 따르면 신천지 약 35만 명, 안상홍증인회 약 25만 명, 통일교는 전 세계적으로 전파되어 그 수가 얼마나 되는지 확실하지 않다. 아마도 수백은 될 것이 아닌가 한다. 거기다가 구원파, 여호와증인 등 기타 나라마다 그 지역의 종교와 섞여진 혼합주의까지 합쳐진다면 셀 수 없는 많은 영혼이 곁길로 빠져 있을 것으로 보인다.

모두 하나님께서 귀하게 보시는 한 영혼 한 영혼들이 아닌가?

이렇게 소중한 한 영혼의 구원을 위해 요한복음 1:12에서 다음과 같이 진술하고 있다.

> 영접하는 자 곧 그 이름을 믿는 자들에게는 하나님의 자녀가 되는 권세를 주셨으니 (요 1:12).

이 말씀은 예수님을 하나님의 아들로 또 생명을 공급해 주시는 그리스도로 인정하고 그 이름을 믿으면 하나님의 자녀가 된다고 사도 요한은 진술하고 있다. 하나님의 자녀란 곧 영원한 자녀가 되는 것이다. 영생은 생명이 없는 가운데서 새로운 생명이 주어지는 것을 말한다. 이 생명에 관하여는 이후에 좀더 구체적으로 다루기로 하자.

이렇게 사도 요한은 처음부터 그의 독자들에게 그리스도의 이름을 인정하고 그 이름을 믿는 자들에게 어떤 권세가 주어지는지 이것을 증거하고 있다. 아마 그 시대의 이단들도 하나님의 자녀 되는 권세 이 말씀을 믿고 있었을 것이다. 그리고 자기들만이 이 구원에서 확실하다라고 믿고 있었을 것이다.

또 요한복음 3:16에서 "**하나님이 세상을 이처럼 사랑하사 독생자를 주셨으니 이는 그를 믿는 자마다 멸망하지 않고 영생을 얻게 하려 하심이라**"라고 구원의 대상을 확대하고 있다. 하나님께서는 처음 아브라함을 부르시어 그 개인과 가족을 구원하셨다. 그리고 좀 더 나아가 가족에서 민족으로 출애굽시키셔서 이스라엘을 구원하셨다. 이제는 처음 계획하셨던 대로(창 3:15) 자기의 유일한 아들을 통해 온 세상 사람들을 구원하시기를 원하셨다. 때가 되어 등장하신 예수 그리스도를 사도 요한은 자기 독자들뿐만 아니라 온 세상을 향해 영생으로 초청하고 있다.

여기까지는 얼마나 좋은가?

그런데 예수님을 믿되 순수하게 믿지 못하고 그의 성육신 문제와 관련하여 영지주의자들처럼 그리스도의 신성만 믿는다든지 또는 그리스도의 인성만 믿는다든지 뭔가 부족하고 결핍 된 믿음을 가지고 있는 사람들이 점차 많이 등장했다. 그들은 모두 이단이 되었다. 그래서 사도 요한은 그의 독자들에게 그리스도는 하나님으로부터 보내심을 받은 자로서 근본 하나님이셨다. 그가 인간의 죄를 속량하려고 잠시 이 땅에 오셔서 인간의 육신을 취하신 하나님이시다고 선포했다. 그래서 예수님은 인성과 신성, 양성을 함께 지니신 그리스도다라는 사실을 표적의 역사를 통하여 증거하였다.

따라서 그리스도는 어느 날 하늘에서 뭐가 떨어지듯이 갑자기 등장한 메시아가 아니다. 선지자들의 예언을 따라 등장하셨다. 그러므로 그는 성경의 예언을 성취하러 오신 메시아다라는 사실을 증언하였다(요 1:23).[1]

이 증언의 말씀을 보거나 듣거나 읽거나 해서 예수 그리스도를 믿으면 구원이 되는 것이다. 다만 그리스도를 믿어 구원을 받을진대 어느 한 편만 믿고 어느 한 편은 부인한다든지 하는 치우친 믿음, 결핍된 믿음은 온전하지 못하다는 것이다. 사도행전 18:25[2] 에서 알렉산드리아의 아볼로가 요한의 세례만 아는 복음을 전했다. 마침 브리스길라와 아굴라 부부가 이 부

---

[1] 요 1:23 "이르되 나는 선지자 이사야의 말과 같이 주의 길을 곧게 하라고 광야에서 외치는 자의 소리로라 하니라."를 참고.

[2] 행 18:25 "그가 일찍이 주의 도를 배워 열심으로 예수에 관한 것을 자세히 말하며 가르치나 요한의 세례만 알 따름이라."를 참고.

족한 복음을 듣게 되었다. 이들 부부는 그를 데려다가 하나님의 도를 정확히 가르쳤다는 기록이 나온다.

우리가 예수 그리스도를 믿기 전에 기독론을 먼저 확고히 하는 것은 구원을 확고히 하고자 하는 것이다. 기독론이 불투명하면 구원론도 불투명해진다. 불투명한 상태에서 어느 날 이단이 전하는 잘못된 복음을 듣게 되면 그 꼬임에 빠질 수 있다. 구원의 개념도 제대로 모르다가는 구원의 길에서 벗어난 줄도 모르고 '나는 예수를 잘 믿고 있다'라고 생각하는 성도들이 얼마든지 있을 수 있다. 그러나 그런 성도들이 구원의 개념이 정확해지면 치우침에서 돌아서게 된다.

1) 구원의 개념(요 1:12; 벧전 1:9; 롬 8:2; 골 1:20)

일반인들은 불신자들이니 구원이 무엇을 뜻하는지 알면 좋겠지만 관심조차 없이 세상살이에만 바쁘다. 그런데 성도들조차 구원이 무엇인지도 모르고 그리스도를 대충 믿는 경우라면 매우 위험하다. 성도라면 최소한 구원이 무엇인지 그 개념을 알고 믿어야 한다. 그렇지 않으면 작은 바람만 불더라도 흔들린다. 구원의 개념을 모르면 신앙고백도 허술해지고 사도들의 신앙고백으로서 매일같이 신앙고백을 해봐야 내 것이 되지 못하고 헛바퀴 도는 믿음이 된다.

그런 이유로 구원의 개념을 이해하기에 좋도록 조직신학에서 쉽게 다루어 놓았으면 좋으련만 구원을 간단하게 설명하기보다는 복잡하게 설명하고 있다. 사실 신학도라고 해도 쉽게 이해하기가 어렵게 되어 있다. 이해한다고 하더라도 성도들에게 간단하게 설명하기가 어렵게 되어있다. 가령, 다른 저서들도 비슷하지만 안토니 A. 후쿠마(Anthony Andrew Hoekkema)의 저서 『개혁주의 구원론』(*Saved By Grace*)을 예로 들어보자. 구원에 있어서 구원의 순서가 등장한다. 순서에 따라 성령의 역할, 중생, 회개, 성화, 칭의, 믿음 등이 등장한다. 그런데 이런 여러 구원의 요소들이 서로 복잡하게 연결되어 있다. 설명은 자세하다. 하지만 어느 한 편을 이해한다고 해서 구원론이 쉽게 풀리지 않는다. 가령, 성도들에게 구원의 개념을 쉽게 이해하도록 가르친다고 할 때 목회자들조차 그 이론으로는 어려움을 겪게 되어 있다.[3]

그러나 성경 말씀 몇 구절만 인용하면 개념이 간단하게 풀린다. 필자는 세 구절 정도를 인용해 보겠다.

첫째, 베드로전서 1:9 말씀이다.

> 믿음의 결국 곧 영혼의 구원을 받음이라(벧전1:9).

이 말씀을 구원의 근거로 볼 때 구원은 예수님을 믿음으로 받는 것이다. 그러면 영혼이 구원된다는 것이다. 이 말씀을 좀 더 구체적으로 생각해보자. 인간의 구원은 육신의 문제가 아니고 영의 문제라는 것이다. 그것이 당연한 것은 하나님은 영이시고 하나님 나라도 영의 나라이기 때문이다.

영의 나라를 어떻게 육으로 간다는 말인가?

믿음은 영의 문제이고 우리가 살아가는 물질 세계의 문제가 아니라 사람의 영혼에 대한 문제라는 것이다. 그러므로 첫째 구원의 개념은 영혼 구원이다.

그러면 영혼이 어떤 상태에 있길래 구원이 필요한가?

둘째, 인용할 구절은 로마서 8:2이다.

> 이는 그리스도 예수 안에 있는 생명의 성령의 법이 죄와 사망의 법에서 너를 해방하였음이라(롬 8:2).

---

3 안토니 A. 후크마, 『개혁주의 구원론』, 류호준 역(서울:CLC, 1991), 19-34.

쉽게 말하면 성령께서 믿는 자의 영혼을 사탄의 올무에서 풀어내야 구원이 된다는 것이다. 즉, 영혼이 사탄(어둠)에 매여 있어 사탄의 종노릇 하며 죽을까 봐 벌벌 떨며 산다는 것이다(히 2:15).[4] 그래서 구원은 사탄으로부터의 해방이다. 일반종교에서 말하듯 내가 스스로 노력한다고 해서 내 영혼이 사탄의 올무에서 풀릴 수가 없다. 즉, 죽음에서 벗어날 수도 없고 벗어날 능력도 되지 못한다. 영혼의 문제는 인간 스스로 풀 수 없다. 그래서 성령님의 개입이 필요하다는 것이다.

성령께서 악한 영에 사로잡혀 악을 일삼는 인간들의 굳어진 마음을 부드럽게 어루만져서 녹여내야 믿을 수 있게 된다고 에스겔 선지자가 예언한 적이 있다(겔 36:26).[5] 이렇게 구원은 자력으로 되는 것이 아니라 타력으로 되는 것이다. 즉, 성령의 은총으로만 되는 것이다. 그러므로 둘째 구원이란 개념은 영혼이 사탄의 묶임에서 해방되는 것을 말한다.

셋째, 사탄의 올무에서의 해방은 죄에서 풀려 하나님과 관계가 회복된다는 의미다. 그래서 구원의 개념은 거룩의 회복이다. 거룩은 죄가 사함을 받았다는 증거로 예수 그리스도의 십자가 피로서만 해결 된다고 바울이 증거했다.

> 그의 십자가의 피로 화평을 이루사 만물 곧 땅에 있는 것들이나 하늘에 있는 것들이 그로 말미암아 자기와 화목하게 되기를 기뻐하심이라(골 1:20).

이 말씀 가운데 바울은 십자가의 피로 하늘과 땅을 연결시키고 있다. 왜냐하면, 당연히 하늘은 하나님을 뜻하고 땅은 인간들을 뜻하기 때문이다.

---

[4] 히 2:15 "또 죽기를 무서워하므로 한평생 매여 종 노릇 하는 모든 자들을 놓아 주려 하심이니."를 참고.

[5] 겔 36:26 "또 새 영을 너희 속에 두고 새 마음을 너희에게 주되 너희 육신에서 굳은 마음을 제거하고 부드러운 마음을 줄 것이며."를 참고.

그 피가 하늘과 땅의 통일을 가져온다(엡1:10). 하늘과 땅이 분리되었던 것은 하늘은 거룩하고 땅은 부패하고 더러운 죄로 뒤범벅되어 있기 때문이다. 하늘과 땅의 화해는 오로지 그리스도의 피로만 된다고 선포하고 있다.

마찬가지로 사도 요한 역시 요한복음 1:51[6]과 창세기 28:12[7]을 연결시키고 있다. 즉, 야곱의 꿈대로 사닥다리가 하늘에 닿고 하늘의 사자들이 오르락내리락하는 것을 볼 것이라는 말씀을 인용하였다. 이 말씀의 내용은 야곱의 자손 곧 예수 그리스도가 하늘과 땅의 중보자 될 것을 진술하고 있다. 이 말씀은 예수께서 곧 자기의 제자가 될 나다나엘에게 하신 말씀이다.

무슨 말인가?

바울과 사도 요한 모두 그리스도를 믿으면 그의 피로 하늘과 땅이 합해지듯이 죄가 사해져서 거룩이 회복된다는 의미의 말씀이다.

그뿐만 아니라 사도 요한은 그리스도가 하늘과 땅의 중보자가 되셨음을 요한복음 19:30 말씀으로 선포하고 있다. 십자가 상의 그리스도께서 하신 말씀 **"다 이루었다"**라는 말씀이 그것이다. 그 의미는 그리스도의 피 흘림으로 다 끝났다. 하늘과 땅이 화해되었다. 성과 속이 철폐 되었다. 속죄가 완성되었다라는 뜻으로 대속의 완성을 선포한 것이었다. 죄 사함은 레위기에서 보듯이 오직 어린양의 피로서만 해결되는 것이었다. 그것을 완성했다는 것이다(히 9:12).[8]

그러므로 거룩의 회복이란 그리스도를 믿을 때 그의 피로서 거룩하신 하나님 자녀로 관계가 회복된다는 뜻이다. 그리스도의 최종 결론은 다 이루었다이다. 다 이루었다는 것은 구원과 관련하여 성경에 기록되어있는

---

6 요 1:51 "또 이르시되 진실로 진실로 너희에게 이르노니 하늘이 열리고 하나님의 사자들이 인자 위에 오르락 내리락 하는 것을 보리라 하시니라."를 참고.

7 창 28:12 "또 본즉, 여호와께서 그 위에 서서 이르시되 나는 여호와니 너의 조부 아브라함의 하나님이요 이삭의 하나님이라 네가 누워 있는 땅을 내가 너와 네 자손에게 주리니."를 참고.

8 히 9:12 "염소와 송아지의 피로 하지 아니하고 오직 자기의 피로 영원한 속죄를 이루사 단번에 성소에 들어가셨느니라."를 참고.

선지자들의 모든 예언을 성취했다는 것이다.

성경에서 말하는 구원은 복잡한 것 같지만 그렇지 않다. 간단하다. 결과적으로 피로서 죄를 덮는 대속을 말한다. 그리스도는 하나님이 보내신 자로 인류의 죄를 십자가에서 이루셨고 부활하여 하나님께서 처음 계획하셨던 인간 구원의 길을 열어 놓았다(마 27:51).[9] 예수께서 다 이루신 구원의 모든 사실을 믿고 인정함으로써 자기 구원이 이루어지는 것이다. 영혼 구원, 사탄에서 해방, 거룩의 회복, 이 세 가지 정도가 구원이 무엇인지 복잡하지 않게 그 개념을 설명하는 것이다. 성경의 핵심 주제도 된다. 거룩의 회복은 하나님 나라 상속과도 깊이 연관되는 것이다. 믿음의 최종 목표가 된다.

2) 거듭남(요 3:3, 5; 벧전 1:3)

사도 요한이 요한복음 3장에서 진술하고 있는 거듭남(born again)이란 다시 태어난다는 개념으로서 영적인 출생을 말하고 있다. 니고데모는 이것이 도대체 무슨 말씀인지 이해하지 못했다. 그렇더라도 예수께서는 분명 물과 성령으로 말미암는 또 다른 출생을 말씀하셨다. 사실 육적으로 한번 태어났던 사람이 다시 태어나기란 생물학적으로 불가능하다. 그러나 예수님께서 하나님 나라에 들어올 수 있는 조건으로 밤에 남몰래 찾아온 니고데모에게 하신 말씀이었다.

> 예수께서 대답하여 이르시되 진실로 진실로 네게 이르노니 사람이 거듭나지 아니하면 하나님의 나라를 볼 수 없느니라(요 3:3).

---

9 마 27:51 "이에 성소 휘장이 위로부터 아래까지 찢어져 둘이 되고 땅이 진동하며 바위가 터지고."를 참고.

> 예수께서 대답하시되 진실로 진실로 네게 이르노니 사람이 물과 성령으로 나지 아니하면 하나님의 나라에 들어갈 수 없느니라(요 3:5).

이 말씀에 따르면 하나님 나라에 입국하려면 어떻게 해야 하는지 그 방법을 제시하신다. 거듭남을 말씀하고 있다.

마치 믿음과 거듭남은 같은 개념이 아닌가 생각되지만 사실 그렇지 않다. 왜냐하면, 거듭남이 믿음을 선행하기 때문이다. 믿고 거듭나는 것이 아니고 거듭나고 믿는 것이다. 물론 결론은 같다. 그러나 성령의 터치(touch)가 먼저 없으면 악한 마음이 선한 마음으로 바뀔 수 없다. 결국, 선한 마음이 되어야 믿게 되는 것이다. 그래서 성령의 작용으로 거듭남이 일어난다고 사도 요한은 진술하고 있다. 그리고 일반서신에서 베드로가 한 번 더 이 개념을 진술하였다.

> 우리 주 예수 그리스도의 아버지 하나님을 찬송하리로다 그의 많으신 긍휼대로 예수 그리스도를 죽은자 가운데서 부활하게 하심으로 말미암아 우리를 거듭나게 하사 산 소망이 있게 하시며 (벧전 1:3).

베드로 역시 자기 독자들에게 우리가 믿는 예수께서 부활하셨다고 선포하면서 부활과 우리의 거듭남을 천국 소망으로 연결하고 있다. 여기서도 그리스도의 부활을 믿는 것 역시 성령의 터치가 선행해야 함을 말한 것이다.

그러면 예수께서 니고데모에게 믿음을 먼저 말하지 않고 왜 거듭남을 먼저 말했는가이다. 그 이유를 세밀하게 살펴보면 니고데모는 이미 예수께서 하나님의 아들임을 믿고 왔다. 그가 행한 기적이 하나님의 아들이 아니면 행할 수 없는 일이다라고 생각했기 때문이다. 니고데모는 단지 그 믿음을 예수께 확인받고 싶었을 뿐이다.

이런 니고데모의 마음을 잘 아시는 예수께서 나를 믿으니 이 밤에 찾아온 것이 아닌가?

그 믿음을 인정해 주기보다는 오히려 거듭남을 말씀하셨다.
거듭남은 물과 성령으로 되는 것이 아닌가?
물은 불처럼 여호와 하나님을 상징적으로 나타내는 요소이다.

> 내 백성이 두 가지 악을 행하였나니 곧 그들이 생수의 근원되는 나를 버린 것과 스스로 웅덩이를 판 것인데 그것은 그 물을 가두지 못할 터진 웅덩이들이니라 (렘 2:13).

여기서 예레미아 선지자는 하나님을 생수의 근원이라고 했다. 물이 하나님께로부터 나오는데 이스라엘이 물을 구하기 위해 하나님을 찾지 않고 스스로 웅덩이를 팠다는 사실을 지적하고 있다. 그리고 하나님을 찾지 않은 것을 죄라고 했다.

물론 하나님께서 물은 아니시다. 그리될 수도 없다.
그러면 왜 그렇게 말씀하셨는가?
성령께서 수면에 운행하시는 성령이셨다(창 1:2).[10]
예수께서도 바다 위를 걸으셨다(마 14:25).[11] 여호와 하나님께서도 바다 위에 계셨다(욥 9:8).[12] 즉, 물 위에 계신다는 것은 물로서 모든 생명을 다스리신다는 의미이다.

그러니 영적 출생도 당연히 하나님께서 개입하셔야 된다는 뜻이 아닌가?
그런 의미에서 물과 성령으로 거듭나야 한다고 하신 것이다. 거듭남은 결코 니고데모의 생각대로 인본주의적인 믿음으로 될 수 없다. 영으로 되는 것임을 사도 요한이 모든 이들에게 진술한 것이다. 바울이 말한 믿음도 마찬가지로 성령으로 또 하나님께서 개입하셔야 주어진다(고전 2:5; 갈 5:5)라고 설

---

10 창 1:2 "땅이 혼돈하고 공허하며 흑암이 깊음위에 있고 하나님의 영은 수면 위에 운행하시니라."를 참고.
11 마 14:25 "밤 사경에 예수께서 바다 위로 걸어서 제자들에게 오시니."를 참고.
12 욥 9:8 "그가 홀로 하늘을 펴시며 바다 물결을 밟으시며."를 참고.

명했다. 하나님 나라는 결코 인간의 노력으로 가게 되는 곳이 아니다.

필자뿐만 아니라 거듭남이 믿음을 선행한다고 주장하는 학자들이 많다. 전통적으로 어거스틴, 마틴 루터, 존 칼빈, 조나단 에드워즈(Jonathan Edward), 조지 휫필드(George Whitefield), R.C. 스프로울(Sproul). 또 중세 가톨릭 신학자 토마스 아퀴나스(Thomas Aquinas)까지 거듭남이 믿음을 선행한다고 생각했다.[13]

3) 믿음(요 2:11; 4:53; 고전 2:5)

구원은 예수 그리스도를 믿음으로써 받게 된다. 그러면 그 믿음이 무엇인지 개념을 먼저 생각해보자.

> 아브람이 여호와를 믿으니 여호와께서 이를 그의 의로 여기시고(창 15:6).

하나님께서 아브라함의 믿음을 보시고 의로 여기셨다고 했다. 하나님은 하나님께서 하시는 모든 일을 가짜가 아닌 진짜 순수함으로 믿어준 아브라함을 옳게 보셨다. 의란 옳고 틀리지 않다는 뜻이다. 분명 아브라함은 아담의 후손이니 죄인임이 틀림이 없고 흠이 많은 사람일진대 하나님은 그를 의로 여기셨다고 했다. 의로 여기셨다는 것은 누구든 하나님과 그 아들 예수 그리스도를 믿으면 의로 여겨줄 것이다라는 사실을 의지적으로 나타내신 것이다.

그러나 그 믿음이 진짜인지 가짜인지 시험을 하신다. 아브라함처럼 시험을 통과해야 믿음을 인정받게 된다. 이제 믿음이 왜 의가 되고 구원이 되는지 그 이유를 찾아보자. 요한은 믿음을 바울은 의를 말하지만 의와 믿음은 같은 개념이다. 의와 믿음의 결과는 영생이다. 그러면 믿음이 무엇인

13　R.C. 스프로울, 『성령의 신비』, 김진우 역(서울: 생명의말씀사, 1995), 101-103.

지 좀 더 구체적으로 생각해보자.

믿음이 무엇인지 아브라함의 예를 들었다. 믿음은 믿는 대상이 누가 되었든지 그 대상자를 얼마나 신뢰하느냐 하는 신뢰의 문제다. 그러므로 믿음의 개념은 교회 안에서나 밖에나 어떤 종교에서나 일반 사회에서든지 똑같다. 다만 그 믿음이 어디서 어떻게 오는가만 다를 뿐이다. 그 믿음이 어디서 오는지 그 길을 찾아보면 인식의 문제로 결론 난다. 가령, 어떤 한 사건을 볼 때 그 사건을 어떻게 보느냐 하는 것은 그 사람의 생각, 즉 인식을 어떻게 하느냐에 따라 그 사건에 대해 신뢰를 보낼 수도 또 불신을 보낼 수도 있다. 그래서 보통 사람들의 인식은 주관적이기보다는 객관적이기를 바란다.

왜?

객관적인 것을 믿을 때 그 믿음이 잘못되어도 자기만의 부담으로 돌아오지 않고 믿었던 모두에게 돌아오므로 부담이 분산된다. 그러나 주관적인 믿음일수록 자기만의 부담으로 돌아오기에 주관적인 믿음보다 객관적인 믿음을 선호하는 경향이 있다. 그런데 기독교의 믿음은 순전히 주관적이다. 믿음은 자기의 자율 의지에 따라 믿는 것이기 때문에 객관적이든 주관적이든 신뢰든 불신이든 선택의 문제다. 선택한 이후에는 그 선택에 관한 결과는 전적으로 자신의 책임으로 돌아온다.

이렇게 믿음의 근거는 자기 인식의 문제다. 인식을 기반한 선택의 문제라고 앞서 믿음의 개념을 설명했다. 그러나 기독교의 믿음은 그렇지 않다. 세상 사람들은 보고 인식한 후 믿든 말든 한다. 그런데 기독교인들은 보이지 않는 하나님을 믿는 것이다.

어찌 보이지 않는 세계를 인식할 수가 있다는 말인가?

인식이 불가능하다. 그러므로 성령께서 인식할 수 있는 능력을 주셔야 믿을 수 있다. 이것이 일반적인 믿음과 기독교 믿음의 차이다(고전 2:5; 갈 5:5).[14]

---

14 갈 5:5 "우리가 성령으로 믿음을 따라 의의 소망을 기다리노니."를 참고.

> 너희 믿음이 사람의 지혜에 있지 아니하고 다만 하나님의 능력에 있게 하려 하였노라(고전 2:5).

믿음은 사람의 지혜에서 오는 것이 아니다. 하나님에게서 온다고 바울은 말한다. 그러니까 인식은 자기가 하는 것이 맞다. 그러나 그 인식을 성령 하나님께서 깨닫게 하셔야 비로소 인식하게 된다. 인식될 때 믿음이 발생한다라는 사실을 성도라면 누구나 알아야 한다. 인식의 근거를 철학에서는 자아로 보고 있다.

사도 요한은 어떻게 예수 그리스도가 인간이시면서 동시에 신성을 겸비한 하나님의 아들이었느냐는 사실을 믿게 하려고 기적의 예를 들어 설명한다. 왜냐하면, 기적은 예나 지금이나 인간이 마음대로 할 수 없는 어떤 신비한 영역에 속하기 때문이다. 물론 오늘날도 무당들처럼 속임수를 써서 실제 기적이 아닌 것을 기적인 것처럼 하는 예도 있다. 성경에 보면 점치는 자 또는 복술 자들이 이 수법을 썼다. 아무리 그렇더라도 사람은 속일 수 있어도 하나님은 속일 수 없다.

첫 번째 표적도 요한이 믿게 하려고 진술한 가나의 혼인 잔칫집에서 일어났던 한 사건으로부터 시작된다. 잔칫집에서 포도주가 떨어지자 예수께서 물을 포도주로 만들어 포도주를 공급해 준 사건이다. 이 표적은 인간 세상에서는 있을 수 없는 초자연적인 사건이다. 우리가 잘 알다시피 포도주를 생산해 내려면 많은 시간이 걸린다. 포도나무를 심고 3년 이상 기다렸다가 수확해서 포도주를 담그고 저장하여 숙성을 시키는 것인데 최상급 포도주를 만들려면 수년씩 시간이 더 걸린다.

그런데 예수님께서는 말씀 한마디로 최상급 포도주를 순식간에 만들어 내셨다. 이때 사도 요한은 예수 그리스도의 제자로서 그 기적의 현장에서 있었다. 예수께서 행하시는 그 표적을 직접 목격한 사람이었다. 그때 그

표적을 보고 그 자리에 있었던 많은 사람이 그를 믿었다고 했다(요 2:11).[15]

이때 이들의 믿음은 기적의 역사를 보고 믿는 믿음이었다. 보는 것이 믿는 것이지만 다는 아니었다. 나중에 그들 중 예수를 떠난 자들도 있었기 때문이다.

왜 똑같이 표적을 보았는데 믿는 사람들과 믿지 않는 사람들이 있었는가?

이제는 성경 전체에 나타나는 양극화 문제이다. 똑같은 사건을 보지만 보이지 않는 그 사람의 마음속에서 성령님과 사탄의 생각이 긍정과 부정으로 동시에 작용한다. 이때 신앙인가 불신앙인가는 본인이 선택해야 한다. 이 양극화의 문제는 언제 어디서나 항상 발생한다.

두 번째 표적은 왕의 신하의 아들을 고치시는 표적이었는데 아들이 고침을 받은 후 그와 온 집안 식구가 다 그리스도를 믿었다고 했다(요 4:53).[16] 이 사건 역시 기적의 역사를 보고 믿은 것이다. 보고 믿었다는 것은 분명 인식의 결과이다. 그 인식이 자아인지 성령인지 사람은 잘 모른다. 그러나 하나님은 아신다. 하나님께서는 그 믿음의 진위 여부를 반드시 시험하신다. 이렇게 일곱 번째 표적까지 등장하는데 결론은 믿음이다.

4) 생명(요 1:4; 17:3)

생명은 거듭남과 믿음을 통하여 얻게 되는 것이다. 그러나 그 생명이 끝까지 지켜져야 영생을 누리게 된다. 사도 요한은 요한복음 17:3에 "**영생은 곧 유일하신 참 하나님과 그가 보내신 자 예수 그리스도를 아는 것이니이다**"라고 했다. 그리스도는 하나님께서 보내신 자라는 것을 아는 것이

---

15   요 2:11 "예수께서 이 첫 표적을 갈릴리 가나에서 행하여 그의 영광을 나타내시매 제자들이 그를 믿으니라."를 참고.
16   요 4:53 "그의 아버지가 예수께서 네 아들이 살아 있다 말씀하신 그 때인 줄 알고 자기와 그 온 집안이 다 믿으니라."를 참

라 했다.

왜 믿는 것이라고 하지 않고 아는 것이라 했는가?

사실 아는 것과 믿는 것은 다르다고 보통 성도들은 이해하고 있다. 그러나 문제가 되지 않을 것은 믿기 전에 알아야 믿는다.

앎을 인식이라고 하는데 인식이 잘못되면 이단에 빠지는 경우가 있다. 그러므로 그리스도를 바로 알아야 아는 만큼 그 믿음이 견고해진다. 그런 의미에서 인식과 믿음을 연결시키고 있다. 기독교 인식은 철학에서 말하는 인식과 달리 성령께서 깨닫게 하는 인식이므로 옳고 바르다. 그러나 믿음이 끝까지 지켜질 때 생명이요, 영생이다. 바울은 고린도전서 8:11에 **"그러면 네 지식으로 그 믿음이 약한 자가 멸망하나니 그는 그리스도께서 위하여 죽으신 형제라"**고 했다. 이처럼 믿음이 약한 자들이 멸망 당할 수 있음을 말씀하고 있다. 물론 하나님 편에서는 성령으로 믿음을 주셨으니 그 믿음을 끝까지 지켜주신다. 그렇지만 스스로 사탄에 걸려 넘어지는 경우가 있음을 말하는 것이다.

사도 요한은 생명을 그만큼 중요하게 여기므로 생명은 요한복음의 핵심 주제가 된다. 첫 장에서부터 마지막 장까지 생명을 강조하고 있다. 첫 장에서 말씀이 육신이 되어 나타난 그리스도 안에 생명이 있다고 했다. 그 생명은 어둠 속에서 헤매는 사람들에게 비추는 빛이라고 했다(요1:4).[17] 마치 동전의 양면과 같음을 말하고 있다. 그래서 생명은 빛이고 빛은 생명인 셈이다. 어떤 빛이 되었든 빛은 특성상 어둠을 향하여 비치게 마련이다. 그리스도의 빛이 어둠 속에 있는 사람들에게 비칠 때 생명이 꿈틀거리기 시작한다.

이렇게 빛은 누구에게나 비치지만 복음의 빛이 되신 그리스도를 믿어야 사망에서 생명으로 옮기게 되는 것이다(요 5:24).[18] 이 생명을 마지막 장에

17　요 1:4 "그 안에 생명이 있었으니 이 생명은 사람들의 빛이라."를 참고
18　요 5:24 "내가 진실로 진실로 너희에게 이르노니 내 말을 듣고 또 나 보내신 이를 믿는 자는 영생을 얻었고 심판에 이르지 아니하나니 사망에서 생명으로 옮겼느니라."

이르기까지 오직 예수 이름으로 생명을 얻게 하려고 이 복음을 기록했다고 사도 요한은 말하고 있다(요 20:31).

안드레아스 J. 쾨스텐버거(Andreas J. Kostenberger)는 생명을 창세기의 창조와 연결하고 있다. 하나님께서 빛을 창조하시고 모든 생명체를 창조하셨기에 생명과 빛은 뗄 수 없이 결합되어있다고 주장한다. 그리고 그리스도께서 빛으로 오셨기에 누구든지 저를 믿는 자마다 사망에서 생명으로 옮겨져 영원한 생명을 누릴 수 있게 된다고 하였다. 따라서 예수는 빛으로 생명을 살리고 시편 기자의 갈망을 충족시키며 선지자들이 예언했고 바라던 바를 가능하게 되고 요한계시록 저자의 비전이 성취될 길을 마련한다고 하였다.[19]

이처럼 예수께서 생명의 빛으로 오신 것은 확실한데 유대인들은 그 사실을 믿지 않았다. 생명은 믿을 때 주어지는 것이지 아무에게나 아무렇게나 주어지는 것은 생명이 아니다. 어둠 속에 있는 영혼 위에 그리스도의 빛이 비춰게 되면 구원이 태동하게 되는데 사탄은 이 사실을 잘 알고 있기 때문에 복음의 빛을 차단한다. 고린도후서 4:4에 "**그중에 이 세상의 신이 믿지 아니하는 자들의 마음을 혼미하게 하여 그리스도 영광의 복음의 광채가 미치지 못하게 함이니 그리스도는 하나님의 형상이니라**"라고 했다. 이렇게 빛이 비치든 비치지 못하든 이 빛은 생명의 빛이다. 이 생명의 빛이 비칠 때 죽었던 영혼이 살아나고 하나님의 형상이 그 마음에 새롭게 새겨진다. 이것을 적극적으로 막는 것은 사탄이다. 생명의 빛이 비치게 되는 곳곳마다 사탄의 방해가 심하다.

생명은 영생과도 같은 뜻이다. 생명은 영원한 하나님 나라를 상속받게 되는 것을 말한다. 영원한 나라에서는 생명이 영원히 보존되기에 영생이라고 한다. 상속이란 문자적으로 해석하면 부모의 유산을 물려받는 것이다. 그런데 믿는 자의 부모는 영적으로 육신의 부모를 뜻하는 것이 아니

를 참고.
19 안드레아스 J. 쾨스텐버거, 『요한 신학』, 전광규 역(서울: 부흥과개혁사, 2015), 375-383.

다. 하나님을 뜻한다. 그러기에 하나님 나라를 상속받는 것이다. 에베소서 3:6에서 바울은 "**이방인들이 복음으로 말미암아 그리스도 예수 안에서 함께 상속자가 되고 함께 지체가 되고 함께 약속에 참여하는 자가 됨이라**"고 하였다. 이 말씀을 간단하게 설명하자면 예수님이 하나님의 아들이고 하나님 나라에서 오신 분이기에 예수님을 믿으면 예수님과 함께 하나님 나라의 상속자가 된다는 것이다.

그런데 하나님 나라는 현재보다는 미래 종말적인 개념이다. 그래서 요한은 미래보다 실존적 개념이 강한 생명을 말했다. 바울의 경우에는 구원이 칭의 곧 하나님 앞에서 의롭다 함을 얻는 것이라 했고, 히브리 기자의 경우에는 구원은 하나님과 완전한 교제와 관련되므로 사귐에 있다고 했다. 사도 요한의 경우는 영생 또는 생명이다.라고 했다.[20] 요한에게 있어서 생명은 곧 영생이다. 즉, 하나님 나라에서와 같은 동의어다. 이것은 요한뿐만 아니라 공관복음에서도 같은 의미로 사용했다.

사도 요한은 미래적 하나님 나라보다는 현재성이 강한 하나님 나라를 나타내는 생명이란 단어를 그의 복음에서 19번, 요한일서에서 7번 또 영생이란 단어를 요한복음에서 17번, 요한일서에서 6번 사용했다. 이렇게 사용 빈도수가 많다는 것은 그만큼 구원에 이르러 영원한 생명을 현재로 누리는 것이 중요하다는 뜻을 반영하는 것이다. 그 생명은 죽은 후 먼 미래의 일이 아니라 지금부터 시작된 생명이 영원까지 연결된다는 사실을 강조한 것이다.

생명에 대한 이해를 돕기 위해 몇몇 신학자들의 견해를 살펴보기로 하자. 무스너(Franz Mussner)는 요한 신학에서 생명은 하나님께서 믿는 자들에게 예수 그리스도를 통해 주시는 구원의 전체성이라고 말했다(the totality of salvation). 즉, 성령을 통해 하나님 자녀 되는 것, 죽음에서 생명으로, 어둠에서 빛으로, 종에서 자유로 옮기는 것이라고 했다. 스밀드(E. Smilde)는 생명을 다음과 같이 정의하고 있다. "우리는 생명을 요한의 사상에 따라

---

20 김득중, 『요한의 신학』(서울: 컨콜디아사, 1994), 318.

하나님께서 그리스도 안에서 믿음을 통해 죄인들에게 베풀어주시는 구원의 전체성"이라고 정의할 수 있다. 즉, 멸망으로부터, 하나님 진노와 심판으로부터, 죽음으로부터 구원이다라고 했다. 헌터(A. M. Hunter)는 만일 바울이 그리스도의 사실을 의라는 말로 해석한다면 요한의 주요 단어는 생명이다. 그래서 요한복음에서 인간의 구원을 나타내는 가장 중요한 용어가 생명으로 알려져 있다[21]라고 했다. 생명은 하나님 나라에서의 영생을 말한다.

2. 요한서신의 구원론(요일 1:3)

요한복음의 구원론에서 구원의 개념을 설명했기에 여기서는 생략하기로 한다.

단 요한복음에 나타난 구원론이 요한서신에 나타난 구원론과 어떻게 다른가?

그 차이를 살펴보기로 하자. 요한복음에서는 거듭남과 믿음으로 생명을 얻게 된다고 진술하였다. 그런데 요한서신에서의 구원론은 하나님과 사귐이라는 개념을 도입하여 설명하고 있다. 사귐이란 불신자들처럼 하나님을 모르는 상태가 아니다. 이미 알고 있는 자들에게 해당되는 말이다. 혹 하나님과 사귐이 있었다가 여러 가지 여건으로 멀어진 자들에 대해 말하는 것이다. 또 이단에 접촉하여 관계가 틀어져 있는데도 모르는 자들에게 깨닫게 하려 함이다. 그래서 하나님께 돌아오게 하고 또다시 이단에 속지 말 것을 알리는 방어 차원에서 말하는 개념이다.

하나님과 사귐이 성사되려면 먼저 죄의 자백, 즉 회개가 선행되어야 한다. 죄가 자백 될 때 그리스도의 피가 죄를 덮어 거룩하게 되고 하나님과

---

[21] 김득중, 『요한의 신학』, 319.

만날 수 있는 은혜가 주어지게 된다. 이 만남은 이미 구약 레위기에서 제사 때 어린양의 피가 제단에 뿌려진 후 죄가 사해지면 그때 거룩하게 되어 이스라엘 백성들은 하나님과 만날 수 있었다. 이 제사 드림이 그리스도가 오시기 전까지 아니, 그리스도께서 승천하신 이후까지도 얼마 동안은 시행되었던 방식이었다. 그리스도를 인정하지 않는 정통 유대인들은 지금도 제사를 드리는 것으로 알려져 있다. 이스라엘이든 이방인이든 하나님과 사귐에 죄가 끼어있으면 만남이 성사되지 않는다. 그래서 죄가 제거되도록 피 대신 죄의 고백을 받으시는 것이다.

죄의 자백이란 하나님께서 내 죄를 알고 계심을 인정하는 것이다. 또 죄의 자백은 하나님 앞에서 자신을 낮추고 겸손해진다는 뜻도 있다. 하나님께서 제일 싫어하는 우상 숭배에 대해 므낫세처럼 우상 숭배를 지독하게 했던 악한 왕도 겸손하게 하나님께 회개하자 하나님은 므낫세를 예루살렘으로 돌아오는 복을 허락해 주셨다(대하 33:13).[22]

죄의 자백은 구원받은 자가 죄로 인해 하나님과의 관계가 틀어져 있는 데서 회복되는 것을 말한다. 구원을 이미 받은 자들 중에 양심에 화인을 맞아 회개를 못하고 죽을 시 구원된다는 보장이 없다. 예수께서 회개를 모르는 유대인들에게 화있을 진저라고 저주하신 적이 있기 때문이다(눅 10:13).[23]

이 구원에 대해 요한복음과 서신서의 구원론은 저자가 같기에 다를 수가 없고 달라서도 안된다. 다만 구원의 결과는 같지만, 언어적 표현의 차이와 상황적 차이만 있을 뿐 구원에 대한 개념에는 변화가 없다.

---

22 대하 33:13 "기도하였으므로 하나님이 그의 기도를 받으시며 그의 간구를 들으시사 그가 예루살렘에 돌아와서 다시 왕위에 앉게 하시매 므낫세가 그제서야 여호와께서 하나님이신 줄을 알았더라."를 참고.
23 눅 10:13 "화 있을진저 고라신아 화 있을진저 벳새다야 너희에게 행한 모든 권능을 두로와 시돈에서 행하였더라면 그들이 벌써 베옷을 입고 재에 앉아 회개하였으리라."를 참고.

1) 죄의 자백(요일 1:7, 9)

사도 요한은 자기의 독자들에게 구원이 어떻게 이루어지는지를 요한복음의 구원론에서 이미 개념 설명과 거듭남, 믿음, 그리고 생명으로 구원에 이를 수 있다는 사실을 밝힌 바가 있다. 요한서신에 언어적 표현과 상황적 차이가 있을지라도 구원론을 말하고 있다. 그것이 바로 죄의 자백 곧 회개다. 죄의 자백 없이 죄가 용서되는 경우는 사실 없다. 번거럽더라도 구약 시대는 반드시 피의 제사를 통해서 죄가 용서되었다.[24]

이 사실을 이스라엘은 잘 알고 있지 않았던가?

그러나 신약 시대는 그리스도의 십자가 은혜로 인해 죄를 자백하기만 하면 어떤 죄가 되었든 용서가 된다. 회개는 정해진 때가 없다. 때와 장소가 필요 없이 아무데서 할 수 있다. 어떤 죄든지 회개로서 죄가 용서된다는 사실은 성도들에게 구원만큼이나 큰 은혜이다.

이 사실을 사도 요한이 요한일서 1:9에서 밝히고 있다. 죄의 자백이 선행되어야 하나님과 사귐도 있는 것이라고 한다. 하나님은 우리가 무슨 죄를 짓고 있는지 죄과는 무엇인지 이미 잘 알고 계신다. 그리고 그 죄를 자백하여 용서받기를 바라신다. 만약 죄가 머물고 있는 상태라면 결코 우리를 만나주시는 하나님이 아니시다.

> 만일 우리가 우리 죄를 자백하면 그는 미쁘시고 의로우사 우리 죄를 사하시며 우리를 모든 불의에서 깨끗하게 하실 것이요(요일 1:9).

이 말씀은 죄를 자백하여 깨끗함을 받은 후 하나님을 만날 수 있다고 이르시는 말씀이다. 그런데 죄의 자백은 성령의 책망에서 온다고 했다(요 16:8).[25]

24　히 9:22 "율법을 따라 거의 모든 물건이 피로써 정결하게 되나니 피흘림이 없은즉, 사함이 없느니라."를 참고.
25　요 16:8 "그가 와서 죄에 대하여, 의에 대하여, 심판에 대하여 세상을 책망하시리라."

그러니까 성령이 오신 이유는 한 영혼을 한 영혼을 그리스도께로 인도하시기 위해서도 오셨다. 그러니까 인간들의 죄를 책망하기 위해 오신 것이다.

사실 성령께서 우리들의 마음을 만지실 때 회개가 일어나는 것은 수많은 성도님이 이미 경험하여 알고 있는 바이다. 그리고 내가 죄를 회개할 때 그리스도의 피가 우리의 모든 죄를 깨끗게 하신다고 했다.

> 그가 빛 가운데 계신 것 같이 우리도 빛 가운데 행하면 우리가 서로 사귐이 있고 그 아들 예수의 피가 우리를 모든 죄에서 깨끗하게 하실 것이요(요일 1:7).

그리스도의 피는 기독론에서 이미 살펴본 바대로 어린양의 피를 말한다. 이 피는 출애굽 때 문설주에 발라짐서부터 레위기 제사 때 제단에 뿌려지기까지 또 예수 십자가의 피로 온 인류에게 뿌려지기까지 죄 사함과 연결이 되어있음을 앞서 살펴보았기에 생략하기로 한다.

단 요한서신에서 강조하는 구원은 죄의 자백 없이 되지 않고 죄의 자백은 성령님의 터치 없이 되지 않음을 밝히고 있다. 가령, 불신자들처럼 자기반성이라든가 또 잘못을 뉘우치는 정도로 회개가 될 것으로 생각하면 큰 오산이다. 반성은 회개가 되지 못하고 뉘우침도 결코 회개가 되지 못한다. 그리스도의 피가 없기 때문이다.

2) 사귐(요일 1:6; 사 62:5)

사도 요한은 죄의 자백 이외도 자기 독자들에게 구원이 회복되는 길을 한 가지 더 안내하고 있다. 요한복음과 달리 독특한 방법이라고 생각한다. 그것은 곧 사귐이라는 개념이다. 이 개념을 도입해서 성도들과 하나님 및 그리스도와의 관계를 마치 남녀 간의 사랑하는 관계인 것처럼 표현하고

를 참고.

있다. 사실 이 개념은 죄로 인해 하나님과 사람 간의 교제가 단절되기 전까지 에덴동산에서 하나님과 처음 사람 아담이 사귀어 오던 것이었다.

아담은 에덴에서 친밀하고도 자연스럽게 하나님을 만나왔다. 그 사귐이 끊긴 것은 잘 아는 바대로 중간에 사탄이 끼었기 때문이다. 그 끼어있는 사탄을 제거해야 그전의 사귐으로 회복되는 것이다. 물론 예수 이름으로 사탄 마귀는 물러간다(마 10:1).[26] 사실 구약성경에서는 하나님과 인간을 부부 관계로 설명하고 있다. 하나님을 신랑으로 성도를 신부로 말하고 있다(사 62:5). 만약 신부 된 하나님의 백성들이 우상을 하나님으로 숭배하게 되면 신부가 남편을 바꿔치기한 경우가 된다.

신랑을 바꿔치기하면 간음이 되고 간음은 율법상 돌로 침을 당하게 되어있지 않은가?

여기에 징계가 따르는 것은 당연하고 구약성경에 너무나 빈번하게 나타나고 있다. 하나님께서 자기 백성을 신부로 둔다는 것은 그만큼 인간을 소중하게 여기신다는 증거다.

> 마치 청년이 처녀와 결혼함 같이 네 아들들이 너를 취하겠고 신랑이 신부를 기뻐함 같이 네 하나님이 너를 기뻐하시리라(사 62:5).

이 말씀뿐만 아니라 아가 4:12, 예레미야 2:32, 요엘 2:6, 마태복음 25:1, 요한복음 3:29, 요한계시록 21:2[27] 등 하나님과 성도들을 신랑과 신부의 관계로 묘사되어 신구약 성경에 골고루 등장한다. 마태복음 25장에서 등불을 들고 신랑을 맞이하러 나가는 열 처녀에 대한 천국 비유는 시사하는 바가 크다. 하나님께서 성도들을 신부로 보고 신부를 기쁘게 취하는 형

---

26 마 10:1 "예수께서 그의 열두 제자를 부르사 더러운 귀신을 쫓아내며 모든 병과 모든 약한 것을 고치는 권능을 주시니라."를 참고.

27 계 21:2 "또 내가 보매 거룩한 성 새 예루살렘이 하나님께로부터 하늘에서 내려오니 그 준비한 것이 신부가 남편을 위하여 단장한 것 같더라."를 참고.

식의 말씀은 그만큼 하나님께서 자기 백성들에 대한 깊은 사랑을 나타낸 것이다.

신랑과 신부만큼 서로 친숙한 사이가 또 어디 있다는 말인가?

사도 요한이 서신서에서의 구원을 이렇게 구약적인 신랑과 신부의 개념을 도입하여 하나님과의 사귐으로 나타내고 있는 것은 하나님께서 성도들을 얼마나 사랑하고 있는지를 충분히 나타내었다고 본다. 여기서 하나님과의 사귐이란 이미 죄를 용서받고 구원받은 상태를 나타낸다. 왜냐하면, 죄가 있는 상태로는 거룩하신 하나님을 만날 수 없기 때문이다.

> 만일 우리가 하나님과 사귐이 있다 하고 어둠에 행하면 거짓말을 하고 진리를 행하지 아니함이거니와 (요일 1:6).

이 말씀에 따르면 성도들은 이미 하나님과 사귐이 전제되고 있음을 나타내주고 있다. 그런데 하나님과 거룩한 사귐으로 친밀하게 사랑하고 있는 성도가 거짓에 빠져 하나님과 멀어지고 진리를 행하지 않는다면 그것은 가짜라는 것이 증명되는 셈이다. 그러므로 사탄에 속아 거짓에 빠졌던 사실을 인정하고 그간 사탄이 끼어들어 벌어진 틈새를 회개로서 메꾸어야 한다. 그리고 예수께서 주신 예수 이름의 권세로 사탄 마귀를 명령하여 좇아 내어야 한다(마 10:1).

3) 대언자의 대언 (요일 2:1)

대언자(*parakletos*)란 보혜사(*parakletos*)로서 나 대신 말해 주는 자. 돕는 자, 중재자, 변호자로서 법을 잘 모르는 사람들에게는 꼭 필요한 존재이다.

> 나의 자녀들아 내가 이것을 너희에게 씀은 너희로 죄를 범하지 않게 하려 함이라 만일 누가 죄를 범하여도 아버지 앞에서 우리에게 대언자가 있으니 곧 의로우신

예수 그리스도시라(요일 2:1).

이 말씀은 돕는다는 측면에서 성령님을 보혜사 대언자라고 말한다. 그렇지만 요한서신에서도 그리스도를 대언자라고 했다. 이에 관해서는 앞 장에서 설명했기에 생략하기로 한다. 다만 사람들의 구원은 대언자 되신 예수 그리스도께서 하나님 앞에서 성도들이 심판을 받을 때 대언 즉 변호를 해주셔야 한다는 것이다. 누구든지 하나님의 심판대 앞에 서지 않을 자가 없다. 이때 예수 그리스도께서 나는 너를 모른다고 하면 구원이 될 수 없다(마 7:23).[28] 아무리 예수 그리스도의 이름으로 귀신을 쫓아 내고 권능을 행하며 하나님의 일을 했다고 하더라도 예수님께서 모른다고 하면 구원에서 끝이다.

그러면 왜 예수님께서 주의 이름으로 애쓰고 수고한 자들을 모른다고 하는가?

이것이 문제다.

주의 이름으로 수고했으니 잘했다고 칭찬은 못해 줄망정 왜 내게서 떠나라고 하셨을까?

불법, 즉 하나님의 말씀을 무시하면서 자기 뜻대로 사역했기 때문이다. 그럴 때 불법을 행한 자가 된다. 불법을 행하고도 회개하지 않으면 불법을 행한 자들아 다 내게서 떠나가라고 하신다. 회개가 없는 자들은 이 말씀을 들을 수밖에 없다. 이 말씀은 믿는 자라면 누구에게나 해당되는 말씀이다. 조심해서 경청해야 한다. 예나 지금이나 여전히 이 문제는 성도들 앞에 놓여있다. 하나님을 빙자하여 하나님의 영광과 그의 이름보다 자기의 이름을 드러내고 자기의 영광을 드러내기 좋아하는 사람들은 항상 있기 마련이다. 또 자기의 유익을 위해 하나님의 일을 빙자하는 사람들도 항상 있기

28　마 7:23 "그 때에 내가 그들에게 밝히 말하되 내가 너희를 도무지 알지 못하니 불법을 행하는 자들아 내게서 떠나가라 하리라."를 참고.

마련이다. 그런 사람들은 하나님의 심판대 앞에서 예수 그리스도의 변호를 받지 못할 가능성이 크다.

그러면 그리스도께서 누구에게 대언을 해 주시는가?

> 우리가 그의 계명을 지키면 이로써 우리가 그를 아는 줄로 알 것이요(요일 2:3).

이 말씀을 볼 때 그리스도께서 아는 자이다.

그리스도께서 모르는 자를 대언해 주실 리가 없다. 그리스도께서 아는 자라면 누구인가?

예수님께서는 나의 계명을 지키는 자라고 했다(요 14:21).[29] 계명을 지킨다는 것은 그리스도를 사랑하는 자다. 존경하는 자이다. 그런 사람을 예수님께서 모르실 리가 없다.

3. 요한계시록의 구원론(계 1:3; 눅 10:13)

요한복음에서의 구원론과 요한서신에서의 구원론을 앞서 살펴보았다.

그런데 요한계시록은 회개를 촉구하는 책인데 굳이 구원론을 구분하여 설명할 필요가 있느냐라고 해도 여전히 필요하다. 물론 구원의 개념과 방법은 똑같다. 그러나 성도의 입장과 상황이 나라마다 서로 다를 수 있기에 여전히 구원론이 필요하다. 요한계시록은 요한서신처럼 이미 믿는 성도들을 대상으로 쓰여진 책이다.

그럼에도 회개를 촉구하는 책이라는 관점에서 회개가 되지 않으면 이미 구원받았다 하더라도 심판 때 그리스도의 대언을 받지 못한다고 보아야

---

29 요 14:21 "나의 계명을 지키는 자라야 나를 사랑하는 자니 나를 사랑하는 자는 내 아버지께 사랑을 받을 것이요 나도 그를 사랑하여 그에게 나를 나타내리라."를 참고.

한다. 왜냐하면, 예수께서 회개를 모르는 바리새인들에게 화있을진저라며 저주하셨기 때문이다(눅 10:13).[30] 구원론은 반복 설명해도 유익하기에 다시 한번 짚어 보기로 하자.

요한복음에서 필자는 구원의 개념을 세 가지로 간단하게 언급했다. 왜냐하면, 조직신학에서 좀 복잡하게 설명했기에 독자들이 이해하기에 좋도록 세 가지의 성경 구절로 간단히 설명했다.

첫째, 구원은 영혼 구원이고(벧전 1:9)
둘째, 사탄의 묶임에서 해방됨이고(롬 8:2)
셋째, 그리스도의 피로 말미암는 거룩의 회복 즉 하나님과의 자녀 관계 회복이(골 1:20)[31] 곧 구원이다라고 그 개념을 설명했다.
그리고 다음은 구원의 방법이다.

첫째, 믿음보다 앞서 성령님의 만지심이 있고
둘째, 그 다음 거듭나 예수를 믿게 하고
셋째, 믿음으로 하나님의 형상이 마음에 새겨진 그것이 요한이 좋아하는 생명이다. 생명은 영원한 생명이다. 구원이든 방법이든 모두 성령의 작용이다.

또한, 서신서에서의 구원의 개념은 요한복음과 동일하다고 했지만, 구원의 방법에서 있어서는 사귐이라는 새로운 개념이 도입되었다고 했다. 하나님과 사귐이 있으려면 죄의 자백이 선행되어 죄 용서를 받아야 한다.

---

30 눅 10:13 "화 있을진저 고라신아, 화 있을진저 벳새다야, 너희에게 행한 모든 권능을 두로와 시돈에서 행하였더라면 그들이 벌써 베옷을 입고 재에 앉아 회개하였으리라." 를 참고.
31 골 1:20 "그의 십자가의 피로 화평을 이루사 만물 곧 땅에 있는 것들이나 하늘에 있는 것들이 그로 말미암아 자기와 화목하게 되기를 기뻐하심이라."를 참고.

그럴 때 하나님과 사귐이 이루어지며 그때의 사귐은 신부와 남편의 관계처럼 친밀한 사귐의 회복이라고 했다. 그리고 하나님의 심판대 앞에 섰을 때 그리스도의 대언이 있어야 구원이 된다고 했다. 이 정도가 요한복음과 요한의 서신서에서 구원의 개념과 구원의 방법을 간단하게 설명한 것이다.

그렇다면 요한계시록에서의 구원 개념과 방법은 무엇인가?

요한복음이나 서신서와 같은가 아니면 다른가 했을 때 사실 개념은 같지만, 방법에 있어 미세한 차이가 있다. 그런데도 사도 요한의 저작은 기자가 각각 다르지 않고 한 사람이 기록했다. 그래서 같다고 보아야 한다. 그러나 구원의 방법에 있어서 요한서신에서 사귐이라는 개념을 도입했던 것처럼 요한계시록에 있어서도 표현이 다른 네 가지 방법을 도입했다.

요한계시록에서의 구원의 방법은 어떤 차이가 있을까?

1) 말씀을 지키는 자(계 1:3)

요한계시록은 세상과 성도들에게 가까운 미래에 되어질 심판의 책인 것을 1:1에서부터 밝히고 있다. 심판을 말씀하시는 것은 언제 올지 모르는 심판을 대비해야 한다는 뜻이다. 심판 전에 회개하고 여호와 하나님께 돌아와야 한다고 전제된 책이라 할 수 있다.

다시 한번 말하자면 회개를 촉구하는 그리스도의 계시다. 그 대상은 아시아 일곱 교회라고 했다. 일곱(*hepta*)이라는 뜻은 숫자 일곱이라기보다는 완전하다. 충만하다는 뜻이 포함되어 있다는 사실을 감안할 때 전 세계 모든 교회가 다 해당한다고 보아야 한다. 다니엘, 이사야, 요엘 등의 성경에서 이미 심판을 언급하였다. 그리고 성경 여러 곳곳에서 심판을 말씀하셨다. 그래서 심판은 새삼스러운 것이 아니다. 다만 어떤 사람이 심판에서 면제되어 구원을 받느냐 하는 것이다. 바로 앞의 3)에서 그리스도의 대언을 받아야 한다고 하였다. 그러면 예수 그리스도께서 누구에게 대언을 해주느냐 하는 것이 관건이다.

요한일서 2:3에서는 그리스도께서 아는 자를 대언해 주신다고 했다. 그리스도를 아는 자라면 당연히 그리스도를 영접하고 주인으로 모신 사람들이다. 그러나 그리스도를 주인으로 모셨다고 한다면 최소한 그리스도께서 아는 사람이어야 한다. 그런데 사실 그렇지 못하다.

왜?

하나님의 말씀에 반응하여 지키는 자가 복이 있다고 했기 때문이다.

> 이 예언의 말씀을 읽는 자와 듣는 자와 그 가운데에 기록한 것을 지키는 자는 복이 있나니 때가 가까움이라 (계 1:3).

이 말씀에 따르면 누구든지 말씀을 읽고 듣고 할 수 있다. 그러나 그것보다는 말씀을 지키는 자가 복이 있다고 하셨다. 이 말씀을 바꿔 생각해보면 복이 없는 자도 있을 수 있다는 말이 된다.

그렇다면 누가 복이 없는가?

주인 되신 그리스도의 말씀에 반응하지 않고 무시하며 사는 성도들은 복이 있다고 말할 수 없다. 황금률(마 7:12)[32]대로 그리스도께서는 저들이 행한대로 해 주시기 때문에 대언해 주시지 않는 것이다.

저들이 행한대로 해 주신다는데 어찌 공정하지 않을 수 있는가?

말씀에 대한 반응도 없고 지키지 않는 자는 말로만 그리스도인일 가능성이 크다.

믿는 자라면 주인 되신 그리스도의 말씀에 당연히 반응해야 하고 순응해야 한다. 그러나 믿는다고 하면서도 타락한 줄도 모르고 무반응으로 일관하는 사람도 간혹 있다. 성도라면 얼마든지 말씀을 읽고 듣고 할 수 있다.

---

32 마 7:12 "그러므로 무엇이든지 남에게 대접을 받고자 하는 대로 너희도 남을 대접하라 이것이 율법이요 선지자니라."를 참고.

마음만 먹으면 성경을 돈 주고 구매하지 않는다 하더라도 인터넷에 각 나라 언어로 번역된 자료들이 친절하게 올려져 있는 것이 얼마나 많은가?

심지어 주석까지 붙어있어 성경 말씀을 이해하는 데 별반 어려움도 없다. 그런데 문제는 사람들이 말씀을 듣는 데만 익숙해져 있어서 아는 것에 그치고 마는 경우가 많다. 즉, 말씀을 지키는 데 익숙하지 못한 것이 문제가 될 수 있다. 요한복음 14:21 말씀처럼 계명을 지킨다는 것은 그리스도를 사랑하는 자요, 존경하는 자이다. 그런 사람을 예수님께서 모르실 리가 없고 대언을 하시지 않을 수가 없다.

2) 성령의 말씀을 듣는 자(계 2:11,9)

특히, 요한계시록 1-3장에서는 성령님께서 나팔 소리 같은 음성으로 사도 요한에게 말씀하셨다. 네가 본 것을 기록하여 아시아 일곱 교회에 보내라고 하셨다(계 1:10-11).[33] 아시아 일곱 교회라는 뜻의 일곱(*hepta*)은 완전이라는 뜻이고 히브리어로는 세바인데 RSV에서는 with plenty 완전히, 전체이라는 뜻으로 번역했다. 이런 뜻을 감안할 때 전 세계 교회에 보내라는 말씀과 같다. 그리고 전 세계 모든 교회는 성령님께서 하시는 말씀을 듣고 돌이켜야 한다. 돌이키라는 말은 정도에서 벗어났다는 것을 지적하시는 말씀이다. 사실 예수 믿으면서 말씀에 비추어 자신을 점검하지 않으면 자기가 그리스도의 도에서 벗어났는지 그렇지 않은지조차 모르고 신앙생활 하는 경우가 없지 않다.

대개 세상살이에 바쁘신 성도님들이 출근할 때 자기 모습을 거울에 비춰보고 나가듯이 말씀에 자기 모습을 비춰보고 나가지 못하는 경우가 많다고 보아야 한다. 그렇다고 심판 때 그리스도 앞에서 제가 너무 바빠서요라고 핑계 댈 수가 없다. 살다 보면 이러저러한 형편이 모든 교회와 모든

---

33 계 1:10-11 "주의 날에 내가 성령에 감동되어 내 뒤에서 나는 나팔 소리 같은 큰 음성을 들으니 이르되 네가 보는 것을 두루마리에 써서 에베소 서머나 버가모 두아디라 사데 빌라델비아 라오디게아 등 일곱 교회에 보내라 하시기로."를 참고.

성도에게 있을 수밖에 없다. 그렇다고 주께서 책망하지 않을 수가 없다. 예수님께서 서머나 교회와 빌라델비아 교회를 제외하고 나머지 교회들에 흠이 있어 책망하셨다. 책망하신다는 뜻은 회개하라는 뜻이다.

나머지 다섯 교회는 그들의 형편대로 책망을 받았다. 에베소 교회를 예로 들어보자. 주께서 말씀하시기를 너희가 만약 회개치 아니하면 네게서 촛대를 옮기리라고 하셨다.

> 그러므로 어디서 떨어졌는지를 생각하고 회개하여 처음 행위를 가지라 만일 그리 하지 아니하고 회개하지 아니하면 내가 네게 가서 네 촛대를 그 자리에서 옮기리라(계 2:5).

여기에서 촛대(luchnia) 뤼크니아는 등경 등불을 말하는데 성전, 노스(nos) 안에 있는 등대를 뜻한다. 성전은 성도들을 말하는데(고전3:16), 그곳의 촛대를 옮긴다는 것은 그 속에 계신 그리스도께서 떠나실 수도 있다는 말이 된다. 70인역에서 40회 신약에서 12회 사용되었는데 요한계시록에서만 7회나 사용되었다. 여기서 옮긴다는 것은 구원을 받은 성도라 할지라도 구원이 유기될 수 있음을 시사하는 말씀이다.

구원의 유기는 칼빈이 말한 성도의 견인교리와 사실 배치되는 말이다. 성도의 견인이란 하나님께서 중생시키셨고 은혜의 신분으로 부르신 사람들이다. 그 신분에서 완전히 또는 궁극적으로 타락하지 않고 은혜의 신분에서 끝까지 견디게 하여 영원히 구원받게 한다는 교리로서 성경적 근거는 요한복음 10:27-28이다.[34]

---

34 루이스 벌코프, 『조직신학』, 권수경, 이상원 역(서울: 크리스챤다이제스트, 1991), 799.

나는 선한 목자라 내 양은 내 음성을 듣고 따르며 나는 그들을 알며 내가 그들에게 영생을 주어 영원히 멸망하지 않을 것이요(요 10:27-28).

사도 요한은 여기서 그리스도를 선한 목자로 진술했다. 영원히 멸망하지 않을 것이라고 말한 것도 틀림없다. 그런데 이와 달리 요한계시록에서 촛대 사이에 계신 그리스도께서 촛대를 옮기리라고 말씀하신 이가 그리스도시다라고 했다. 이 말씀을 진술한 것도 역시 사도 요한이다.

그렇다면 이 말씀을 어떻게 보아야 하는가?

성도의 구원과 유기를 어떻게 이해하면 좋을까 했을 때 사실 간단하다. 제목대로 성령의 말씀을 듣는 자는 구원이 된다. 듣지 않는 자는 구원이 유기된다는 것이다. 즉, 듣고 회개하지 않았기 때문이다.

무슨 말인가?

구원과 회개는 별개의 것이라는 뜻이다. 조금 쉽게 설명하자면 예수 믿고 성령을 선물로 받아 성령님의 인도를 받고 사는 성도들은 회개도 순종도 할 것이다. 그러나 예수 믿는다고 하면서 성령님의 인도와 순종을 거부하면서 사는 성도들은 가짜라는 것이다.

그렇다면 칼빈의 견인교리든 필자가 말한 유기론이든 관계없이 항상 구원의 기준은 성령님의 말씀을 듣느냐 듣지 않느냐에 답이 있다.

3) 재앙에서 회개하는 자(계 3:3; 9:20-21)

재앙, 플레게(*plege*)는 타격, 재난, 매질 등의 뜻으로 70인역에 90회나 나오고 재해, 고통, 살육의 뜻으로 사용되었다. 신약에서는 22회가 나오는데 죽을 뻔한 매질 등으로 번역되었다. 특히, 요한계시록에서는 재앙, 중한 재해를 나타내고 있다. 이 플레게는 요한계시록뿐만 아니라 성경 전반에 걸쳐 나타난다.

하나님께서 하나님의 백성들에게 왜 재앙을 주시는가?

그 이유는 하나님의 백성들이 말씀에서 벗어나 악행을 저지를 때이다. 하나님은 말씀에서 벗어나 죄악에 빠졌을 때 선지자를 보내 깨닫게 하시고 회개하여 여호와께 돌아올 것을 요구하셨다. 그래도 백성들이 고집부리며 듣지 않고 계속 악행하면 이때 하나님은 그들에게 재앙을 내리셨다. 미워서가 아니라 깨달으라는 것이다. 즉 회개를 촉구하시느라 재앙을 내리시는 것이다. 야고보서 5:17에서 인용된 엘리야의 기도를 보면 비가 3년 6개월 동안 오지 않기도 또 오기도 한 재앙으로 아주 유명하다.

사도 요한은 성령님의 말씀을 듣지 않는 자들에게 미칠 재앙을 요한계시록에서 말씀하셨다. 아시아 일곱 교회 중에 서머나 교회와 빌라델피아 교회를 제외하고 나머지 다섯 교회에 책망을 하셨는 데 앞서 말했듯이 책망은 괜히 하는 것이 아니다. 죄에서 돌이키도록 하기 위해서 하시는 것이다. 사실 사랑해야 책망도 하는 것이다. 저들에게 채찍만 제시한 것이 아니고 당근도 제시한 형식의 경고 말씀은 모든 교회에 공통적으로 주셨고 적용된다.

이 말씀은 불신자들에게 해당하는 말씀이 아니다. 이미 구원받은 성도들에게 주시는 말씀이다. 그래서 성령이 교회들에 하시는 말씀을 듣고 돌이키라고 한 것이다. 들으면 구원이 되는 것이고 듣지 않으면 둘째 사망의 해를 면하지 못하게 된다(계 2:11).[35] 이렇게 회개를 강조하는 것은 회개하지 않을 때 회개하지 않는 자들에게 어떤 형벌을 어떻게 주는지 그리고 얼마나 무서운지를 말씀하신다. 일곱까지 씩 전개되는 인의 재앙, 나팔 재앙, 대접 재앙, 이 3대 재앙을 언급하고 있다. 이 3대 재앙의 책이 요한계시록이다.

---

35 계 2:11 "귀 있는 자는 성령이 교회들에게 하시는 말씀을 들을지어다 이기는 자는 둘째 사망의 해를 받지 아니하리라."를 참고.

> 이 재앙에 죽지 않고 남은 사람들은 손으로 행한 일을 회개하지 아니하고 오히려 여러 귀신과 또는 보거나 듣거나 다니거나 하지 못하는 금, 은, 동과 목석의 우상에게 절하고(계 9:20).

이 말씀은 두 번째 나팔 재앙 중 여섯 번째 천사가 나팔을 불어 재앙이 진행 중인 상태이다. 이때까지 죽지 않고 남은 사람들이 회개하지 않고 있다는 말씀을 하시는 것으로 보아 확실히 재앙은 회개를 위한 재앙임이 틀림없다고 보인다. 하나님께서는 이토록 성도들이 회개하고 돌아오기를 기다리고 계시며 회개할 때는 참 좋아하신다(눅 15:7).[36] 회개는 불신자가 하는 것이 아니라 신자들이 하는 것이다.

불신자들은 회개를 모르며 이미 심판받아 지옥행으로 정해져 있는 자들이다(요 3:18).[37] 회개는 하나님께서 믿는 성도들을 위해 재차 구원의 기회를 열어주는 것이다. 구원과 회개는 별개의 것이다. 아무리 성도라 해도 죄를 가지고는 하나님 앞에 서지는 못 한다. 회개는 구원받은 성도들이 타락하여 구원에서 멀어져 있을 때 구원의 기회를 다시 열어주는 것이다. 그만큼 구원과 버금가는 큰 은혜라고 볼 수 있다.

히브리서 6:5-6에 선한 말씀과 내세의 능력을 맛보고 타락한 자들이라는 말씀을 하신다. 이때 타락한 자들은 다시 새롭게 하여 회개할 수 없다는 말씀도 하셨다는 사실에 관심을 기울여야한다. 그리고 칼빈이 주장한 성도의 견인 교리도 생각해야 한다. 막연히 도와주시겠지 하다가는 큰 손해를 볼 수 있다. 특히 성령을 경험한 자들 가운데 타락하는 일이 없도록 특별히 유념해야 한다.

---

36 눅 15:7 "내가 너희에게 이르노니 이와 같이 죄인 한 사람이 회개하면 하늘에서는 회개할 것 없는 의인 아흔아홉으로 말미암아 기뻐하는 것보다 더하리라."를 참고.
37 요 3:18 "그를 믿는 자는 심판을 받지 아니하는 것이요 믿지 아니하는 자는 하나님의 독생자의 이름을 믿지 아니하므로 벌써 심판을 받은 것이니라."를 참고.

4) 흰옷을 입은 자(계 3:4-5; 갈 3:27)

요한계시록 3:4-5 말씀에서 그 옷을 더럽히지 아니한 자는 나와 함께 다닌다고 했다. 그리고 이기는 자는 흰옷을 입는다고 했다.
이 말씀이 무슨 뜻인가?
흰옷을 더럽히지 않고 믿음을 이긴 자를 말한다. 흰옷에 관하여서는 갈리디아서 3:27에 설명하고 있다.

> 누구든지 그리스도와 합하기 위하여 세례를 받은 자는 그리스도로 옷 입었느니라 (갈 3:27).

여기서 그리스도의 옷은 흰옷이다. 세례를 받고 그리스도와 연합이 되었으니 흰옷을 입었다고 하는 것이다. 흰옷은 순백으로 깨끗한 상태를 말하는 것이다. 그리스도와 연합은 영적으로 깨끗진 상태를 나타낸다고 바울은 진술하였다. 그렇더라도 요한계시록에서 사도 요한이 흰옷이 더럽혀지지 아니한 자라고 할 때 반대로 말하면 더럽혀질 수도 있다는 뜻이 된다. 흰옷을 입는다는 것은 이미 세례받고 그리스도로 옷을 입고 있었지만 믿음의 선한 싸움을 싸우느냐고 엉망이 된 옷을 깨끗한 흰옷으로 다시 입는다는 의미일 것이다. 이 흰옷은 믿음의 승리로 인한 최종적인 구원의 상태 즉 더 이상 사탄과 싸움을 벌일 필요가 없는 영생의 상태를 뜻한다고 보아야 한다.

다니엘 7:9[38]에 보면 흰옷은 그리스도뿐만 아니라 하나님께서도 입으신 옷이다. 즉 신의 옷인 것이다. 천사도 예수 그리스도의 부활 현장에 흰옷을 입고 나타난 적이 있다(막 16:5).[39] 이 흰옷은 아무나 입는 것이 아니고

---

38 단 7:9 "내가 보니 왕좌가 놓이고 옛부터 항상 계신 이가 좌정하셨는데 그의 옷은 희기가 눈 같고 그의 머리털은 깨끗한 양의 털 같고 그의 보좌는 불꽃이요 그의 바퀴는 타오르는 불이며."를 참고.
39 막 16:5 "무덤에 들어가서 흰 옷을 입은 한 청년이 우편에 앉은 것을 보고 놀라매."

하나님의 자녀 된 자들이 입는 것이다. 흰옷, 류코스(*leukos*)는 빛나는, 밝은, 흰, 순백의라는 의미로 사용되었다. 70인역에서는 33회 나오며 신약에서는 25회 사용되었다. 주로 히브리 세계에서 흰색을 중요하게 여겼던 이유는 하나님의 색으로(단 7:9; 계 20:11) 거룩의 개념이 있기 때문이었다. 그러므로 희다는 말을 사람에게 적용할 때는 죄악의 부정으로부터 정화되어서 깨끗한 상태를 말한다.

필로와 요세푸스는 색깔의 상징적 의미로 삶과 죽음, 선과 악으로, 흰색과 검은색을 대조하였다. 요세푸스는 레위인들이 흰 세마포 옷을 입는 것이 보장되어있다고 하였다. 그리고 에세네파 사람들은 항상 흰옷을 입고 다녔다고 했다.[40]

그러면 또 누가 흰옷을 입는가?

중·근동 사람들은 흰옷 입기를 전통적으로 좋아하는데 아브라함의 후손과 관련이 있다고 보인다. 가령, 이스마엘의 후손, 아브라함의 후처 그두라 후손, 에서 계열의 후손, 저들은 현재 대부분은 이슬람 사람들로서 중·근동에 각각의 나라들을 형성하고 살아간다. 사실 물리적으로 흰옷을 입는다고 해서 깨끗한 것은 아니다. 깨끗하게 보일 뿐이다. 정말 흰옷은 영적인 언어로서 그리스도와 함께 죄를 장사지내고 부활해야 그때 의미가 발생한다(갈 3:27; 롬 6:4). 그리고 최종적으로 믿음을 이긴 자의 흰옷은 정말 영광스럽고 찬란하게 빛나는 모습일 것으로 여겨진다.

를 참고.
40 요세푸스, *Ant* 3, 7, 1, 이하.

제9장

요한의 종말론

종말이란 개인적으로 누구에게나 있는 현상으로서 끝이라는 뜻이다. 불신자들은 죽음 이후에 어떻게 될지 알지 못하므로 미지의 세계에 대한 두려움을 가진 채로 종말을 맞이할 것이다. 반대로 성도들은 천국의 소망을 두고 종말을 맞는다. 또한, 종말론이란 개인뿐만 아니라 사회적 종말, 즉 지구적 종말을 다루는 이론이다(눅 21:35). 그러므로 종말론은 그리스도의 재림과 심판과 요한계시록에서 말하는 새 하늘과 새 땅의 도래와도 연관이 되어있다. 그래서 성도뿐만 아니라 필자도 관심이 있을 수밖에 없다.[1]

필자는 선지자들과 그리스도께서 하신 말씀을 근거로 종말론적인 문제를 다룰 것이고 성도들의 궁금증도 풀어야 한다. 문제는 많은 신학자들의 성경 보는 관점에 따라 종말론에 대해 다양한 주장들이 있다는 것이다. 이 주장들 모두 성경을 근거로 하기때문에 맞고 틀리는 개념으로 볼 수 없고 결론을 낼 수도 없다. 각 이론들을 골고루 섭렵하고 성경을 중심으로 공통점을 찾아서 이해하기에 좋도록해야 하기에 고민이 앞선다. 필자는 신학자들의 입장보다는 목회자의 입장에서 성도들이 이해하기에 좋도록 나름대로의 의견을 개진해 보고자 한다.

---

1 심승규, 『평신도 신학』(서울: 기독교연합신문사, 2017), 116-118.

1. 성경적 종말론(눅 21:35)

성경에 나타난 종말론은 창세기에서부터 요한계시록까지 골고루 나타나있다. 특히, 선지자들의 예언은 모두 멸망과 심판을 진술하고 있더라도 중심은 메시아의 출현이다. 메시아가 출현하여 주변 모든 나라들을 멸망시키고 심판할 것이다. 예루살렘에 대해서는 회복을 약속하고 있다. 미래의 어느 시점에서 종말론이 완성되는 것으로 구약 성도들은 이해하였다. 사도행전 1:6에서 저들의 심정을 잘 보여 주고 있다.

> 그들이 모였을 때에 예수께 여쭈어 이르되 주께서 이스라엘 나라를 회복하심이 이 때니이까 하니(행전 1:6).

그때까지 예수의 제자들은 이스라엘 나라의 회복에 대해 오해를 하고 있었다.

예수께서 승천하시려고 하는 마당에 그의 제자들은 하나님 나라의 회복하심이 이때니이까?라며 질문하고 있다. 저들의 관심은 하나님 나라보다 온통 정치적으로 이스라엘 나라의 회복 즉 예루살렘의 회복과 다윗 왕국의 회복에 있었다(사 11:1, 10).[2]

이것이 비단 제자들뿐이겠는가?

이스라엘 전체의 바람이었다고 보여진다.

그런데 이스라엘의 바람과 달리 메시아 되신 예수님께서는 "**내가 성령을 힘입어 귀신을 쫓아 내는 것이면 하나님 나라가 이미 너희에게 임하였느니라**"(마 12:28)라고 하셨다. 이 말씀에 따르면 이스라엘이 바라듯이 하나님 나라는 다윗 왕국의 회복처럼 물리적인 나라로 임하는 것이 아님을

---

2   사 11:1 "이새의 줄기에서 한 싹이 나며 그 뿌리에서 한 가지가 나서 결실할 것이요." 를 참고.

말씀하신 것이다. 왜냐하면, 성령이 임하면 하나님 나라가 임한 것이라고 하셨기 때문이다. 마치 이스라엘의 환상을 깨는 듯한 말씀이다. 이 말씀을 근거로 신학자들은 미래적 종말론보다는 실현된 종말론이라고 말한다. 왜냐하면, 하나님 나라가 임한 것이면 종말론이 성취된 것으로 보기 때문이다.

그리고 사도 요한은 계시록에서 그리스도의 재림과 심판과 천년왕국을 거쳐 완전히 심판된 후에 새 하늘과 새 땅이 도래해있는 것을 보았다는 사실을 기록하고 있다(계 21:1).[3] 이것을 신학자들은 미래적 종말론이라고 말한다. 왜냐하면, 하나님 나라가 임했다 하더라도 완전히 이루어지지 않았기 때문이다. 마태복음 12:28에 분명 하나님 나라가 임했다고 하셨는데 예수께서 다시 오겠다고 말씀하신 적이 있기 때문이다.

> 내가 너희에게 이르노니 속히 그 원한을 풀어 주시리라 그러나 인자가 올 때에 세상에서 믿음을 보겠느냐 하시니라(눅 18:8).

이 말씀을 보면 예수께서 다시 오신다는 말씀을 하신다. 즉, 재림하신다는 뜻이다. 그렇다면 종말론은 신학자들이 말하듯 그리스도께서 오셨기에 종말론은 실현된 것이라고 한 것이 다시 오신다 함으로서 완성을 미완성으로 보게 하고 있다. 다시 말하면, 하나님 나라의 도래가 미완성이고 다시 완성시키신다는 의미로 받아들여진다.

그러니까 종말론의 실현과 완성은 다른 것이다. 이스라엘이 바라듯 물질의 나라가 아니고 영의 나라가 임해야 한다는 사실을 시사한 셈이다. 아직 육신으로 계셨던 그리스도께서 구속 사역을 완성하시고 승천하셨다가 재림하셔서 심판을 완성한다고 하더라도 역시 하나님 나라는 영의 나라

---

3   계 21:1 "또 내가 새 하늘과 새 땅을 보니 처음 하늘과 처음 땅이 없어졌고 바다도 다시 있지 않더라."를 참고.

다. 사도행전 1:11에 예수께서 올라가신 그대로 재림하신다라고도 했지만, 그 역시 영의 몸으로 임하시는 것이다. 이것이 그리스도로부터 계시 된 말씀이니 그리 믿을 수밖에 없다. 사도 요한이 새 하늘과 새 땅을 보았고(계 21:1), 바울 역시 영의 몸도 있다고 했다(고전 15:44).[4] 그렇더라도 종말론은 이스라엘이 바라는 환상처럼 물질적인 나라의 회복은 아니다. 영의 나라 회복을 말하고 있다. 하나님 나라는 영의 나라이기 때문이다.

문제는 신학자들의 주장이다. 그 나라가

첫째, 현재적이냐,

둘째, 미래적이냐,

셋째, 현재와 미래가 결합 된 것이냐를 두고 견해 차이를 보인다.

이 세 가지 중 어디에다 기준을 두고 연구하느냐에 따라 그 주장들이 달라질 수밖에 없다.[5] 우선 몰트만(Moltmann)이 말하는 종말론은 이 세 가지 주장과 달리 의미심장하다. 처음부터 기독교는 종말론이며, 소망이며, 앞을 바라다보며, 앞을 향해 움직인다. 종말론적이란 기독교의 한 요소가 아니며, 교리의 한 부분도 아니며, 기독교의 선포이며, 모든 그리스도인의 존재이고 특성이며, 전체 교회에 특징을 지우는 것이라고 했다.[6] 이처럼 몰트만이 말한 것처럼 정말 성도들이 현재든 미래든 종말론적으로 이루어지는 천국의 소망 없이 살아간다면 신앙생활이 활력이 없고 무기력해지며 무의미해지리라는 생각은 중요한 포인트다.

구약보다 신약의 종말론에서 신학자들은 예수께서 성육신으로 임하셨던 분이 다시 오신다는 사실을 말씀하신 것처럼 이미(already)와 아직(not

---

4 고전 15:44 "육의 몸으로 심고 신령한 몸으로 다시 살아나나니 육의 몸이 있은즉 또 영의 몸도 있느니라."를 참고.
5 안토니 A. 후크마, 『개혁주의 종말론』, 류호준 역(서울: CLC, 1991), 13-25.
6 I안토니 A. 후크마, 『개혁주의 종말론』, 13.

yet) 사이에서 일어나고 있는 긴장을 말하고 있다. 이미 성취 됨과(alredy fulfilled) 아직 완성되지 아니함(not-yet-completed) 사이에서 일어나는 긴장감이 신약성경에 나타난 새로운 요소라고 말한다.[7]

필자는 요한의 저작들을 보면서 신학자들이 말한 이미와 아직 사이를 비켜 갈 수는 없을까를 고민하였다. 그래도 평신도 입장으로 볼 때 어떻게 하면 종말론을 이해하기 쉽게 할까를 염두에 두고 요한복음과 서신서 그리고 요한계시록에 나타나 있는 종말론적인 말씀들을 찾아보면서 한번 생각해보기로 하겠다.

2. 요한복음의 종말론(요 3:18; 12:48)

주로 종말론에서 다루어지는 주제가 현재로 이루어진 종말론이 되었든, 미래로 이루어져야 할 종말론이 되었든, 아니면 현재와 미래 두 가지가 합쳐진 것이 되었든, 구약의 종말론에서는 메시아의 출현과 함께 재앙과 멸망에 따르는 미래적 심판을 말하고 있다. 가령, 이사야 선지자의 그날, 요엘 선지자의 여호와의 날, 미가 선지자의 끝날 등 멸망과 심판 후의 예루살렘 회복을 말씀하고 있기 때문이다.

구약 성도들은 메시아 출현을 그토록 바랐다. 그리고 그리스도가 출현하면 그들이 바라던 대로 다 이루어질 것을 믿었다. 그것이 그리스도 출현과 승천 이후까지 계속되었다.

그렇다면 신약의 종말론은 어떤가?

신약의 종말론이란 말을 따로 쓰지는 않지만, 그리스도의 재림을 종말론으로 보고 있다. 누가복음 21:35에서 말하는 것처럼 지구적 종말이다.

---

7 안토니 A. 후크마, 『개혁주의 종말론』, 27.

그런데 사도 요한은 구약 성도들이 그렇게 바라고 소망했던 메시아의 도래를 물리적인 하나님 나라의 등장으로 보지 않고 요한복음 3:5 말씀처럼 성령의 거듭남과 하나님 나라를 연관시키고 있다. 즉, 하나님 나라는 육의 나라가 아니고 영의 나라라고 진술하고 있다. 그래서 그의 독자들이 바라는 소망과 달리 하나님 나라가 미래적으로 실현될 것보다 현재적으로 실현되었음을 선포함으로써 충격을 주고 있다. 심판(krisis), 부활(anastasis), 영(aionios), 생(zoe) 등 주로 종말론에서 다루어지는 주제들이 이미 이루어졌다고 하였고 요한계시록에서만 미래적으로 달리 표현하고 있다.

여기에 대해 쉬나겐버그(Schnakenburg)는 요한이 종말론의 초점을 미래로부터 현재로 돌리고 있다라고 하면서 요한의 종말론은 현재의 종말론이라고 했다. 즉, 이미를 실현된 종말론이라고 본 것이다. 케제만(kaesemann)도 유대적 기독교 소망이 지상 영역으로부터 형이상학적 차원으로 옮겨졌다고 했다. 그런가하면 콘젤만(Conzelmann)은 사도 요한이 미래 세계의 소망을 철저히 개인화시킨 것이라고 했고 소망이라는 단어가 그에게 나타나지 않고 있다고 비판했다.[8]

그러나 이렇게 사도 요한의 현재적 종말론을 비판한 학자들도 사도 요한이 그럼에도 독특한 미래적 종말론을 말했고 발전시키고 있다고 했다. 그 독특한 미래적 종말론이란 요한복음 17장 제자들을 위한 기도에서 발견된다고 했다. **"영생을 주게 하시려고"**(요 17:2) 또 **"나 있는 곳에 나와 함께 있게"**(요 17:24)라고 말한 구절을 볼 때 미래적 소망이라는 것이다. 그런데 필자가 보기로 요한복음 17장 외에도 미래적 소망이 더 나타나는 곳이 있다. 요한복음 5:28(무덤 속에 있는 자가 그의 음성을 들을 때), 6:39, 54(마지막 날에 다시 살리는 이것), 12:48(마지막 날의 심판) 이 구절들까지 독특한 미래의 종말론에 포함해야 한다고 본다. 브라운(R.E.Brown)은 이와 같은 사실을 볼 때 사도 요한이

---

8 김득중, 『요한의 신학』(서울: 컨콜디아사, 1994), 329-330.

현재와 미래의 이중적 종말론을 말하고 있다고 주장했다.[9]

그렇다면 종말론에서 다루어지는 요소로는 다음과 같다.

첫째, 종말론에서 다루어지는 요소로는 심판이다. 즉 결정이나 판단과 관련하여 생각해 볼 구절은 요한복음 3:18, 12:48이다.

> 그를 믿는 자는 심판을 받지 아니하는 것이요 믿지 아니하는 자는 하나님의 독생자의 이름을 믿지 아니하므로 벌써 심판을 받은 것이니라 (요 3:18).

> 나를 저버리고 내 말을 받지 아니하는 자를 심판할 이가 있으니 곧 내가 한 그 말이 마지막 날에 그를 심판하리라 (요 12:48).

이 말씀을 보면 심판은 불신자들의 심판에 대한 것이며 벌써 심판을 받았다고 했다. 즉, 실현된 종말론을 말하고 있다. 그런데 완전히 실현된 종말론이 되려면 그리스도를 부인하는 불신자들의 입장을 끝까지 고수해야 한다. 그리고 천년왕국 이후의 최후 심판 때까지 해당되며 이때 심판관은 그리스도시다. 이 최후 심판은 지옥 불과 천국으로 분류되는 심판이다. 그래서 이 말씀을 신학자들은 실현된 종말론이라고 주장하는 것이다. 벌써 심판을 받았다는 것은 이미 이루어진 것을 말한다.

그런데 필자가 볼 때 실현된 종말론이라고 그렇게 단정하기가 어렵다. 왜냐하면, 이미 심판을 받았다고 하는 불신자가 죽기 전에 믿는 자의 입장으로 바뀌게 된다면 얼마든지 실현된 종말적 심판에서 벗어날 수 있기 때문이다. 그러니까 불신자들에게도 실현된 종말론이 되지 못하는 것이다. 그래서 이미와 아직의 도식은 확정된 것이 아니라 믿음의 변화에 따라 얼마든지 바뀔 수 있는 변수가 있다. 심판과 구원은 누구에게나 믿음대로 나타나는 결

---

9 김득중, 『요한의 신학』, 330.

과거되므로 믿음만 확고하다면 이미와 아직 사이에서 긴장할 필요는 없다.

둘째, 종말론에서 다루어지는 요소로는 부활, 아나스타시스(*anastasis*)다. 이와 관련하여 생각해 볼 구절은 요한복음 5:25, 29, 11:25 말씀이다.

> 진실로 진실로 너희에게 이르노니 죽은 자들이 하나님의 아들의 음성을 들을 때가 오나니 곧 이 때라 듣는 자는 살아나리라 (요 5:25).

> 예수께서 이르시되 나는 부활이요 생명이니 나를 믿는 자는 죽어도 살겠고 (요 11:25).

이 두 구절 말씀은 모두 미래적 부활에 관한 말씀이다. 그리고 육체의 부활을 말하고 있다. 이사야 26:19을 반영한 말씀이라고 보인다.[10] 부활은 죽었던 자가 다시 산다는 말씀이다. 그리스도인들이 예수를 믿으면 현재적이든 미래적이든 이루어질 부활이다. 그런데 부활을 믿기는 믿지만, 나사로가 살아나는 장면도 보기는 보았지만, 정말로 내가 부활이 되는가라고 의심반 믿음반의 자세를 취하는 자들이 간혹 있다.

어떻든 부활은 처음 육의 몸으로 부활했다가 어느 시점에 영의 몸으로 바뀌는 듯하다. 그러나 처음부터 육의 부활인지 아니면 영의 몸으로 부활하는지는 확실치 않다. 그렇지만, 바울은 영의 몸의 부활을 언급하고 있다(고전 15:45),[11] 그리고 선한 일을 한 자는 생명의 부활로 악한 일을 행한 자는 심판의 부활로 나온다고 사도 요한은 미래적 부활을 진술하고 있다.

---

10 사 26:19 "주의 죽은 자들은 살아나고 그들의 시체들은 일어나리이다 티끌에 누운 자들아 너희는 깨어 노래하라 주의 이슬은 빛난 이슬이니 땅이 죽은 자들을 내놓으리로다."를 참고.

11 고전 15:45 "육의 몸으로 심고 신령한 몸으로 다시 살아나나니 육의 몸이 있은즉 또 영의 몸도 있느니라."를 참고.

셋째, 종말론에서 다루어지는 요소로는 영, 아이오니오스(*aionios*), 생, 조에(*zoe*)이다. 시작이나 끝이 없는 생명을 뜻하는 영생과 관련된 구절은 요한복음 6:40이다.

> 내 아버지의 뜻은 아들을 보고 믿는 자마다 영생을 얻는 이것이니 마지막 날에 내가 이를 다시 살리리라 하시니라(요 6:40).

영생은 그리스도를 하나님의 아들로 믿을 때, 얻어지는 것이다. 그 믿을 때가 젊어서든, 죽기 전에 믿든, 언제 어디서 믿든, 때와 장소는 상관이 없다. 누가복음 23:43에 보면 예수와 함께 십자가에 매달려 죽으면서 예수 그리스도를 인정했던 오른편의 강도에 대해 오늘 네가 나와 낙원에 있으리라고 하셨다. 예수님의 이 말씀 한마디로 한 강도는 영생을 얻게 되었다. 누구나 죽기 전이라도 그리스도를 인정하면 영생의 구원을 받게 된다는 소망이 나타난 말씀이 되었다.

그런데 그 시점이 바로 예수님을 인정한 시점이었다. 믿은 그 순간에 이미로 바뀐 것이다. 아직은 불필요하다. 낙원은 바울이 말한 삼층천 맨 위쪽 하늘로서 하나님께서 계신 곳을 말한다. 실제로 그렇다기보다 삼층천은 히브리인들의 하늘에 대한 개념이다.

그런데 그 영생이 믿는 순간 얻어지기는 하지만 마지막 날에 다시 산다고 했다. 다시 사는 그때부터 영생이 시작되는 것이다. 즉, 미래적 부활의 어느 시점이다. 그래서 이미와 아직이 대두되고 죽음과 부활 사이가 대두된다. 조직신학에서는 이 간격을 중간 상태라고 말한다. 스올이나 연옥에 머무는 것으로 이해되어진다.[12] 사실 어디에서 어떻게 머물든 그렇지 않든 죽음 이후의 세계를 죽어보지 않은 인간들이 논한다는 것은 큰 의미가 없다.

---

12 루이스 벌코프,『조직신학』, 948.

물론 예수께서는 죽음과 부활 사이를 말씀하지 않은 것이 아니다. 필자는 요한복음 11:11에서 힌트를 얻을 수 있다고 본다. 예수님은 나사로가 뻔히 죽은 줄 아시면서 내 친구 나사로가 잠들었도다라는 말씀을 하셨다. 일부러 하신듯하다. 이 말씀에 포인트가 있다. 잠들었다면 다시 깨어난다는 생각은 누구나 자연스럽게 할 수 있다.

그러나 다른 한편으로 잠들었다면 침묵 속에 잠겨 있게 된다. 육은 흙으로 돌아가며 영혼은 위로 올라간다. 영혼이 어디에서 어떻게 존재하는지에 관계없이 침묵하다가 마지막 날에 주의 음성을 듣고 일어나게 된다.

이런 죽음 이후 세계를 인간의 지식과 이성으로 아무리 논해봐야 헛것이 될 수 있다. 죽음 이후 부활 전까지 침묵 속에 있기 때문이다. 침묵이 어떻다고 상상할 필요는 없다고 본다. 침묵은 그저 침묵일 뿐이다. 필자는 죽음과 부활 사이 우리가 알 필요가 없는 어떤 비밀이 있으리라고 여겨진다. 앞에서 잠깐 언급했듯이 예수께서 잠들었도다라고 하신 그 말씀 속에 어떤 비밀이 있지 않을까 한다.

왜냐하면, 침묵 속에는 시간과 장소가 자유하기 때문이다. 하늘이든 또 다른 어떤 곳이든 또 천만년이 지나도 관계가 없다. 또 누가복음 21:35,[13] 처럼 마지막 날이 오든, 요한계시록 5:3[14] 처럼 이 세상에 재앙이 오든 관계가 없다. 그리고 인간 편에서 만든 도식, 이미와 아직의 긴장도 신경 쓸 필요가 없다. 다만 주의 음성을 듣고 일어나면 그것으로 끝이고 영생이다.

하나님께서 말씀하지 않은 것을 인간 편에서 이론을 만들어 내고 서로 논해봐야 혼란만 가중된다. 조직신학에서 말하는 중간단계 스올이나 연옥 그런 장소적 개념보다는 사도 요한이 예수께서 잠들었도다라고 한 이 말씀은 진술한 것은 어떤 영적인 의미를 두고 언급했을 것으로 필자는 보고 있다. 왜냐하면, 전도서 기자는 영(*ruach*-루아흐)은 하나님께로 올라 간다

---

13 눅 21:35 "이 날은 온 지구상에 거하는 모든 사람에게 임하리라."를 참고.
14 계 5:3 "하늘 위에나 땅 위에나 땅 아래에 능히 그두루마리를 펴거나 보거나 할 자가 없더라."를 참고.

는 개념을 말했다(전 12:7). 에스겔 선지자도 대언하여 생기(ruach-루아흐)를 사방에서 오게 하여 사망을 당한 자에게 불으라라고 했다(겔 37:9).

사방이 무슨 말인가?

넷(arba) 숫자 4와 방(ruach)의 합성어인데 하늘의 네 바람 즉 하나님께로 부터 나오는 바람이다(시 135:7; 슥 6:5).[15] 이런 루아흐 개념을 생각해 본다면 그리스도와 함께 낙원에 있을 오른편 강도는 심판도 생략된 채 십자가에서의 죽음이 그에게는 마지막 날이 되었을 수도 있다.

그런데 일부 신학자들 가운데 부활을 현재적이며 미래적인 것으로 이중성, 또 병존성을 말하고 있다. 필자는 이중성보다는 동시성을 주장하고 싶다. 왜냐하면, 그리스도의 영적 부활을 나타내 보이신 현장, 가령 문이 닫혀있는데 제자들 앞에 갑자기 나타났다가 사라지는 그리스도의 모습을 진술했기 때문이다. 골로새서 3:10[16] 말씀처럼 하나님의 형상이 마음에 새겨진 것을 영적 부활로 본다면 부활은 동시적이다. 현재적이며 동시에 미래적이다(고전 15:52).[17] 즉, 현재의 영적 부활은 영의 특성상 미래에 가도 변화가 없게 될 것이라고 보고 있다.

이에 대해 브라운(R.E.Brown)은 현재적인 종말론과 미래적인 종말론을 이중적 종말론이라고 하는 말을 사용했다. 그러나 바렛(C.K. Barrett)은 요한복음에서의 종말론은 시제에 관한 파라독스라고 했다(clash and paradox of tence). 즉, 종말론의 현재성과 미래성이 병존한다는 말을 했다.[18]

마지막으로 순서에 관계 없이 심판과 관련하여 보충적인 설명이 필요하다.

---

15 슥 6:5 "천사가 대답하여 이르되 이는 하늘의 네 바람인데 온 세상의 주 앞에 서 있다가 나가는 것이라 하더라."를 참고.
16 골 3:10 "새 사람을 입었으니 이는 자기를 창조하신 이의 형상을 따라 지식에까지 새롭게 하심을 입은 자니라."를 참고.
17 고전 15:52 "나팔 소리가 나매 죽은 자들이 썩지 아니할 것으로 다시 살아나고 우리도 변화되리라."를 참고.
18 김득중, 『요한의 신학』, 330-332.

> 예수께서 이르시되 내가 심판하러 이 세상에 왔으니 보지 못하는 자들은 보게 하고 보는 자들은 맹인이 되게 하려 함이라 하시니(요 9:31).

> 이제 이 세상에 대한 심판이 이르렀으니 이 세상의 임금이 쫓겨나리라(요 12:31).

이 두 구절의 심판은 바리새인들과 또 사탄의 심판에 관련된 말씀이다. 전자는 현재적 종말론이고 실현된 것으로 본다. 왜냐하면, 오신 그리스도를 보고도 몰라보았으니 맹인인 셈이다. 이미 심판이 되었다는 뜻이다. 그러나 후자는 그리스도께서 죽으시고 아직 부활하시지 않은 시점이기에 부활로서 심판받게 되므로 미래적이다.

3. 요한서신의 종말론(요일 4:17)

요한서신에서의 종말론적인 주제는 강림, 파루시아(*parousia*), 심판, 크리시스(*krisis*), 영, 아이오니오스(*aionios*), 생, 조에(*zoe*)이다. 이 주제는 요한복음과 마찬가지로 사도 요한이 기록한 성경이므로 입장은 같다. 단, 종말론적 주제들이 요한복음보다는 다양하지 않다. 강림은 요한복음 2:28이고 심판은 요한일서 4:17이다. 그리고 영생은 요한일서 5:11-12, 13, 20이다. 이 주제들은 요한복음의 종말론에서 다루어진 것처럼 예수 그리스도가 중심이다. 하나님의 아들 되신 그리스도가 재림하셔서 최종적 심판을 하시고 영생도 주신다. 영생은 그 마음에 믿음이 있는 자와 없는 자로 구별된다. 당연히 믿음이 있는 자는 영생이고 없는 자도 영생이다. 단 믿음이 없는 자는 안타깝게도 영원한 지옥 불 속에서의 영생이다.

첫째, 요한서신서의 종말론에서 다루어지는 요소로는 강림(*parousia*)이다. 그리스도의 재림 또는 강림과 관련된 성경 구절은 요한일서 2:28이다.

> 자녀들아 이제 그의 안에 거하라 이는 주께서 나타내신 바 되면 그가 강림하실 때에 우리로 담대함을 얻어 그 앞에서 부끄럽지 않게 하려 함이라(요일 2:28).

이 말씀은 주께서 강림하실 때, 즉 왕이 어느 지역에 도착이나 출현했을 때 성도들의 믿음 상태를 말하고 있다. 예수께서 처음 강림하셨을 때 그를 마음에 구주로 영접했다면 주께서 강림하실 때까지 믿음의 변화가 없어야 한다. 간혹 그 마음이 변덕스러운 사람들이 있다. 필요할 때는 믿었다가 필요 없는 듯하면 배교는 아니더라도 그리스도를 스스로 버리는 경우가 없지 않다. 물론 회개하고 돌아오면 되지만 부끄러운 경우가 발생한다. 구원도 공적이 불타면 해를 받으나 구원은 받는다고 했다(고전 3:15).[19] 그리스도의 재림은 최종 심판을 위해 강림하시는 것이다.

둘째, 요한서신의 종말론에서 다루어지는 요소로는 심판(*krisis*)이다. 즉, 결정과 판단에 관련된 성경 구절은 요한일서 4:17 말씀이다.

> 이로써 사랑이 우리에게 온전히 이루어진 것은 우리로 심판 날에 담대함을 가지게 하려 함이니 주께서 그러하심과 같이 우리도 이 세상에서 그러하니라(요일 4:17).

사실 믿음이 있더라도 심판은 두려운 것 임에 틀림이 없다. 그리고 이 말씀 가운데 나타나는 심판은 최후의 심판을 말하고 있다(요 12:48).[20] 심판의 기준은 하나님의 사랑이 있는가 없는가이다. 요한일서 4장에서 말하는 하나님의 사랑은 그리스도를 말한다. 즉, 그리스도가 마음 가운데 있으면 하나님의 사랑이 있는 것이고 심판은 면제된다. 그러나 요한계시록 20:13

19　고전 3:15 "누구든지 그 공적이 불타면 해를 받으리니 그러나 자신은 구원을 받되 불 가운데서 받은 것 같으리라."를 참고.
20　요 12:48 "나를 저버리고 내 말을 받지 아니하는 자를 심판할 이가 있으니 곧 내가 한 그 말이 마지막 날에 그를 심판하리라."를 참고.

처럼 부활한다고 해도 행위대로 심판을 받는다고 하였다. 그리고 히브리서 4:13에서는 하나님께서 결산을 하시는데 만물이 벌거벗은 것같이 하나님 앞에 드러난다고 하였다. 결산이란 평가다. 믿는 자라도 삶에 대한 평가는 받는 것으로 봐야 한다. 지옥으로의 심판은 면제된다 하더라도 상급에 대한 평가는 받아야 한다.

셋째, 요한서신의 종말론에서 다루어지는 요소로는 영생이다. 시작과 끝이 없는 생명과 관련된 성경 구절은 요한일서 2:25, 5:11 말씀이다.

> 그가 우리에게 약속하신 것은 이것이니 곧 영원한 생명이니라(요일2:25).

> 또 증거는 이것이니 하나님이 우리에게 영생을 주신 것과 이 생명이 그의 아들 안에 있는 그것이니라(요일 5:11).

이 말씀 가운데 영생은 그리스도 안에 있는 것이라 하였다. 그리스도께서 영생하시는 분이시니 내가 그리스도 안에 그리스도께서 내 안에 계셔야 영생이 된다는 뜻이다. 그리스도 안에 있지 않고 밖에 있으면 영생은 지옥 불 속에서 해야 한다.

4. 요한계시록의 종말론(계 1:8; 2:28; 히 4:13)

요한계시록의 종말론은 요한복음과 요한서신에서 말하는 종말론의 주제처럼 심판, 부활, 영생 등은 비슷하면서도 다른 측면이 있는 것은 요한계시록의 마지막 부분에 천년왕국의 등장이다.

그래서 마치 심판과 부활이 이중화되어야 하는 것은 아닌가라고 생각되는 측면이 있다. 또 다른 측면으로는 요한계시록이 마치 칠년 대환란과 천년왕국이 중심이 되어있는 것처럼 신학자들의 보는 관점에 따라 이론이 다양하고 많다. 그리고 사실 복잡하다. 그래서 교단마다 천년왕국에 대한 의견도 조금씩 다르다. 그렇더라도 이론이 맞고 틀린 것은 없다. 관계된 이론들이 모두 성경적 근거가 있고 나름대로 일리가 있다. 어떤 이론을 취하든 요한계시록의 결론은 변하지 않고 서로의 입장만 다를 뿐이다. 보수 신학 측에서는 무천년설 입장을 취하고 있다.

필자는 어떤 이론에 치우치기보다 성경 본문을 중심으로 문자적인 입장에서 의견을 개진해 보고자 한다. 요한계시록은 1:1에서 속히 일어날 일이라고 하였다. 그러므로 요한계시록은 미래적으로 일어날 종말론적인 책이다. 주제는 회개와 심판과 부활과 영생이다. 회개와 영생은 앞서 다루었기 때문에 심판과 부활에 초점을 두고자 한다. 심판은 그리스도가 알파와 오메가 되신 것처럼 세상의 끝에 일어난다. 그래서 종말론이고 하늘과 땅의 심판이다. 결과는 사망과 생명으로 구분된다. 성도들에 대하여는 행한 대로 결산을 받는다(히 4:13).[21] 결산은 긍정이든 부정이든 평가이므로 그 결과가 나와야 한다. 그 결과로 새 하늘과 새 땅에서의 영생이든 지옥 불 속에서의 영생이든 영생이 시작된다.

그런데 걸리는 부분이 있다. 천년왕국 전에 사탄의 왕국이 끝으로 최종 심판이 된 것처럼 보였다. 그런데 최종 심판이 된 것이 아니었고 천년 동안 유보되었다. 천년이 지난 후 잠시 사탄이 풀려나서 세상을 싸움판으로 몰아넣는다. 그 후에야 완전한 심판이 이루어진다. 순서상 옛것의 심판이 끝나면 새로운 미래적 영생이 시작되는 것이다. 영생이란 육의 영생이 아니고 영으로 시작되는 영생이다. 영생은 영의 몸으로의 부활이 필요하다. 천년이 지난 후 첫째 부활했던 자들에게 사탄의 시험이 일어나 심판받고 첫째 부활하지 못하고 잠자던 자들이 일어나 심판받는 때는 사탄의 완전

---

21 히 4:13 "지으신 것이 하나도 그 앞에 나타나지 않음이 없고 우리의 결산을 받으실 이의 눈 앞에 만물이 벌거벗은 것 같이 드러나느니라."를 참고.

한 심판 후이다. 그래서 사도 요한은 요한복음이나 서신서에서 언급했던 부활과 요한계시록에서는 말하는 부활의 양상을 좀 달리하고 있다. 왜냐하면, 사탄의 최종 심판과 후에 나타나는 부활이 있음을 말하기 때문이다. 육의 부활도 한 번, 영의 부활도 한 번 부활의 특성상 한 번만 일어난다.

필자가 보기로 천년왕국 때의 부활은 육의 부활이고 새 하늘과 새 땅에 들어갈 부활은 그곳에 필요한 영의 부활을 하게 될 것으로 보고 있다. 아마도 천년왕국을 살았던 자들과 잠자고 있던 자들의 부활은 영적인 부활일 것이다. 바울이 나팔 불 때 홀연히 변화한다고 한 것처럼 순식간에 변화하지 않겠나 여겨진다(고전 15:51).[22] 그리고 새 하늘과 새 땅에 영의 몸으로 들어가게 될 것으로 여겨진다.

요한계시록의 미래적 종말론은 요한복음의 현재적이며 미래적인 종말론과 좀 다른 부분이 있다. 그 부분은 그리스도께서 성령님과 함께 나타난다는 것이다. 요한복음에서는 예수님의 세례 때 임하신 성령님 이후 성령님의 역사하심이 나타나지 않는다. 그가 앞으로 하실 사역의 역할만 나타난다. 그러나 요한계시록에서는 성령님의 역사하심이 나타난다.

요한계시록 1:10에 사도 요한에게 귀를 열어 음성을 들려주고 눈을 열어 천상의 세계를 보게 하신다(계 1:11, 21:10). 요한계시록 1:1에서는 예수 그리스도의 계시라고 분명 말씀하셨다. 그런데 요한계시록 2:7에 성령이 교회에 하시는 말씀을 들으라고도 하신다. 또 요한계시록 5:6의 경우는 그리스도를 죽임당한 어린양이라 했다. 그에게 일곱 뿔, 일곱 눈, 일곱 영이 있다고 했다. 히브리 문학에서 3이나 7은 완전수를 나타내므로 그리스도를 하나님처럼 완전하신 분 또는 충만하신 영, 즉 성령으로 나타내고 있다는 사실이다.[23]

그리고 요한계시록 19:1에 2일 후에라고 해서 사탄의 왕국이었던 바벨론의 심판을 끝으로 어린양의 혼인 잔치에 청함받은 자들이 등장한다. 마

---

22 고전 15:51 "보라 내가 너희에게 비밀을 말하노니 우리가 다 잠 잘 것이 아니요 마지막 나팔에 순식간에 홀연히 다 변화되리니."를 참고.
23 강병도, 『호크마 주석: 요한계시록』(서울: 기독지혜사, 1993), 275-276.

치 믿음을 승리한 사람들의 천국잔치 같다.

그런데 요한계시록 20장에 천년왕국이 등장하지 않는가?

그리고 사탄의 심판도 끝인 줄 알았는데 천년간 유보되고 있지 않은가?.

그래서 어린양의 혼인 잔치의 때가 어느 시점인지 궁금하다. 잔치의 성격상 천년왕국 이후가 아닐까 한다.

그렇다면 이들은 어떤 사람들인가?

재앙 중 회개한 자들인지, 예수님을 믿고 있는 자들로서 세 가지 재앙을 피한 사람들인지, 또 첫째 부활을 한 사람들인지, 아니면 예수의 증언(marturia)을 받는 자들인지, 여기서 예수의 증언이란 이미 복음을 듣고 믿은 자를 뜻하기에 이들을 구분하기가 어렵다. 어떻든 예수 믿는 자들일진대 삶에 대한 평가는 받아야 한다. 하나님 앞에 서야 하는 것은 당연하다. 이때 그리스도의 대언 또는 변호를 받게 될 것이다(요일 2:1).[24] 그런데 이 예수의 증언을 예언의 영이라 했다(계 19:10).[25]

이 예언의 영은 진리의 영과 더불어 성령을 나타낸다. 요한계시록에 심판의 주로 나타나는 어린양 되신 그리스도는 육신을 입은 그리스도가 아니다. 부활하여 근본 빛으로 승귀하신 그리스도시다. 그래서 사도 요한은 그리스도를 예언의 영으로 또 성령으로 나타내고 있다고 보인다.

이렇게 요한계시록의 종말론은 특성상 심판이 주요 주제이고 그 결과는 영생이다. 천국에서 또는 지옥에서 영생하든 영생하려면 육의 몸으로 되는 것이 아니다. 영적인 몸의 부활이 되어야 한다. 중간에 천년왕국이 등장하더라도 결과적으로 심판과 부활에는 변화가 없다. 하지만 천년 동안 살아갈 사람들의 부활이 등장하고 천년이 지난 후 첫째 부활했던 사람들

---

24   요일 2:1 "나의 자녀들아 내가 이것을 너희에게 씀은 너희로 죄를 범하지 않게 하려 함이라 만일 누가 죄를 범하여도 아버지 앞에서 우리에게 대언자가 있으니 곧 의로우신 예수 그리스도시라."를 참고.

25   계 19:10 "내가 그 발 앞에 엎드려 경배하려 하니 그가 나에게 말하기를 나는 너와 및 예수의 증언을 받은 네 형제들과 같이 된 종이니 삼가 그리하지 말고 오직 하나님께 경배하라 예수의 증언은 예언의 영이라 하더라."를 참고.

의 심판과 사탄의 최종적인 심판이 일어난다. 그 후에야 첫째 부활 때 잠자던 자들의 부활과 심판 후 새 하늘과 새 땅에 참여하게 되리라고 보여진다. 이때 새 하늘과 새 땅에 들어가는데 필요한 영적인 부활을 그 어느 시점에 하게 될 것이다.

필자가 보기에 천년왕국 시작 전의 부활인 첫째 부활은 어떤 부활일까? 이를 생각해 볼 필요가 있다. 육의 부활로 인하여 천년왕국이 진행되는지 아니면 영의 부활로 인하여 천년왕국이 진행되는지 확실하지가 않다. 부활이라면 영의 부활로 인식하고 있다. 그러나 요한계시록 20장의 본문 내용은 육신의 부활인 것처럼 나타나 있다. 왜냐하면, 처음 하늘과 처음 땅이 재앙은 받았으나 없어지지 않았고 사탄 마귀들의 완전한 심판도 유보되었기 때문이다. 새 하늘과 새 땅은 사탄 마귀가 지옥 불에 들어간 이후에 등장한다. 그렇다면 나사로의 부활처럼 육신의 부활로서 천년왕국이 진행된다고 보아야 한다. 사실 그래야 이사야와 시편의 예언이 이루어지기도 한다(사 26:19; 시 71:20).

첫째 부활에 대해 요한계시록 20:5은 다음과 같이 말한다.

> 그 나머지 죽은 자들은 그 천년이 차기까지 살지 못하더라. 이는 첫째 부활이라(계 20:5).

또 다른 부활이 있다. 요한계시록 20:13이다.

> 바다가 그 가운데에서 죽은 자들을 내주고 또 사망과 음부도 그 가운데에서 죽은 자들을 내주매 각 사람이 자기의 행위대로 심판을 받고(계 20:13).

첫 번째 부활은 천년왕국과 관련하여 부활하는 자들이고 또 그다음 부활은 첫째 부활하지 못하고 잠자던 자들이다. 이들은 천년왕국 이후 잠시 풀렸던 사탄 마귀들의 완전한 심판을 받고 불구덩이에 던져질 때까지 자고 있던 자들이다. 이들이 부활하여 행위대로 심판을 받는다고 했다. 여기서 통과한 자들과 첫째 부활했던 자들이 새 하늘과 새 땅에 들어가게 될 것으로 본다.

그렇다면 천년왕국의 부활에 대해 구체적으로 생각해 볼 필요가 있다. 부활이란 다시 사는 것이므로 육신의 부활이 있고 영의 부활이 있다. 나사로는 육의 부활을 하였고 그 이후로 어떻게 되었는지 알지 못한다. 구약에서의 부활 개념은 사실 모두 육신의 부활이다.

그러면 예수 그리스도의 부활은 어떤 부활이었나?

육신의 부활이었다. 왜냐하면, 호세아 6:2, 다니엘 12:2, 시편 16:10, 71:20, 이사야 26:19 중에 이사야 선지자가 육신의 부활을 예언하였고 그 예언을 이루셔야 했기 때문이다.

> 주의 죽은 자들은 살아나고 그들의 시체들은 일어나리이다 티끌에 누운 자들아 너희는 깨어 노래하라 주의 이슬은 빛난 이슬이니 땅이 죽은 자들을 내놓으리로다 (사 26:19).

이 말씀을 보면 시체들이 일어나고 땅이 죽은 자들을 내어놓으리라고 했다. 예수께서 십자가에 죽으시면서 그리스도의 부활을 전제로 모두 이루어진 사건들이다(마 27:52-53).[26] 예수님께서는 약속된 부활을 하시므로 이사야의 예언을 성취하셨다. 그리고 이 부활은 요한계시록 20:13[27]과도 같다. 예수의 부활이 중요한 것은 부활해야 구약의 예언의 말씀도 성취하고 메시아의 자격을 얻기 때문이다. 바리새인들이 예수의 부활을 도적설로 밀어붙인

---

26 마 27:52-53 "무덤들이 열리며 자던 성도의 몸이 많이 일어나되 예수의 부활 후에 그들이 무덤에서 나와서 거룩한 성에 들어가 많은 사람에게 보이니라."를 참고.
27 계 20:13 "바다가 그 가운데에서 죽은 자들을 내주고 또 사망과 음부도 그 가운데에서 죽은 자들을 내주매 각 사람이 자기의 행위대로 심판을 받고."를 참고.

것은 대중들에게 메시아가 아님을 속이기 위함이었다(마 28:13).[28]

그러면 예수님께서 시체로 계시다가 일어났다면, 또 음식도 먹음으로 육신의 부활을 나타내 보이셨다면. 요한복음 20:19[29]에서 시공을 초월하는 영적인 현상을 나타내셨다. 분명 문이 닫혀있는데 들어오신 것은 영이셨기에 가능했다.

그렇다면 어느 순간에 육에서 영으로 변하셨다는 말인가?

그것은 모른다. 처음에는 육으로 부활하셨고 어느 순간에 영의 몸으로 바뀌셨을 것이다. 변하신 현상만 나타내 보이셨으므로 언제 어떻게 변했는지에 대해 알려진 바가 없다. 그리고 알려고 애쓸 필요도 없다. 하나님 나라는 신비해서 육신의 지식과 지혜로 이해할 수 있는 나라가 아니다. 단지 보여지는 현상만 볼 뿐이다. 신학자들은 현재적 부활과 미래적 부활을 말하고 있다. 즉, 부활의 이중화를 말하는 것이다. 그리스도께서는 부활의 몸을 보이셨고 영육 간 부활의 특성을 보이셨다. 그러므로 영육 간 동시적 부활을 했을 가능성도 있다고 필자는 보고 있다.

어떻든 천년왕국의 등장으로 요한계시록의 종말론이 복잡하게 얽히는 것 같은 생각이 드는 것은 사실이다. 천년동안 첫째 부활한 자들과 그리스도의 통치가 끝난 이후에 무저갱에 갇혔던 사탄 마귀가 풀려나면서 심판이 결국 이루어지기 때문에 요한계시록의 종말론은 변한 것이 없다. 결론도 심판과 부활과 영생으로 끝난다. 천년 동안 미루어졌을 뿐이다. 사도 요한은 요한복음에서의 현재적 부활과 요한계시록에서의 미래적 부활의 이중화를 말했다. 그렇더라도 천년왕국이 이 땅에서 진행되는 연장 선상이라고 볼 때 필요한 첫째 부활은 육적인 부활이다. 그리고 심판 후 새 하

---

28 마 28:13 "이르되 너희는 말하기를 그의 제자들이 밤에 와서 우리가 잘 때에 그를 도둑질하여 갔다 하라."를 참고.
29 요 20:19 "이 날 곧 안식 후 첫날 저녁 때에 제자들이 유대인들을 두려워하여 모인 곳의 문들을 닫았더니 예수께서 오사 가운데 서서 이르시되 너희에게 평강이 있을지어다."를 참고.

늘과 새 땅에서 살아갈 영생은 그 나라에서 필요한 영적인 부활이다. 그래서 구분하고 있다.

그렇지만 부활의 본질은 변화가 없고 영육 간의 부활은 한 번으로 족하다. 부활은 바울이 언급한 대로 영적인 문제이며 하나님 나라에서의 영생도 결국 영적인 문제이다. 그래서 요한복음과 요한서신과 요한계시록은 영적인 복음서이다. 사도 요한의 종말론은 옛것의 끝과 새로운 미래의 시작을 알리는 영적인 복음이다.

제10장

요한의 하나님 나라

인간들이 바라는 최고의 소원이 있다면 이 세상 같지 않은 다른 세상에서의 삶일 것이다. 즉, 공정하고, 공평하고, 부정부패가 없고, 자유롭고, 차별이 없고, 가난이 없고, 사람으로 존중받고, 질병과 고통이 없고, 평안한 나라에서 살고 싶은 것이다. 소위 철학에서 말하는 이상적인 사회나 유토피아와 같은 곳에서 사는 것을 소망하고 있다. 이와 같은 유토피아를 인간적으로 건설해 보려고 시도했던 나라가 공산국가다. 그러나 실패하였고 민주 국가들보다 오히려 더 악화된 사회를 만든 것이 현재 사회주의 나라들이다. 어떻든 현재 인간들이 살아가는 세계는 이상적인 세계와는 정반대로 계속 진행되고 있다.

역사와 현실이 증명하듯 전쟁과 살인, 기아와 가난, 질병과 고통, 빈부격차, 양극화 등 어려운 난제들은 사회주의 나라들이나 민주적인 나라들이나 여전히 발생하고 있다. 이런 현실 속에서 좀 더 낫게 편하게 살아보려고 몸부림치다가 결국 허무하게 죽는 것이 인생이다. 예나 지금이나 이 길은 마치 인생들의 길인 것처럼 공식화되어 있다.

이것이 현실인 걸 인간들이 어쩌겠는가?
이런 원인이 어디서 오는가?
왜 인간들이 이렇게 고통만 당하다가 죽어야 하는가?
이 문제를 해결할 방법은 없는가?

철학이나 일반 종교에서 끊임없이 애쓰고 있으나 답이 없다. 그런데 이 모든 문제를 한 방에 해결한다고 제시한 책이 성경이다. 왜냐하면, 성경은 인생이 어디서 왔으며, 왜 고통받는지, 왜 죽는지, 그리고 죽은 후에는 어떻게 되는지, 인생의 근본 문제를 자세히 다루고 있기 때문이다. 또 해결받을 방법도 제시하고 있다. 인간의 모든 근본 문제를 해결하실 분은 오직 한 분 예수 그리스도시다라고 사도들은 전하고 있다. 특히, 그리스도를 믿어 그의 이름을 힘입고 새 생명을 얻어 영생해야 한다라고 외친 사람은 예수 그리스도의 제자였던 사도 요한이다. 그가 전하고 경험한 하나님 나라가 과연 어떤 나라인지 그리스도께 계시받아 기록한 문서를 근거로 해서 하나님 나라를 생각해보기로 하자.

사실 필자는 목회자다. 그렇더라도 하나님 나라에 대한 궁금증이 많다. 성도님들이 알고 싶어서 하는 하나님 나라가 어떤 나라인지 속시원하게 밝히고 싶은 마음은 여전히 충만하다. 하나님 나라가 현재 이 세상 같은 나라의 연장선상일지 아니면 이 세상 같은 나라이면서 다른 형태의 어떤 나라일지 아니면 상상도 못할 전혀 다른 어떤 나라일지 자못 궁금하다. 속이 시원하지 않더라도 성경에서 밝혀주는 대로만 아는 것이 옳다.

1. 하나님 나라의 개념(요 3:5-6)

그리스도인이라면 하나님 나라에 대해 자세히 알고 싶어 한다. 성도라면 누구나 미래적으로 가야 할 나라라고 생각하기 때문에 관심이 많다. 그렇다면 하나님 나라의 개념에 대해 이해하는 것이 필요하다. 먼저 몇몇 신학자들의 견해를 들어보자.

루이스 벌코프(Louis Berkhof)는 그의 『조직신학』에서 하나님 나라는 종말적인 개념이다라고 하면서 예수께서 하나님 나라는 영적이고 무형적인 형태로 실현된다고 가르치셨다는 것이다. 즉, 하나님의 통치가 미치는 영역을 하나님 나라로 보았다. 하나님 통치 영역이라면 오늘날 교회를 말하는 것이다. 그리고 예수께서 재림하실 때 절정에 이를 것이라고 하였다.[1] 헤르만 리델보스(Herman Ridderbos)의 하나님 나라는 그리스도 안에서 성취되고 절정에 도달할 구원에 대한 신적 사역이다. 교회는 하나님께서 선택하시고 부르셔서 그 나라의 축복 속에 참여하는 백성이다라고 하였다.[2] 로버트 레커(Robert Recker)는 그의 책 『구속사와 하나님 나라』(The Redemptive Focus of the King of God)에서 하나님 나라는 우선으로 하나님의 통치와 구원하시는 하나님의 활동으로 이해해야 한다고 주장하였다. 이 하나님의 통치가 계시의 발전 과정 속에서 어떻게 발전되어 왔는지를 지적하고 있다.[3]

또 어거스틴(Augustinus)은 하나님 나라는 경건하고 거룩한 자들이 모이는 믿음 공동체로서 교회와 동일한 것이다라고 했다. 초대 일부의 교부들은 하나님 나라는 장차 올 메시아의 천년왕국 통치이다라고 보았다. 로마 가톨릭 교회는 하나님 나라는 자신들의 카톨릭 교회와 성직과 동일하다라고 했다. 그러므로 모든 영역에서 교회가 사법 권한을 행사해야 한다고 하였다.[4]

이처럼 몇몇 신학자들이 하나님 나라에 대한 개념을 어떻게 주장했는지 살펴보았다. 대부분의 신학자는 하나님의 통치와 교회와 관련하여 하나님 나라를 말하고 있다. 즉, 이들 신학자들이 주장하는 하나님 나라는 지상 세계의 교회와 하나님의 통치에 관해 주로 말하고 있는 것으로 보인다.

필자는 하나님 나라의 개념을 현재와 미래적인 측면의 하나님 나라로 나누어 보고 싶다.

첫째, 현재의 하나님 나라는 사도 요한이 말한대로 실현된 하나님 나라, 즉 예수 그리스도를 주인으로 모신 하나님의 백성들 모임이 맞다. 그렇더

---

1 루이스 벌코프, 『조직신학』, 권수경, 이상원 역(서울: 크리스찬다이제스트, 1991), 826.
2 헤르만 리델보스, 『구속사와 하나님 나라』, 오광만 역(서울: 반석문화사, 1994), 24.
3 로버트 레커, 『구속사와 하나님 나라』, 10.
4 루이스 벌코프, 『조직신학』, 826.

라도 불신자들과 함께 섞여 살고 사탄의 방해가 여전히 활동하는 환경 속에서 살기 때문에 성경에서 말하는 하나님 나라는 아니다.

둘째, 하나님 나라는 새 하늘과 새 땅이라고 사도 요한은 분명히 밝히고 있다(계21:1).[5] 왜냐하면, 사탄과 그의 졸개들이 심판으로 정리되고 불신자들과 함께 섞여 살지 않은 나라이기 때문이다. 그래서 미래적인 하나님 나라는 하나님께서 새롭게 창조하신 새 하늘과 새 땅이라고 본다. 새 하늘과 새 땅은 앞서 제4장 4. 천년왕국과 새 하늘과 새 땅에서 살펴본 바 있다. 그렇더라도 새 하늘과 새 땅에 대한 부분을 좀 더 구체적으로 살펴보고자 한다. 새 하늘과 새 땅은 이사야 선지자가 미리 언급한 적이 있다(사 5:17).[6] 이 예언은 사도 요한이 계시록에서 말한 새 하늘과 새 땅과 관련지어 생각해야 한다고 본다.

2. 구약에 나타난 하나님 나라(사 65:17-25)

구약은 하나님께서 이스라엘 백성을 다스리는 신정국가로 나타나 있다. 그리고 이스라엘 백성들도 자연스럽게 자신들은 하나님의 백성이라는 선민의식을 가지고 살았다. 그렇기때문에 하나님 나라라는 개념이 필요하지 않았고 하나님 나라를 따로 구분할 필요도 없었다. 그렇더라도 이스라엘이 시작되기 전 창세기에 하나님 나라라는 개념이 나타나있다라고 필자는 보고 있다. 왜냐하면, 하나님께서 창조하신 온 우주 만물을 천상 세계와 지상 세계로 구분하신 적이 없기 때문이다.

---

[5] 계 21:1 "또 내가 새 하늘과 새 땅을 보니 처음 하늘과 처음 땅이 없어졌고 바다도 다시 있지 않더라."를 참고.

[6] 사 65:17 "보라 내가 새 하늘과 새 땅을 창조하나니 이전 것은 기억되거나 마음에 생각나지 아니할 것이라."를 참고.

사도 바울은 하늘과 땅을 그리스도로 통일되게 하시려고 한다라는 말씀을 언급한 적이 있다(엡 1:10).[7]

나누어지지도 않은 하늘과 땅을 왜 구분되었다고 보고 그리스도로 통일되어야 한다고 했을까?

첫 사람 아담의 죄로 인하여 땅이 하나님께로부터 저주받고 하나님과 분리되어 가시와 엉겅퀴를 내게 되었기 때문이다. 하나님은 첫 사람 아담을 창조하시고 직접 아담과 함께 에덴동산을 거니셨다(창 3:8).[8] 그런데 죄가 벽이 되어 하나님과 인간 세상은 갈라진 것이다. 하늘과 땅이 갈라지기 전이나 후에라도 하나님의 창조 세계는 여전히 하나님 나라라는 것이 필자의 생각이다.

다만 한 번 죄로 더러워졌기 때문에 새롭게 할 필요가 있다. 그래서 하나님은 죄로 징계받고 바빌론으로 붙잡혀 갈 이스라엘에게 이사야 선지자를 통해 소망의 메시지를 선포하게 하신다. 다름아닌 그리스도로 말미암는 구원이요, 새 예루살렘과 새 하늘과 새 땅이다(사 65:17-19).[9] 새 하늘과 새 땅은 그리스도로 새롭게 된 백성들을 그곳의 성전에서 만나시려고 바울의 표현을 빌리자면 만세 전에 하나님께서 계획하신 곳이다.

또한, 바빌론으로 붙들려간 유대인 중 에스겔 선지자에게 예루살렘 성전이 세워지고 그 성전에서 흐르는 물로 인하여 먼 미래에 많은 백성과 생물들을 살리실 계획을 환상 중에 보여 주셨다(겔 47:9).[10] 여기서 물은 성령을 뜻하고 성령 시대에 일어날 일을 말하고 있다. 물론 이 성전은 포로 귀

---

7 엡 1:10 "하늘에 있는 것이나 땅에 있는 것이 다 그리스도 안에서 통일되게 하려 하심이라."를 참고.
8 창 3:8 "그들이 그 날 바람이 불 때 동산에 거니시는 여호와 하나님의 소리를 듣고 아담과 그의 아내가 여호와 하나님의 낯을 피하여 동산 나무 사이에 숨은지라."를 참고
9 사 65:7 "보라 내가 새 하늘과 새 땅을 창조하나니 이전 것은 기억되거나 마음에 생각나지 아니할 것이라."를 참고.
10 겔 47:9 "이 강물이 이르는 곳마다 번성하는 모든 생물이 살고 또 고기가 심히 많으리니 이 물이 흘러 들어가므로 바닷물이 되살아나겠고 이 강이 이르는 각처에 모든 것이 살 것이며."를 참고.

환 후 재건된 스룹바벨 성전이나 예수 시대에 지어진 헤롯 성전을 말하는 것이 아니다. 이사야의 예언대로 새 하늘과 새 땅이 새롭게 창조되고 거기에서 필요한 새 예루살렘 성전이 하나님께로부터 나오는 것을 가리킨다고 필자는 보고 있다(계 21:2).[11] 왜냐하면, 하나님께서 선지자들에게 괜히 헛된 계시를 하실 이유가 없기 때문이다. 한 번 계시하신 말씀은 반드시 이루시는 하나님이시다(사 14:24).[12]

3. 신약에 나타난 하나님 나라(마 12:28)

신약에 나타나는 하나님 나라는 예수 그리스도의 제자들로 인하여 그들의 복음서 곳곳에 나타나 있다. 또 예수님의 15가지 천국 비유로도 나타나 있다. 이사야 선지자에게 예언하게 하셨던 새 하늘과 새 땅이 신약에 와서 하나님 나라라는 '말로 언급된다. 이 하나님 나라는 세례 요한과 또 예수 그리스도로 말미암아 회개하라 천국이 가까이 왔느니라는 천국 복음이 전파되면서부터 시작 되었다(마 3:1; 4:17). 그런데 하나님 나라가 구체적으로 어떤 나라인지 구체적인 설명 없이 그저 하나님 나라라고만 선포하셨다.

그러나 듣는 청중들에게는 하나님 나라가 어떤 나라인지 설명이 필요 없었다. 왜냐하면, 저들이 아는 하나님 나라는 다윗이 다스렸던 이스라엘처럼 다윗 시대의 영광이 재현되는 것으로 이해했기 때문이다. 물론 저들의 오해였다.

사도행전 1:6 말씀에서 제자들이 예수님께 **"이스라엘 나라를 회복하심이 이때니이까"** 라고 질문한다.

---

11 계 21:2 "또 내가 보매 거룩한 성 새 예루살렘이 하나님께로부터 하늘에서 내려오니 그 준비한 것이 신부가 남편을 위하여 단장한 것 같더라."를 참고.
12 사 14:24 "만군의 여호와께서 맹세하여 이르시되 내가 생각한 것이 반드시 되며 내가 경영한 것을 반드시 이루리라."를 참고.

이때는 막 예수께서 승천하려는 마당이 아닌가?

이때까지 그리스도의 제자들은 정말 하나님 나라가 어떤 나라인지 이해하지 못하고 있었다. 여기에 사도 요한도 있었다.

그런데 그리스도의 제자들이 오순절 다락방에 불로 임하셨던 성령님을 경험한 이후에 이제껏 그리스도로부터 배우고 보고 경험했던 모든 것을 새롭게 이해하기 시작했다. 자기들이 그토록 바랐던 이스라엘의 회복이 하나님 나라가 아닌 것을 깨달았다. 청중들이 충격으로 받아들였던 것은 하나님 나라가 이미 임했다는 말씀이었다(마 12:28).[13] 성령님이 임하여 귀신이 쫓겨나갔다면 하나님 나라가 이미 너희에게 임하였느니라라는 예수 그리스도의 말씀을 듣고 깜짝 놀랐다. 이미 실현된 하나님 나라를 언급하셨기 때문이다. 그렇더라도 사도 요한을 통해 미래적으로 실현될 하나님 나라도 말씀하셨다. 그래도 저들은 이해하지 못했다. 왜냐하면, 정치적인 하나님 나라로 생각이 고정되어 있었고 또 이와 같은 말씀을 들어본 적이 없었기 때문이다.

예수님께서는 하나님 나라 개념을 말씀하실 때 물질적이고 정치적인 나라로 말씀하지 않으셨다. 영적인 하나님 나라 개념으로 말씀하셨다. 그러므로 저들은 알아들을 수가 없었다. 지금도 영적인 말씀은 사람들이 잘 알아 듣지 못한다. 또 신학자들의 넘치는 이론들로 인해 헷갈리고 이해하기에 혼선이 있는 것도 사실이다. 그러나 성령님께서 깨닫게 하실 때 그때 알아들을 수 있게 된다. 이것은 예수님 시대의 성도들이나 오늘날 성도들이나 동일하다.

---

13 마 12:28 "그러나 내가 하나님의 성령을 힘입어 귀신을 쫓아내는 것이면 하나님의 나라가 이미 너희에게 임하였느니라."를 참고.

4. 요한이 보았던 새 하늘과 새 땅(계 22:1-5)

사도 요한은 그리스도로부터 배우고 들었던 하나님 나라를 직접 경험하게 되었다(계 1:10; 21:10). 성령께 이끌리어 하나님 나라를 보게 된 것이다. 거기서 예수 그리스도를 보았다. 그것도 세마포 옷을 입고 일곱 교회의 별과 금 촛대를 잡고 계신 모습을 보게 되었다. 그런데 특이한 것은 이 모습이 에스겔(겔 1:26)이나 다니엘(단 7:9)이 보았던 모습과 비슷한 공통점이 있어서 신뢰가 더욱 간다는 사실이다. 이렇게 하나님은 이사야 선지자에게 계시하셨던 새 하늘과 새 땅을 보여 주시므로 예언의 말씀 그대로 성취되었음을 사도 요한에게 보이셨다.

그리고 새 땅에 에스겔 선지자에게 보여 주셨던 새 예루살렘이 서 있는 모습도 보여 주셨다. 에스겔에게 보여 주셨던 예루살렘은 바빌론 포로로 고생하는 이스라엘 사람들에게 위로차 주신 말씀으로 여겨진다. 왜냐하면, 저들이 예루살렘을 그리워하며 울었기 때문이다. 그러나 저들에게 보여 주신 성전은 재건되고 후에 또 무너졌던 스룹바벨 성전이나 헤롯 성전 같은 그런 성전은 아니었다.

미래적 종말에 실현될 천국 성전의 모형은 아니었을까?

필자는 보고 있다. 왜냐하면, 새 하늘과 새 땅에서 세 예루살렘으로 등장하기 때문이다(계 21:9).

우리가 그동안 예수님의 천국 복음을 듣고 천국 비유에 대한 가르침도 받았다. 그럼에도 희미해서 확실하게 보이지 않았던 것이 사실이다. 그런데 그것은 우리들의 무지요, 오해였다. 하나님께서는 실현될 미래적인 하나님 나라를 이사야에게 보이셨고 사도 요한에게 그 나라가 실현되었음을 보여 주셨다. 이제 완벽한 하나님 나라를 보여 주시므로 미래적으로 완성될 하나님 나라에 대한 궁금증을 성도들에게 풀어주셨다. 더 이상 실현될 미래적인 하나님 나라에 대해 의문을 품는다면 그것은 믿음의 부재와 성경에 대한 오해나 무지일 것이라고 필자는 보고 있다.

5. 낙원과 새 하늘과 새 땅(계 2:7; 눅 23:43; 고후 12:4)

낙원은 헬라어로 파라데이소스(*paradeisos*)라고 한다. 공원, 정원이라는 뜻으로 번역되었다. 여러 나라의 신화에서 축복의 장소로 언급되고 영웅들이나 유명한 인물들이 사후에 옮겨가는 곳으로 사용되는 언어였다. 그런데 70인역에서는 파라데이소스를 히브리어 간(*gan*)으로 번역했다. 간(*gan*)은 정원, 동산, 울타리로 둘러싼 땅을 의미한다. 창세기 2:8, 동방의 에덴에 동산을 창설하시고라고 할 때 동산을 간이라는 말로 번역하였다.

하나님은 이 동산에 사람을 두시고 이 동산을 거니시면서 아담을 자주 만나신 것으로 나타난다(창 3:8).[14] 그러니까 볼 수 없는 영원한 흑암 속에서 존재하시던 하나님께서 이제 보이는 그의 나라를 창조하신 것이다. 그 가운데 동방의 에덴에 동산을 창설하시고 거기에 사람을 두셨다. 사람을 두신 그곳에 하나님께서 거니신 것으로 보아 사람과 사귐을 가지셨던 것으로 보인다(요일 1:3).[15] 이 동산을 신약에서는 같은 의미인 낙원이라는 말을 사용했다.

이 낙원이라는 언어에 대하여 성경에 세 번 쓰였다.

첫째, 누가복음 23:43[16]에서 십자가 상의 오른편 강도가 그리스도를 인정하는 발언을 하자 예수께서 오늘 네가 나와 함께 낙원에 있으리라라고 하셨다. 또 하나는 고린도후서 12:4[17]에서 바울이 낙원으로 이끌려 가

---

14 창 3:8 "그들이 그 날 바람이 불 때 동산에 거니시는 여호와 하나님의 소리를 듣고 아담과 그의 아내가 여호와 하나님의 낯을 피하여 동산 나무 사이에 숨은지라."를 참고.
15 요일 1:3 "우리가 보고 들은 바를 너희에게도 전함은 너희로 우리와 사귐이 있게 하려 함이니 우리의 사귐은 아버지와 그의 아들 예수 그리스도와 더불어 누림이라."를 참고.
16 눅 23:43 "예수께서 이르시되 내가 진실로 네게 이르노니 오늘 네가 나와 함께 낙원에 있으리라 하시니라."를 참고.
17 고후 12:4 "그가 낙원으로 이끌려 가서 말로 표현할 수 없는 말을 들었으니 사람이 가히 이르지 못할 말이로다."를 참고.

서 말할 수 없는 말을 들었다고 했다. 사도 요한에게도 다음과 같이 말씀하셨다.

> 귀 있는 자는 성령이 교회들에게 하시는 말씀을 들을지어다 이기는 그에게는 내가 하나님의 낙원에 있는 생명 나무의 열매를 주어 먹게 하리라(계 2:7).

이 말씀에서 그리스도는 낙원이라는 말씀을 하셨다. 사도 요한은 새 하늘과 새 땅을 바라보면서 그 가운데 있는 동산을 보고 창세기 때 처음 나타났던 하나님의 동산과 관련하여 하나님의 낙원이라고 했을 것이다. 왜냐하면, 거기에 있는 동산, 정원에서 생명 나무를 보았기 때문이다. 이 생명 나무는 창세기 3:9, 24에서 나오는 생명 나무와 같은 나무이다. 그래서 필자는 창세기 2:9과 요한계시록 2:7을 관련지어 생각을 할 수밖에 없다고 본다.

이렇게 창세기와 요한계시록을 관련지어 생각한다면 처음 동방의 에덴에 창설하셨던 동산과 마지막에 새롭게 창조하시는 새 하늘과 새 땅의 낙원은 같은 동산이다. 이렇게 같다는 의미에서 낙원은 에덴동산의 회복이라는 결론으로 도출되는 것이 아닌가 한다.

그런데 이 낙원과 관련하여 조직신학에서는 낙원이 새 하늘과 새 땅이라는 개념보다는 하나님 나라에 들어가기 위해 죽은 후 어떤 중간 단계에 머무르는 것이 아닌가 하는 이론을 전개하고 있다. 로마가톨릭 신학자들도 연옥이라는 개념을 주장하면서 그곳에서 정화 과정을 거치고 천국에 들어가는 것으로 주장하고 있다.[18]

그러나 필자는 성경대로 천국과 지옥으로 나누어지는 것만을 보고 있다. 성경에서 언급되지 않는 연옥이나 중간 단계 같은 애매한 장소는 필요 없는 것으로 보고 있다. 사실 사후는 누가 되었든 알 수 없다. 추측해서도 안

---

18 루이스 벌코프, 『조직신학』, 948-963.

된다. 예수께서 죽음을 잠잔다고 표현하신 것처럼 잔다면 어디에서 자든 상관없고 깨어나는 부활만 중요하다고 본다.

6. 옛것과 새것의 차이 (사 65:17-23; 계 22:1-5)

옛것과 새것의 차이는 사도 요한에게 보여 주셨던 새로운 하나님 나라를 이 세상 나라와 비교하며 구체적으로 살펴본다면 가능할 것이다. 그러나 이미 이사야 선지자에게 이사야 65:17 이하에서 예언하게 하셨던 새 하늘과 새 땅을 읽어 보고 또 사도 요한에게 요한계시록 말미에 보여 주셨던 새 하늘과 새 땅에서의 삶을 비교해서 읽어 본다면 굳이 구체적인 설명은 불필요하다고 본다.

마치 이 세상의 삶과 비슷한 측면이 많다. 단, 다른 것이 있다면 그곳에서의 삶과 이 세상과의 삶의 차이이다. 이 세상은 가족 관계를 기초로 형성된 사회요, 나라이다. 그러나 하나님 나라는 가족 관계로 형성되는 나라가 아니다. 아마 이 세상에서 볼 수 없는 어떤 큰 공동체나 가족 형태일 것이다. 즉, 하나님과 아들 관계로서 그 자녀들은 모두 천사같이 동등한 형태의 독립된 존재일 것이다. 왜냐하면, 바리새인들이 예수님을 골탕 먹이려고 유대의 계대결혼법을 들고나와 질문한 적이 있다(눅 20:28-33).

이때 예수님의 대답을 참고하면 답이 나온다. 천국은 시집가고 장가가는 일이 없다고 했다. 모두 천사와 동등이라고 했다. 그렇다면 가족 제도가 없는 것이다. 또 하나님 나라는 영원한 세계이므로 과거나 현재가 없다. 모세나 아브라함이나 오늘날 성도들이나 모두 같은 자녀로 하나님만 아버지로 부르고 자녀들은 서로 형제로 부르는 어떤 형식이 아닐까 한다.

이사야 선지자는 그의 책 이사야 65:17에 옛것은 기억되거나 마음에 생각나지 아니하리라고 했다.

> 보라 내가 새 하늘과 새 땅을 창조하나니 이전 것은 기억되거나 마음에 생각나지 아니할 것이라 (사 65:17).

새 땅에 들어간 자들은 옛 세상의 기억이 완전히 사라진다. 옛 세상과 새 세상을 비교할 수 없게 된다.

만약 비교 된다면 옛것 때문에 천국에 없어야 할 옛날 고통이 얼마나 심해지겠는가?

그뿐만 아니라 하나님은 이름도 새로 바꾸어 주신다고 했다(계 3:12; 22:4). 그 이름이 이마에 새겨진다. 그런데 가톨릭에서 영세 시 이름을 미리 바꾸어 주고 있다. 마치 하나님의 권한을 월권하듯이, 만약 그렇다면 하나님을 대신하는 것이 된다.

이렇게 옛것과 새것의 차이를 굳이 비교하면서 하나님 나라를 기대할 것은 없다고 본다. 왜냐하면, 이 세상 것들이 생각나지 않기 때문이다. 그렇다면 우리는 죽어도 천국에 대한 신뢰를 저버리지 않고 믿음을 꼭 지키는 것만이 중요하다고 본다. 그러면 신실하신 하나님께서 새로운 하나님 나라로 우리를 반드시 인도하실 것이다. 그러나 알고 믿는 것과 무조건 믿는 것은 시험들 때 차이가 난다.

필자는 이제 요한 신학의 집필을 마치면서 나름대로 하나님 나라를 정리해보고자 한다.

첫째, 하나님 나라는 요한이 진술한 바대로 우리 마음에 현재적으로 임해있다. 그럴더라도 미래적인 어느 시점에 반드시 새 하늘과 새 땅처럼 새로운 하나님 나라가 실현될 것으로 전망한다(계 21:5-7).

둘째, 새로운 하나님 나라는 육이 영으로 바뀌어서 그렇지 이 세상의 삶과 비슷할 것으로 여겨진다(사 65:17-25; 계 21:23-26).

셋째, 하나님께서 사람 외의 각 종자에게 어떤 형체를 주신다고 한 것처럼 썩지 않을 이런저런 형체들이 있게 될 것이라고 본다(고전 15:38-41).

넷째, 인간은 영적인 몸으로 부활하여 새 하늘과 새 땅에서 영원히 하나님과 더불어 살아갈 것이다(고전 15:42-44).
다섯째, 하나님을 섬기는 것은 새 하늘과 새 땅에 세워진 새 예루살렘에서 예배하게 될 것이다(계 21:2, 21:24-25).
여섯째, 대가족처럼 하나님을 아버지라고 부르며 서로 사랑하고 천사들처럼 살게 될 것이다(마 22:30).
일곱째, 새로운 하나님 나라는 창세기 에덴동산의 회복과 같거나 그와 유사한 어떤 형태의 세상이 출현하지 않겠나 여겨진다. 그 이유는 창세기에 등장하는 생명 나무가 새 하늘과 새 땅에서도 등장하기 때문이다.

필자는 뜬금없이 갑작스럽게 강권하시는 성령님의 말씀을 따라 순종하는 마음으로 이 책을 쓰게 되었다. 사실 요한 신학을 배우지 않았고 잘 모르는 채 성령께 의지하여 깨닫게 하시는 마음과 기도하는 마음으로 집필하게 되었다. 그래도 생각을 달리하는 독자들에게 부작용은 없을지 염려된다. 그렇더라도 하나님께서 하신 일이라고 믿으니 이 책을 어떻게 쓰실지 필자는 알지 못한다. 다만 저자로서 영적으로 탁해진 오늘날의 신학에 조금이라도 신선한 충격이 되었으면 하는 바람은 있다.

서방 신학자들이 저술한 요한 신학의 여러 책을 읽어 보고 참고는 하면서도 성경적으로 가깝게 써야 하지 않겠나 생각했다. 성경을 문자적으로 보는 것이 성령님의 뜻하는 바에 부합할 것으로 여겼다. 누가 보든지 독자들이 쉽게 접근이 되도록 최대한 간단하게 설명하려고 애는 썼지만 결과가 어떨지 모른다. 다만 독자들에게 도움이 되기를 바랄 뿐이다. 이 책을 쓰도록 성령께서 함께하시고 지혜와 지식과 또 피곤치 않도록 힘을 주신 하나님께 감사드리고 영광을 올려드린다.

참고 문헌

강병도. 『호크마 주석: 요한복음』. 서울: 기독지혜사, 1992.
강병도. 『호크마 주석: 요한일서, 요한계시록』. 서울: 기독지혜사, 1993.
강병도. 『호크마 주석: 창세기』. 서울: 기독지혜사, 1989.
김득중. 『요한의 신학』. 서울: 컨콜디아사, 1994.
김세윤. 『그 사람의 아들-하나님의 아들』. 서울: 도서출판 엠마오, 1992.
김영진, 『큰 성경, 개정개혁』. 서울: 신일문화사, 2007.
라형택 편찬. 『스트롱 코드 원어사전』. 서울: 도서출판 로고스, 2012.
목회와 신학 편집부. 『요한일,이, 삼서』. 서울: 두란노아카데미, 2007.
박형용. 『바울 신학』. 수원: 합신대학 출판부, 2013.
변종길. 『요한일이삼의 설교』. 서울: 두란노 아카데미 2009.
심승규. 『평신도 신학』. 서울: 기독교 연합신문사, 2017.
안드레아스 J. 쾨스텐버거. 『요한 신학』. 전광규 역. 서울: 부흥과개혁사, 2016.
안토니 A. 후크마, 『개혁주의 구원론』. 류호준 역. 서울: CLC, 1991.
안토니 A. 후크마. 『개혁주의 종말론』. 류호준 역. 서울: CLC, 1986.
스티븐 S. 스몰리. 『요한 신학』. 김경신 역. 서울: 생명의샘, 1996.
게라르드 S. 슬로얀. 『요한복음의 신학』. 서성훈 역. 서울: CLC, 2000.
헤르만 리델보스. 『구속사와 하나님 나라』. 오광만 역. 서울: 반석문화사, 1994.
J. 루이스 마틴. 『요한복음의 역사와 신학』. 류호성 역. 서울: CLC, 2020.
J. B. 필립스. 『필립스 성경』. 김명희 역. 서울: 아바서원. 2020.
존 폭스, 『기독교 순교사화』. 양은순 역. 서울: 생명의말씀사, 2005.
레온 모리스. 『요한 신학』. 홍찬혁 역. 서울: CLC, 1995.
루이스 벌코프. 『조직신학』. 서울: 크리스찬다이제스트, 1991.
오스카 쿨만. 『신약의 기독론』. 김근수 역, 서울: 도서출판 나단, 1988.
R. C. 스프로울. 『성령의 신비』. 김진우 역. 서울: 생명의말씀사, 1995.
홀 해리스. 『요한의 신학』. 류근상 역. 일산: 크리스챤출판사, 2011.

CLC의 좋은 책을 소개합니다

요한복음의 역사와 신학

J. 루이스 마틴(J. Louis Martyn) 지음 | 류호성 옮김 | 신국판 | 312쪽

이 책을 통하여 우리는 20세기 말의 요한 신학이 어떤 결론을 갖게 되었는지에 대해 알게되고, 지금도 그 논의가 계속되고 있음을 읽어낼 수 있다. 또한 요한복음서가 복음의 내용을 너머서 그 시대와 지금의 시대를 어떻게 신학적으로 해석할 것인지에 대한 번뜩이는 통찰을 제공한다.